数字治理价值异化
及破解方案

罗蓓 吴江 著

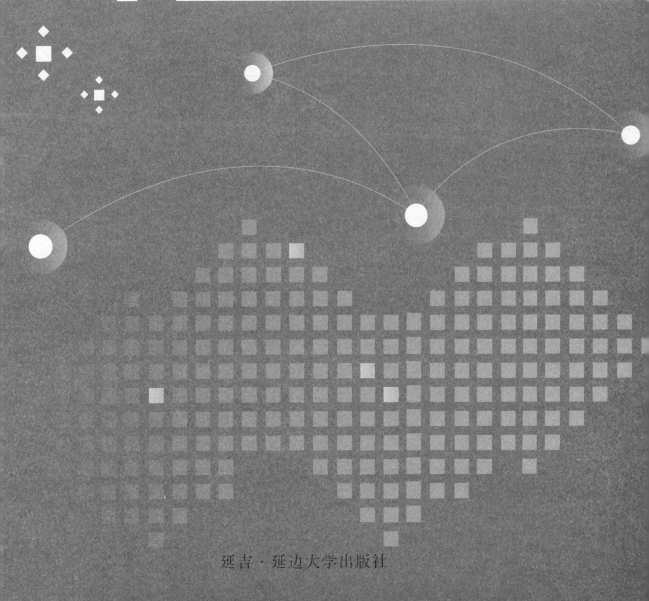

延吉·延边大学出版社

图书在版编目（CIP）数据

数字治理价值异化及破解方案 / 罗蓓，吴江著.
延吉 ： 延边大学出版社，2024. 9. -- ISBN 978-7-230
-07068-3

Ⅰ. D035-0

中国国家版本馆 CIP 数据核字第 202405TD12 号

数字治理价值异化及破解方案

著　　者：罗　蓓　吴　江
责任编辑：金倩倩
封面设计：文合文化
出版发行：延边大学出版社
社　　址：吉林省延吉市公园路 977 号
邮　　编：133002
网　　址：http://www.ydcbs.com
E-m a i l：ydcbs@ydcbs.com
电　　话：0433-2732435
传　　真：0433-2732434
发行电话：0433-2733056
印　　刷：三河市嵩川印刷有限公司
开　　本：787 mm×1092 mm　1/16
印　　张：11.25
字　　数：211 千字
版　　次：2024 年 9 月 第 1 版
印　　次：2025 年 1 月 第 1 次印刷
ISBN 978-7-230-07068-3

定　　价：56.00 元

　　本书系四川医事卫生法治研究中心项目"重大突发公共卫生事件下的舆情引导和网络信息治理研究"（项目编号：YF20-Y24）的研究成果。

前　言

　　数字治理作为数字时代的国家治理新范式，凭借其强大的技术赋能，成为各国赢得国际竞争主动权，抢占未来发展制高点的战略选择。然而，正如马克思曾说："在我们这个时代，每一种事物好像都包含有自己的反面。"数字治理在引发治理革命的同时，也产生了"算法依赖""隐私暴露""数字弃民""影子官僚"等价值异化现象，造成人的主体性遮蔽。在此背景下，寻绎马克思主义的理论关照，以价值理性消解技术的负面影响，为中国数字治理发展提供价值导航，成为党和国家的重大时代课题。基于此，本研究立足马克思主义价值哲学视域，以"数字治理价值异化"为核心论题，旨在通过对数字治理价值异化理论内涵、产生背景、现实表征与形成原因进行系统性的批判与反思，探究破解数字治理价值异化困境的具体方案，以期为中国特色数字治理提供理论启发与实践启示。

　　从数字治理价值异化内涵看，在马克思主义价值哲学视域中，基于"价值"是"客体满足主体需要"的主客体关系视角，数字治理价值问题实质上是"人的价值"问题。数字治理价值的本质，是作为价值客体的数字治理对于人的主体性实现所具有的作用与意义。从价值哲学角度对数字治理价值异化的理解，必须基于马克思"异化"概念的价值维度本身。马克思异化劳动理论从价值批判的维度揭示了异化劳动对人的主体性的全面否定，从而揭示出价值异化的具体内涵，即"对人的主体性的遮蔽"。基于此，数字治理价值异化实质是数字治理实践中的主体性危机。

　　从数字治理价值异化的产生背景看，数字治理作为国家治理新范式，其"以数据为依据、以算法为核心、以平台为支撑"；从手段技术化、流程数字化、组织扁平化等维度对传统治理进行根本性变革。通过数字赋能与赋权的双重效应，一方面，全方位赋能国家治理与人民美好生活；另一方面，赋权多元治理主体，推动构建多元协同的治理格局。然而，科学技术的双面性，在使数字治理发挥强大治理效能的同时，也酝酿出技术脱驭的"数字利维坦"风险，由此构成了数字治理价值异化形成的主要背景。

　　就现实表征而言，围绕对人的主体性遮蔽，可将数字治理价值异化现象概括为"四大难题"，即新安全难题、新自由难题、新公平难题、新民主难题。其中，新安全难题包括：主体隐私暴露风险、数字身份的安全隐患、数字技术的超域运用。新自由难题包括：数字监控的圆形监狱、自主意识的数字操控、治理主体的能动性弱化。新公平难题包括：数字治理的算法歧视、公共数字服务的非均衡性、弱势群体离心化为"数字弃民"。新民主难题包括：民意表达的技术规制、屏幕官僚的形式主义、影子官僚的算法宰制。

就数字治理价值异化的成因而言，有三个层面：其一，思想认识层面，数字治理工具理性的膨胀，导致数据和智能算法对治理过程的僭越，造成价值理性的消弭；其二，资本逻辑层面，技术资本凭借强大数字资源优势，通过技术权力化，在参与数字治理过程中借由信息控制、技术嵌入与决策依赖等方式不断侵蚀公权力，为资本增殖服务，使数字治理背离了人本价值；其三，上层建筑层面，当前包括数字治理理念、法律法规和体制机制在内的数字治理结构的不完善性，也是造成数字治理价值异化的重要现实原因。

数字治理价值异化的破解之道，包括破解之理、破解之法、破解之路三个由抽象到具体的层面。破解数字治理价值异化的核心在于实现人的主体性复归，在破解之理层面，依据"人的主体性以共同体路径为实现逻辑""人民主体是真正共同体的内在要求"，即人的主体性复归与人民价值主体建构内在同一。相应地，在破解之法层面，建构人民主体数字治理价值体系，具体包括价值主体、价值目标以及价值标准三个维度。基于以上所述，在破解之路层面，则要以坚持与加强党的集中统一领导为政治保证，以完善"以人民为中心"的数字治理法律法规为制度基础，以构建协同共治治理体系为机制依托，以发展数字化人民民主为技术支持。总的来看，上述破解之理、破解之法、破解之路构成了一个完整的价值系统，能够充分保障数字治理过程中人的主体性得以提升与实现，从而破解数字治理价值异化困境。

通过上述理论考察，本研究取得如下创新：

创新一：从马克思主义价值哲学视角，基于"概念阐释—表征分析—成因揭示—破解方案"的致思逻辑，对"数字治理价值异化"这一全球性数字治理问题进行系统的哲学审视与研究。通过剖析马克思"异化"概念的"价值批判"维度，揭示"价值异化"的实质——对人的主体性的遮蔽，从而将研究的论域厘定在探究数字治理实践中的主体性危机这一维度上。以此为基础，剖析"数字利维坦"风险引致的数字治理价值异化现状与成因，最后在价值哲学框架下提出破解之道。

创新二：研究围绕"人的主体性遮蔽"问题，全景式考察数字治理价值异化的现实表征，尝试将纷繁复杂的异化现象概括为"四大难题"，即新安全难题、新自由难题、新公平难题、新民主难题；并在此基础上，从思想认识、资本逻辑、治理结构三个层面深入挖掘其致因，实现了对数字治理价值异化从现象到本质的立体性透视。

创新三：探索性提出"破解之理、破解之法、破解之路"三位一体的数字治理价值异化破解之道，系统性论证了人民主体数字治理价值体系何以破解、以何破解数字治理价值异化困境。这三个破解层次逐层递进、相互因应，共同组成了数字治理价值异化的破解方案。

目　录

第一章 绪论

这是一个因数字技术的诞生而引发的伟大的、激荡人心的、深刻变革的时代。21世纪以来的新一轮科技革命方兴未艾，人类因"盗取"了"数字"这一普罗米修斯之火，开启了一个物质和信息都充裕丰盈的"美丽新时代"。但正如施瓦布现象所描述的："无论是规模、广度还是复杂程度，第四次工业革命都与人类过去经历的变革截然不同……这些改变是如此深刻，以至于人类在其发展历史上从未迎来如此美好的前景，也从未面临如此严峻的风险。"[①]在国家治理领域，数字化转型同样深刻改变了人类治理形态，在实现治理效能跨越式提升的同时，却也引致治理价值异化的现代性症候。

第一节 研究背景与意义

一、研究背景

当下，数字治理以其强大的赋能效应，已然成为实现国家治理现代化的必由之路，因而对数字治理相关论题进行探究，是推进"数字中国"建设的应有之义。

从世界范围看，人类正在快速迈进数字时代。以互联网、大数据、云计算、人工智能、物联网及区块链等为代表的数字技术像"一道普照的光"，全面渗透到人类生产生活的方方面面，塑形着一切存在物的特点。数字技术作为社会存在领域最活跃、最具革命性的因素，极大地推动了生产力的进步，继而重塑了社会生产关系格局，引起整个社会经济基础的变化。从唯物史观角度看，经济基础的改变必然导致社会上层建筑的调整。从这个意义上来说，第四次科技革命不仅仅是一场技术革命，更是一场治理革命，它促

① [瑞士]克劳斯·施瓦布.第四次工业革命转型的力量[M].李菁，译.北京：中信出版社，2016：9.

使作为政治上层建筑的国家治理体系发生深刻变革。并且，这一变革为政府治理行为赋予了在传统治理语境下无法想象的数字化能力，因而成为各国赢得国际竞争主动权，抢占未来发展制高点的战略选择。

从国内看，党的二十大报告强调，2035 年基本实现国家治理体系和治理能力现代化的总体目标。[①]国家治理现代化作为一个时代课题，需要与时代发展脉搏同频跳动。所以，在数字时代，将数字技术全面应用于国家治理过程，是实现国家治理现代化的应有之义。对此，2023 年 2 月，中共中央国务院印发的《数字中国建设整体布局规划》指出，"以数字化驱动生产生活和治理方式变革，为以中国式现代化全面推进中华民族伟大复兴注入强大动力"。在党的全面领导与顶层设计指引下，"数字中国"建设成效显著，十四亿人口创造的数字红利得以充分发挥。对于我国这样一个超大规模、快速数字化的国家而言，数字治理尤为必要。

同时，数字技术的负面效应所引起的主体性危机表明，对于数字治理价值异化的研究恰逢其时，而又刻不容缓。

毋庸置疑，数字治理以其显著的技术优势，在国家治理领域展现出强大的实际效能。特别是在应对新冠肺炎疫情期间，中国在数字治理上的一系列创新与成就令世界瞩目。从流动人员健康监测到疫情态势分析，从机器人配送到红外人体温度快速筛检仪，从线上会议、远程办公、助力企业复工复产到网络课堂、在线教育、云直播，都快速刷新着人们对数字治理的认识，充分展现出一条以科技赋能国家治理体系现代化的中国道路。

但，正如马克思曾说："在我们这个时代，每一种事物好像都包含有自己的反面。"[②]数字技术就像一把达摩克利斯之剑，在引发治理革命的同时，其潜藏的数据至上、算法霸权、平台垄断等"数字利维坦"风险也逐渐暴露，在数字治理领域产生了"算法依赖""隐私暴露""数字弃民""影子官僚"等价值异化现象，造成对人的主体性的消解与遮蔽。"科学的精神是最强的力量，就破坏性而论，它也是最强的力量。"[③]数字技术作为最先进生产力的代表，内蕴工具理性，但数字治理作为国家治理现代化的重要内容，价值理性是其必然向度。"国家治理体系看起来是一个制度化、规范化、方法化的东西，

---

① 习近平.高举中国特色社会主义伟大旗帜 为全面建设社会主义现代化国家而团结奋斗：在中国共产党第二十次全国代表大会上的报告[M].北京：人民出版社，2022：24.

② 中共中央马克思、恩格斯、列宁、斯大林著作编译局.马克思恩格斯全集（第 12 卷）[M].北京：人民出版社，1962：4.

③ [美]乔治·萨顿.科学史和新人文主义[M].陈恒六，译.北京：华夏出版社，1989：45.

其实内在的核心是价值。"①质言之，国家治理归根结底是价值选择和践行的过程。所以，数字治理不仅是先进数字技术的使用，更是先进价值的选择与彰显，是合规律性与合目的性的统一。

面对数字治理价值异化的全球性困境，如何坚持"以人民为中心"的人民主体数字治理价值，以充盈的价值理性来消解数字技术在国家治理过程中的负面影响，从而为中国特色数字治理的发展提供价值导航，是党和国家在数字时代不得不思考与解决的重大时代课题。

二、研究意义

作为数字时代的国家治理新范式，数字治理成为人类社会面临的新课题。在这个实践比理论先行发展的领域，中国的数字治理实践同样迫切需要建构自己的数字治理理论。习近平指出："把论文写在祖国的大地上，把科技成果应用在实现现代化的伟大事业中。"②当前，政治学、公共管理、社会学、经济学、传播学等诸多学科领域纷纷从不同视角不同层面切入，通过学术话语的革新与重构，建构数字治理理论，引导数字治理实践的创新与发展。然而，鲜有学者对数字治理进行哲学层面的概括和研究。要想摆脱感性直观，真正获得对数字治理的整体性、规律性认识，就必须从哲学高度对数字治理进行"密涅瓦"批判和反思，特别是从马克思主义哲学的视角审视与研究数字治理，以厘清重大基本问题，把握数字治理一般性特征。因此，本研究正是以马克思主义价值哲学为理论基础与分析工具，以数字治理价值异化这一全球性问题为核心议题，以人的主体性遮蔽为切入点，全面探究数字治理价值异化的现实表征，深入挖掘其产生原因，最后探寻数字治理价值异化的破解方案。这对中国特色数字治理理论和实践问题的研究，都具有积极启示与借鉴意义。

（一）理论意义

第一，有助于丰富与完善数字治理理论。治理价值是数字治理的重要维度，对数字

---

① 欧阳康.国家治理研究的问题域、价值取向和支撑体系[J].华中科技大学学报（社会科学版），2014（3）：2-4.
② 习近平.在全国科技创新大会、两院院士大会、中国科协第九次全国代表大会上的讲话[N].人民日报，2016-6-1（2）.

治理价值的研究是数字治理的基础研究之一。中国特色数字治理作为中国共产党领导的政治实践，寻绎马克思主义的理论关照是其应有之义。本研究以马克思主义价值哲学为理论基础与分析工具，展开对数字治理价值异化问题的探究，拓展了数字治理研究的价值向度。研究关于数字治理价值异化科学内涵的学科性定义与学理性阐释，以及对于数字治理价值异化困境破解方案的探索性考察，皆有助于丰富与完善数字治理理论。

第二，有助于推进马克思主义价值哲学在数字时代的深化与拓展。数字治理作为数字时代国家治理的新范式，为马克思主义价值哲学的研究提供了新的现实场域。本研究以问题意识为导向，在剖析数字治理价值异化现象的基础上，提出破解方案。这正是将马克思主义价值哲学与当代现实问题相结合的一次理论尝试，这一尝试为马克思主义价值哲学注入了一系列新的时代内涵与实践元素，因而有助于马克思主义价值哲学在数字时代的深化与拓展。

（二）实践意义

第一，对数字治理实践具有积极的指导意义。从国内看，本研究关于人民主体数字治理价值体系的建构，正是党"以人民为中心"治理价值在数字治理领域的具体阐释，这为党坚持"以人民为中心"推进数字治理提供了实践参考。从国际看，本研究对"数字利维坦"所引起的主体性危机进行了详细分析，并提出了破解的方案，这对世界其他国家应对数字治理异化困境，化解"数字利维坦"，开辟从"智治"到"善治"的治理模式具有一定参考价值。

第二，对推进中国式现代化具有一定的借鉴意义。习近平指出："现代化的本质是人的现代化。"[①]而实现人的主体性，充分发挥人的积极性，主动性、创造性，促进人的自由全面发展是实现人的现代化的应有之义，也是中国式现代化的价值旨归。本研究正是以实现与提升人的主体性为价值旨趣，系统性地探讨了数字治理彰显人的主体性的具体内涵与现实路径。就此而言，本研究对中国式现代化建设亦有一定的借鉴意义。

---

① 中共中央文献研究室.习近平关于社会主义经济建设论述摘编[M].北京：中央文献出版社，2017：164.

第二节 国内外研究现状

当前，政治学、公共管理学、法学、社会学、传播学和经济学等多个学科，都从不同视角切入对数字治理这一问题的探讨。当前数字治理领域的相关研究，多聚焦于具体的实用性研究，对于数字治理所带来的社会深层次变革，缺乏真正有原则高度的哲学审思。然而，从哲学维度对数字治理进行"密涅瓦"批判和反思具有非常重要的意义，因为其是对具体方法的抽象概括和体系澄明，包含着对数字治理的整体性、规律性认识，关涉数字治理的价值取向和基本原则，彰显着研究的规范与创新。当前不同学缘结构、思想积淀和学术背景的研究者对数字治理的相关研究，为人们从哲学层面思考数字治理问题提供了丰富素材与理论借鉴。从马克思主义哲学的视角，厘清数字治理基本问题，把握数字治理一般性特征，特别是带着强烈的问题意识对当前数字治理领域的现状进行有原则高度的反思，能够更好地指导数字治理的未来发展。基于此，本研究以马克思主义价值哲学为理论基础与分析工具，对数字治理价值异化问题进行探究。现从国内外两个角度，对当前数字治理价值问题的相关研究进行简要分析。

一、国内研究现状

当前国内专门论述"数字治理价值"的研究还较为鲜见，也未见从马克思主义价值论维度对这一问题进行的论述。根据在中国知网（CNKI）检索的数据，截至2023年10月，直接论述"数字治理价值"的论文仅6篇，集中于公共行政管理领域。暂无专门论述数字治理价值的硕博士学位论文，亦无相关研究专著。但这并不代表数字治理价值问题没有引起学界的关注，在对"国家治理的数字化转型""数字社会伦理风险""数字技术对国家治理现代化的赋能价值""数字政府建设""数字技术异化"等问题的研究之中，都透露着学者们对于数字治理价值问题的关注。本研究经过梳理与归纳，主要从以下几方面进行归纳分析：

（一）关于数字治理嵌入国家治理现代化的研究

数字治理是一个复杂、动态、多维、多变的体系与过程。从范围看，数字治理既包括宏观层面的全球治理、国家治理、政府治理、社会治理等，也包括中观层面的行业治理、产业治理等，还包括微观层面的平台治理、企业治理、社群治理等。学者们对数字治理的研究跨越多个学科，基于本研究是从宏观角度对数字治理进行探讨，所以主要从数字治理与国家治理现代化层面对现有研究进行梳理。学界对这一议题的探讨主要集中在以下几个方面：

第一，数字治理是国家治理现代化应有之义的研究。任剑涛[①]基于科技哲学的分析指出，随着第四次科技革命的到来，国家治理模式必须进行重构，即国家治理必须摒弃单纯追求效率的治理模式，回到以人为本的国家治理形式，以此保证国家治理在以科学技术运用为特征的第二轴心期的时候，保有国家治理的基本价值支持、效率追求和公共认同。辛勇飞[②]从传统治理对解决数字时代问题的实效性出发，分析了数字技术支撑国家治理现代化的必要性。陈端[③]从数字化能力的角度强调数字治理以先进的技术手段、运行机制和组织形式为国家治理现代化提供新支撑。在强调数字治理必要性与紧迫性的同时，学者们也对国家治理数字化的挑战与机遇给予关注。郝跃、陈凯华等[④]提出，数字技术赋能国家治理现代化仍然面临嵌入程度、技术风险、数据孤岛、安全冲突及社会系统复杂性等多方面挑战。因此，必须充分发扬系统思维，做好技术与治理过程融合的顶层设计，同时加强数字专业人才保障和重点领域的精准赋能。

第二，关于国家治理数字化建设基本原则、框架和路径的思考。尹振涛、徐秀军[⑤]从"利用好""治理好"双重维度，分析了数字技术赋能国家治理现代化的具体要求，提出中国应当按照自己的现实逻辑和价值逻辑推进数字技术与国家治理的全面融合，以精准高效推进国家治理科学化，以多元协同推进国家治理民主化，以信息透明推进国家治理廉洁化。鲍静、贾开[⑥]探讨了国家治理数字化的原则、框架与要素，并指出秉持"发展与安全并重""国际与国内同构"相并举的基本原则，从技术、组织、行为三个层面完善数字治理体系的基础架构。陈明明[⑦]从技术、组织、价值三个维度对国家治理数字化进行了探讨，在价值向度方面，他认为数字治理的目的不是物，而是人本身，人与人

① 任剑涛.曲突徙薪：技术革命与国家治理大变局[J].江苏社会科学，2020（5）：72-85.
② 辛勇飞.数字技术支撑国家治理现代化的思考[J].人民论坛·学术前沿，2021（Z1）：26-31.
③ 陈端.数字治理推进国家治理现代化[J].前线，2019（9）：76-79.
④ 郝跃，陈凯华，瞿瑾，等.数字技术赋能国家治理现代化建设[J].中国科学院院刊，2022（12）：1675-1685.
⑤ 尹振涛，徐秀军.数字时代的国家治理现代化：理论逻辑、现实向度与中国方案[J].政治学研究，2021（4）：143-154.
⑥ 鲍静，贾开.数字治理体系和治理能力现代化研究：原则、框架与要素[J].政治学研究，2019（3）：23-34.
⑦ 陈明明.数字化治理：现代国家的技术、组织与价值[J].浙江社会科学，2023（1）：59-66.

之间是自由平等关系。所以数字技术参与到国家治理，效率只是其中之一，更重要的是增强人民权利和促进自由平等。

第三，关于大数据治国的研究。对于数据治国的价值，比较有代表性的观点是：其能够带动社会主体更好地投入到政府的治理工作中，推进政府在具体的治理实践中走出既往被动的治理模式，朝着主动治理的方向发展。[1]有学者指出，在大数据技术发展过程中，以数据技术为基础的"精准治理体系""智慧决策体系"以及"阳光权力平台"正不断地落实到具体的实践过程中去，大数据技术借助全息的数据展示，来推进政府部门走出既往"主观主义"或"经验主义"的窠臼，在"数据驱动"的前提下朝着更为精准客观的治理方向发展。[2]另外，就治理主体的角度而言，大数据信息本身所具有的便捷性特点能够极大地丰富治理主体；而就治理工作所面向的客体而言，具有动态化特征的大数据信息能够更为客观地分析治理所面向的对象；就治理过程而言，大数据本身的多样性也有利于提高国家治理工作的公开性和透明性。[3]

另外，一些研究者专门就中国的大数据国家发展目标展开研究：其一，把大数据置于整个国家战略的层面，统筹安排大数据发展的进度策略；[4]其二，综合大数据方面的发展资源及机构，推出专门的综合治理部门，生成规范化的元数据标准体系，并且设计相对健全的大数据应用规范；[5]其三，提高公共数据的共享程度和开放程度，保证在不侵犯个人隐私与国家安全的前提下，实现数据信息在不同部门、系统及地区之间的联动和共享，将已有的数据信息统筹整合为包括地理信息库、专家库及案例库在内的综合化云信息网络；[6]其四，健全已有的基础设施，做好政策方面的引导与鼓励，创设健全的大数据应用体系和健康的产业生态环境，以助力于国家治理工作的发展。[7]

（二）关于"以人民为中心"的国家治理现代化研究

欧阳康[8]等学者提出了新时代"以人民为中心"的国家治理现代化方向，即治理理念上，要凸显国家治理主体的人民性；制度层面上，要构建"以人民为中心"的制度体

[1] 黎智洪.大数据背景下地方政府治理工具创新与选择[J].湖南大学学报（社会科学版），2018（5）：143-149.
[2] 周文彰.以大数据促进国家治理现代化[N].光明日报，2015-11-25.
[3] 胡洪彬.大数据时代国家治理能力建设的双重境遇与破解之道[J].社会主义研究，2014（4）：89-95.
[4] 周文彰.以大数据促进国家治理现代化[N].光明日报，2015-11-25.
[5] 刘叶婷，唐斯斯.大数据对政府治理的影响及挑战[J].电子政务，2014（6）：20-29.
[6] 张述存.打造大数据施政平台提升政府治理现代化水平[J].中国行政管理，2015（10）：15-18.
[7] 贺宝成.大数据与国家治理[N].光明日报，2014-3-27.
[8] 欧阳康，赵琦.以人民为中心的国家治理现代化[J].江苏社会科学，2020（1）：1-9.

系；实践层面上，要增进人民福祉，满足人民对美好生活的向往。肖贵清、田桥[1]认为，"以人民为中心"应体现在治国理政的各个层面，"贯穿于党中央治国理政的实践过程"。韩庆祥[2]认为，应该"把人民根本利益当作治国理政的决策'标尺'"。唐亚林[3]总结了中国共产党治国理政中"以人民为中心"的宝贵经验，即中国共产党通过对人民利益的维护、人民意志的坚守、人民需求的满足、人民力量的依靠、人民参与的实现、人民满意的遵循，创造性地建构了"以人民为中心"治理观的价值、动力、主体、制度和绩效基础，体现了问道、问需、问力、问计、问效于民的"五位一体"特征。

陈树文[4]等学者提出了在推进国家治理现代化过程中"以人民为中心"的具体要求，即坚持人民主体地位不动摇，以增进人民福祉为导向，以人民利益为最终评价标准，落实"以人民为中心"的根本立场。范根平[5]分析了"以人民为中心"与国家治理现代化具有内在契合性，指出"以人民为中心"是国家治理现代化的起点、依据与目的。也有学者[6]从保证国家治理的合法性的角度来论证坚持"以人民为中心"，提升国家治理有效性，彰显国家治理正当性。还有学者[7]总结了"以人民为中心"的具体要求，将其概括为"人民主体观、人民立场观、人民力量观、人民利益观和人民评价观"，并揭示出其在治国理政实践中所起的作用。

（三）关于数字治理的治理风险研究

近年来，许多学者在对数字治理双重效应的研究中，开始关注数字治理的"负面效应"和"治理风险"问题。

一是对数字治理的双重效应的研究。张挺等[8]指出，将数字技术手段渗透进国家治理的过程中去，该举实则是一把"双刃剑"。"数字利维坦"能够在很大程度上实现公共治理效率的提升，然而技术风险、技术鸿沟、权力集中化程度过高等各类问题也会随

---

[1] 肖贵清，田桥.人民主体地位：习近平治国理政思想的核心理念[J].思想理论教育，2016（12）：4-12.

[2] 韩庆祥.习近平以人民为中心的政治经济学说[J].人民论坛，2016（1）：52-53.

[3] 唐亚林.以人民为中心的治理观：中国共产党领导国家治理的基本经验[J].中国行政管理，2021（7）：6-13.

[4] 陈树文，王敏.国家治理现代化以人民为中心的根本立场研究：基于社会主要矛盾转化分析[J].重庆大学学报（社会科学版），2022（4）：262-274.

[5] 范根平.以人民为中心：国家治理现代化的题中应有之义[J].南华大学学报（社会科学版），2020（4）：47-51.

[6] 宁洁，韩桥生."以人民为中心"：我国国家治理现代化必须坚持的价值导向[J].江西社会科学，2020（6）：186-194.

[7] 欧健，邱婷.习近平人民中心观的形成逻辑与基本内涵[J].社会主义研究，2019（1）：20-27.

[8] 张挺，程乐.技术治理的风险及其化解[J].自然辩证法研究，2020（10）：42-46.

之出现。本清松等[①]指出，将人工智能手段运用到政府治理，能够削弱信息不对称的程度，更好地对社会资源进行智能化的统筹管理，但是随之而来的信息安全等问题也不容小觑。钟伟军[②]指出，新兴技术虽能改进政府的治理效能，但是基层干部也会因此面临着更大的挑战，这与技术研发的初衷相悖。涂子沛[③]指出，数字治理作为一种全新的人类文明具有双重影响，通过合理的手段应用大数据技术，是推进国家治理工作朝着现代化方向发展的最好方式，但也不应忽视大数据技术与互联网技术为人类带来的各种新挑战。在这一语境下，单纯依靠国家的管理力量，已很难对由互联网主导的整个社会进行统筹治理，国家公共职能正逐渐分散到各类社会机构中。

也有不少学者从具体治理行为本身出发，讨论数字治理的问题。赵玉林等[④]从实证研究的角度讨论了数字治理中的形式主义。他指出唯上思维与人民导向，层层发包与群众满意，政府主导与多元协作，条块分割与职能整合等多维冲突。郑崇明[⑤]提出，算法影子官僚以资本逻辑侵蚀公共价值，以算法权力俘获公权力，致使公共部门日益空心化，背离人本价值。杨云霞、叶恒语等[⑥]提出，数字治理对人的主体性规制，呈现出"技术难民""屏幕官僚""算数工人"等主体性遮蔽问题，建议从社会包容、素养提升和权利维护三个维度予以破解。

二是数字技术对于数字政府治理的负向价值研究。学者们的主要观点集中在：在提高政府部门信息数据的透明性与共享性程度，朝着数字治理的方向发展之际，各类数据风险与信息权的归属问题也越来越常见。张莉[⑦]强调，隐私泄露及数据黑产等各类数据风险在政府的数据共享中愈加常见，对此，除了要不断完善现有的法律体系，还应当通过分级、分类的方式来展开具有针对性的数据保护，并将数据安全检测技术运用到数据

---

① 本清松，彭小兵.人工智能应用嵌入政府治理：实践、机制与风险架构：以杭州城市大脑为例[J].甘肃行政学院学报，2020（3）：29-42.

② 钟伟军.技术增负：信息化工具为什么让基层干部压力重重：基于扎根理论的探索性研究[J].电子政务，2021（10）：116-124.

③ 涂子沛.数文明：大数据如何重塑人类文明、商业形态和个人世界[M].北京：中信出版集团，2018：前言.

④ 赵玉林，任莹，周悦.指尖上的形式主义：压力型体制下的基层数字治理：基于30个案例的经验分析[J].电子政务，2020（3）：100-109.

⑤ 郑崇明.警惕公共治理中算法影子官僚的风险[J].探索与争鸣，2021（1）：103-109.

⑥ 杨云霞.叶恒语数字治理对主体性的规训：样态表征、诱因探寻及纠治路径[J].自然辩证法通讯，2023（4）：43-51.

⑦ 张莉.政府数据开放共享中的安全问题与治理对策[J].网络空间安全，2020（6）：1-4.

管理的过程中。雷浩伟等[①]则主要以数据权力与数据权利为研究对象，强调要不断健全现有的数据权制度体系，做好数据主权主体新型关系等工作，以此来改进"数据+治理"的实施效果。

（四）关于数字社会伦理问题的研究

由于数字技术具有天然的强大外溢效应，深度渗透至人们社会生活的细枝末节，这同样为社会带来了新的伦理问题。此类研究主要集中在以下几方面：

一是数字社会伦理困境的研究。主要包括以下几点：

第一，关于数字社会与个体隐私冲突的研究。邱仁宗、黄雯等[②]在研究中指出，大数据技术存在信息安全问题，因而群众的主体意识可能会受到不同程度的干扰。薛孚、陈红兵[③]认为，大数据技术应用的前提就是收集海量的、多元数据信息，但是对大数据进行相关性分析又可能导致个人隐私无法得到保障，使群众在数据领域变成"透明人"。徐圣龙[④]指出，随着大数据技术更新换代速度越来越快，如何保障隐私权是随之而来的内生伦理问题，怎样于"数据足迹"的环境中做好个人隐私的保障，良好地应对大数据所带来的一系列内生伦理问题，是特别需要关注的。

第二，关于数字技术与社会公平伦理冲突的研究。此类研究主要包括两方面：其一，是因为数字鸿沟问题而出现的机会不平等现象；其二，则是数字鸿沟问题所导致的结果不平等现象。前者的关键在于数字资源的富有者将拥有更为多样的、和数字技术有关的发展机遇，因此，"机会不平等"既是指数字使用过程中存在的机会不平等，又是指数据参与过程中存在的机会不平等。[⑤]比较而言，后者更偏向的则是数字信息技术的发展，可能导致在数字技术上占据优劣势地位的群体，在最终数字红利方面存在一定的差距，具体可从经济层面与结果层面展开研究。[⑥]岳瑨[⑦]指出，大数据技术伦理中最为突出的问题是如何对数据进行有效共享，随技术更迭而来的"数字鸿沟"现象也是亟须引起人们重视的价值伦理学困境。尤其在数字时代，包括资源、财富、权力在内的因素都被高度

---

① 雷浩伟，廖秀健.数据治理视阈下数据权力与数据权利研究：存续逻辑、冲突悖论与完善进路[J].科技与法律（中英文），2021（5）：22-33.
② 邱仁宗，黄雯，翟晓梅.大数据技术的伦理问题[J].科学与社会，2014（1）：36-48.
③ 薛孚，陈红兵.大数据隐私伦理问题探究[J].自然辩证法研究，2015（2）：44-48.
④ 徐圣龙."公共的"与"存在于公共空间的"：大数据的伦理进路[J].哲学动态，2019（8）：86-94.
⑤ 薛伟贤，刘骏.数字鸿沟的本质解析[J].情报理论与实践，2010，33（12）：41-46.
⑥ 董晨宇.一项经典研究的诞生：知沟假说早期研究史的知识社会学考察[J].国际新闻界，2017（11）：30-46.
⑦ 岳瑨.大数据技术的道德意义与伦理挑战[J].马克思主义与现实，2016（5）：91-96.

集中在少数人手中，使"数字穷人"处于愈加不利的地位。[①]奚冬梅与王民忠[②]指出，技术若受到资本的操纵，便无法造福群众，那么社会伦理当中所强调的公平性原则将受到挑战。

第三，关于数字技术的发展和社会主流伦理观念之间矛盾性的研究。其中，高奇与陈明琨[③]指出，随着大数据时代的不断发展，数据规模日渐扩大，主流价值数据原有的生存余地将会被极大地压缩，这就使得社会主流的伦理观念愈加被挤至边缘地带。此外，其还指出，部分敌对势力会刻意以大数据技术为武器来展开意识形态渗透。奚冬梅和王民忠[④]指出，倘若技术工具受到资本的主导，那么其将偏离为人类的长远发展助益的初衷，技术所具有的资本价值将日趋掩盖社会价值。薛永龙与汝倩倩[⑤]指出，大数据算法推荐技术将会导致严重的"信息茧房效应"，并且将主流社会价值观念排挤至边缘，这使得群众的偏好和视野日趋被狭于一隅。

二是对数字社会伦理困境产生原因的研究。学者们从多个方面分析了大数据技术伦理困境产生的原因，观点主要集中在资本寻租、伦理建设滞后和个人主体性原因等方面。蓝江[⑥]围绕马克思的"一般智力"，阐发了"一般数据"概念。他指出，大数据技术伦理困境的产生，主要是因为大数据技术在更迭中衍生了一种前所未有的资本形式，也就是数字资本。面对这一新产物，大数据运营商出于牟利的动机，借助数字资本的力量，掌握更多的一般数据资源，并且通过带有强烈同质化特征的一般数据，给现代社会的正常运作带来影响。综上所述，大数据技术的发展势必会带来一系列伦理困境。有学者[⑦]指出，大数据资源拥有者将主导整个社会的发展方向，倘若大数据技术被私人资本所主导，社会公平便无从谈起。

也有一些学者认为，技术伦理发展的相对滞后性，是技术伦理困境出现的重要诱因。其中，董军与程昊[⑧]指出，在大数据时代，伦理困境主要是因为现行法律体系有待进一

---

① 孙伟平.人工智能与人的"新异化"[J].中国社会科学，2020（12）：119-137.
② 奚冬梅，王民忠.论马克思关于技术对社会伦理二重性影响的思想[J].科学社会主义，2012（2）：88-91.
③ 高奇，陈明琨.大数据技术条件下的马克思主义大众化[J].马克思主义研究，2019（7）：89-97.
④ 奚冬梅，王民忠.论马克思关于技术对社会伦理二重性影响的思想[J].科学社会主义，2012（2）：88-91.
⑤ 薛永龙，汝倩倩."遮蔽"与"解蔽"：算法推荐场域中的意识形态危局[J].自然辩证法研究，2020（1）：50-55.
⑥ 蓝江.一般数据、虚体、数字资本：数字资本主义的三重逻辑[J].哲学研究，2018（3）：26-33.
⑦ 张秀，田原，孙鹏."大数据与社会公正"：上海市伦理学会第五届青年论坛综述[J].毛泽东邓小平理论研究，2017（10）：102-104.
⑧ 董军，程昊.大数据技术的伦理风险及其控制：基于国内大数据伦理问题研究的分析[J].自然辩证法研究，2017（11）：80-85.

步完善，伦理规范欠统一，整个社会的协同监督机制存在不足。张峰[1]指出，大数据技术的发展，可能使技术伦理道德规范走向失控。有学者认为，个人主体性方面的因素也可能是技术伦理困境出现的重要诱因。不乏学者指出，大数据时代背景下技术伦理困境的存在，其首要原因是群众在数据素养方面的匮乏，以及在数据安全保护方面的意识缺失。蓝江[2]指出，大数据技术手段之所以和社会公平之间存在日趋严重的伦理矛盾，主要是因为个体缺乏数字劳动方面的基本概念与意识，大部分网民不知道自身在通过数字设备浏览信息时，实则在展开数字劳动，因而也就很难看到数字劳动产品正在被背后的运营商们所利用。

三是关于数字社会伦理困境如何应对的理论研究。有学者从所有制层面探究数字社会伦理困境的致因和应对之策。其中，肖峰[3]探究了人工智能技术与工业机器在运作逻辑方面存在的相关性，指出"无用阶级"的内涵是在资本增殖方面效用的有限性。在共产主义背景下，"无用阶级"将变为一种新兴的有用阶级。要想化解大数据时代背景下存在的社会公平伦理问题，其关键在于朝着共产主义的方向发展。

马拥军[4]在其研究中，分别从唯物史观及政策变化的维度展开研究，反驳了赫拉利带有悲观性质的观点，并指出，赫拉利所阐发的"互为主体"的说法究其本质，是观念层面的上层建筑，所以赫拉利对历史所作的研究也是以唯心史观为参考而展开的，赫拉利对大数据的阐发局限在资本主义的维度，并未意识到共产主义可能驾驭大数据技术。大数据技术推动"经济的社会形态"不断朝着真正共同体的形态演进，且将为"自由人联合体"的实现提供强大助力。

学者们还指出，解决大数据时代下的技术伦理问题，必须立足公共治理角度，积极作为。邹绍清[5]指出，只有重视文化软实力的打造，方能解决大数据背景下的技术伦理问题。蓝江[6]指出，解决大数据的技术伦理困境，关键在于实现数据的共享；个别数字精英群体不该私自占据全体社会成员生产的一般数据，而必须由整个社会进行主导与共享。陈仕伟[7]指出，数字伦理困境应以伦理手段化解，从德性伦理的层面鼓励数据使用

[1] 张峰.大数据时代隐私保护的伦理困境及对策[J].人民论坛・学术前沿，2019（15）：76-87.
[2] 蓝江.生存的数字之影：数字资本主义的哲学批判[J].国外理论动态，2019（3）：8-17.
[3] 肖峰.《资本论》的机器观对理解人工智能应用的多重启示[J].马克思主义研究，2019（6）：48-57.
[4] 马拥军.大数据与人的发展[J].哲学分析，2018（1）：105-115.
[5] 邹绍清.论大数据嵌入青年社会主义核心价值观培育的战略契合及思维变革[J].马克思主义研究，2015（6）：87-92.
[6] 蓝江.一般数据、虚体、数字资本：数字资本主义的三重逻辑[J].哲学研究，2018（3）：26-33.
[7] 陈仕伟.大数据技术异化的伦理治理[J].自然辩证法研究，2016（1）：46-50.

者坚持道德上的自矜自律，同时尽可能地帮助利益相关者实现最大限度的可观收益，最后从科技伦理的角度，促进科技和人文之间的融合和统一。

也有学者指出，个体在应对大数据时代技术伦理问题时往往有着不可小觑的影响力。其中，蓝江[1]指出，数据信息本身是客观的，不仅能够充当资本主导人类的手段，也能在个人的主导下实现个体的精神解放。一般来说，个体在看到一般数据所具有的影响力，并积极掌握这些数据资源后，便可用于实现自身全方位的发展。另外，徐圣龙[2]指出，数字时代背景下的伦理困境规制，应当由所有个体在协同投入的过程中来达成，互联网上的所有使用主体都应担负起相应的责任，同时对数据成果进行共享。此外，薛永龙和汝倩倩[3]指出，要强化网络使用者的主体意识，并锻炼其媒介素养，这有助于削弱大数据技术带来的消极影响。

（五）关于数字技术异化的研究

与数字治理伦理困境相关联的是对数字技术异化的思考，内容主要集中在对"数字利维坦"的研究。

一是"数字利维坦"这一概念的分析。肖滨[4]认为，"数字利维坦"风险主要指的是随信息技术发展而来的具有消极色彩的政治风险。陶鹏[5]强调，所谓的"数字利维坦"实际上是一种"强政府、强社会"的发展模式，是国家与社会这两方之间关系失衡，并被呈现于虚拟空间后的结果。郯彦辉[6]指出，"数字利维坦"乃是一种前所未有的现代危机。随着数字技术手段的更迭，其将愈加成为抑制"国家利维坦"的一种有效工具。陈剩勇等[7]阐发了"数字利维坦"可能对公民隐私带来的消极影响，并认为，必须借助国家层面的力量来延展群众主体权利，重视对平台数据所展开的内外两个层面的监管。韦彬等[8]指出，数字技术工具为现代常见的经济行为控制手段，倘若割裂了数字技术工

---

① 蓝江.生存的数字之影：数字资本主义的哲学批判[J].国外理论动态，2019（3）：8-17.
② 徐圣龙."公共的"与"存在于公共空间的"：大数据的伦理进路[J].哲学动态，2019（8）：86-94.
③ 薛永龙，汝倩倩."遮蔽"与"解蔽"：算法推荐场域中的意识形态危局[J].自然辩证法研究，2020（1）：50-55.
④ 肖滨.信息技术在国家治理中的双面性与非均衡性[J].学术研究，2009（11）：31-36.
⑤ 陶鹏.国家与社会关系视角下的虚拟社会治理[J].北华大学学报（社会科学版），2015（2）：97-101.
⑥ 郯彦辉.数字利维坦：信息社会的新型危机[J].中共中央党校学报，2015（3）：46-51.
⑦ 陈剩勇，卢志朋.互联网平台企业的网络垄断与公民隐私权保护：兼论互联网时代公民隐私权的新发展与维权困境[J].学术界，2018（7）：38-51.
⑧ 韦彬，姚远琪.网络食品交易的"数字利维坦"风险及其治理[J].湘潭大学学报（哲学社会科学版）2020（1）：40-45.

具的价值理性特点，便会带来严重的问题。这需要政府部门积极健全已有的数据运行网络、推出具有针对性的数据治理政策，以此来防范"数字利维坦"带来的消极作用。刘永谋等[1]指出，即便大数据技术的更迭在很大程度上颠覆了极致主义原有的权力结构，强化了其中的民主色彩及价值理性，但利用大数据技术手段来助力"技治主义"的过程中也可能导致"数字利维坦"风险。

二是从经济学层面出发来对"数字利维坦"现象展开探讨。谢新水[2]强调，要助力共享经济的进步与发展，就必须重视该方面存在的"数字利维坦"现象。唐皇凤[3]指出，从本质上看，"数字利维坦"现象属于软性的技术决定论的范畴，且认为数字技术现阶段可谓是影响社会发展方向的一大关键因素，可能带来五种结果：其一，在展开国家治理实践的过程中，"数字利维坦"可能会对群众的隐私权带来威胁；其二，对个体的自由意志产生干扰；其三，可能带来各类信息安全与国家安全问题；其四，在数字威权的影响下，进一步提升垄断风险；其五，可能导致极端主义倾向进一步加剧，甚至可能导致社会走向碎裂化。

三是从政治学层面出发对"数字利维坦"现象展开探讨。王小芳等[4]阐发了"技术利维坦"这一全新概念，并指出，技术在更迭的过程中可能潜藏着推进社会治理转型的重要动力。除此之外，郑容坤等[5]指出，数字技术可能会带来政治层面的风险，数字技术会不断销蚀政治领域的权力边界，进而导致"技术利维坦"的产生。张爱军[6]指出，在展开社会治理实践之际，算法正渐渐在大众生存环境的更迭和发展过程中发挥着根本性的影响。对个体而言，无论是政治生活，还是日常生活，算法都有着不可小觑的反噬性。

四是从哲学层面出发对"数字利维坦"现象所作的探讨。其中，熊小果[7]从哲学层面出发，对"数字利维坦"现象展开探讨，指出"数字利维坦"现象之所以给人类带来现代性的发展困境，主要是因为科学技术正在日趋成为资本力量以及工具理性的附属品，其虽然在很大程度上使人摆脱了被"物"所奴役的处境，强化了个体的自由，但也

---

[1] 刘永谋, 兰立山.大数据技术与技治主义[J].晋阳学刊, 2018（2）: 75-80.
[2] 谢新水.共享经济的负面表征及行政监管的有效性[J].理论与改革, 2018（1）: 162-172.
[3] 唐皇凤.数字利维坦的内在风险与数据治理[J].探索与争鸣, 2018（5）: 42-45.
[4] 王小芳, 王磊."技术利维坦"：人工智能嵌入社会治理的潜在风险与政府应对[J].电子政务, 2019（5）: 86-93.
[5] 郑容坤, 汪伟全.人工智能政治风险的意蕴与生成[J].江西社会科学, 2020（5）: 217-225.
[6] 张爱军."算法利维坦"的风险及其规制[J].探索与争鸣, 2021（1）: 95-102.
[7] 熊小果.数字利维坦与数字异托邦：数字时代人生存之现代性困境的哲学探析[J].武汉科技大学学报（社会科学版）, 2021（3）: 324-331.

使得人类受困于"数字洞穴"之中，以一种全新的模式遭受"物"的奴役。这就需要推动数字技术有序摆脱资本积累以及工具理性这两大逻辑，真正地显现出个体自由和理性的力量。

五是围绕技术正义所展开的研究。赫费（Otfried Haffe）①认为，科学技术的发展初衷在于助益于整个人类社会的幸福，而"正义"则是判断幸福与否的关键标准。但是，科学技术指的并非是科学范畴内部的一种因素，其主要是从整个社会范畴内来对科学技术进行检视。相比而言，国内学者将技术的批判阐发为三个不同的维度。迈克·桑德尔（Michael Sandel）②在其研究成果《反对完美——科技与人性的正义之战》中强调，自然提供给人类的便是已经十分美好的馈赠，无论是人类的生命本身，还是身体与头脑，妄自对自然的馈赠进行调整和修改有着极大的风险，但是其并未否定部分具备合理依据的技术应用类型，其强调的是技术工具对于自然环境的影响需要被限定在合理的"度"之内。

（六）关于数字政府价值向度的研究

政府治理作为国家治理体系的核心要素，数字政府是数字治理研究的重点领域。对数字政府价值向度的研究主要集中在数字政府的公共价值、数字政府从"政府中心主义"转向"以民众为中心"、数字技术赋能数字政府。

一是数字政府的公共价值研究。这一论题的研究主要集中在以下三个方面：

第一，数字政府公共价值的基本内涵。何艳玲③指出，所谓的公共价值，主要是根据群众的主观满足程度而判断的，绝非是决策人员凭借自身的经验和意志为公民提供的。张丽与陈宇④则在其研究中把数字政府带来的公共价值细分成不同层面。程秋月⑤则立足于国内社会主要矛盾渐趋转型的背景，分别着眼于多元主体所持的利益诉求，以及如何更好地满足群众不断增长的美好生活需要等维度出发，就公共价值展开研究，并指出，数字治理工作可以在推进公共服务更趋规范化、数字化的过程中实现进步。刘银喜

① 张海燕.科学的正义维度探析：论赫费的科学技术伦理学[J].自然辩证法研究，2007（5）：97-100.
② [美]迈克尔·桑德尔.反对完美：科技与人性的正义之战[M].黄慧慧，译.北京：中信出版社，2013：128.
③ 何艳玲."公共价值管理"：一个新的公共行政学范式[J].政治学研究，2009（6）：62-68.
④ 张丽，陈宇.基于公共价值的数字政府绩效评价：理论综述与概念框架[J].电子政务，2021（7）：57-71.
⑤ 程秋月，张顺.浅析大数据背景下实现政府决策数据化的意义[J].改革与开放，2016（14）：3-4.

等[1]指出，公共价值指的是群众不断提升的社会期望，尤其在数字化技术不断发展的时代语境下，政府所展开的治理实践应当在公共价值方面投入足够关注。

第二，公共价值创造背后潜在影响因素的研究。其中，王林川等[2]分别从价值、发展环境、运作能力这三重维度出发来打造评价模型，指出平台在专门对公共价值的概念进行定义时，必须同时参考内外部因素的调整和变动，以此来更好地实现公共价值。陈兰杰与贾佳琪[3]主要基于价值网理论的相关内容，围绕政府的数据开放工作展开研究，指出其背后的公共价值实现模型具体包含五个不同的要素。部分学者关注影响价值实现的技术与组织要素。韩啸与汤志伟[4]在设计模型的过程中察觉，对公共价值发挥作用的关键变量主要在于技术同化趋势的深度及广度上，除此之外，数字政府所具有的能力在这两项因素之间扮演着中介的角色。

第三，公共价值在现实实践中的落实研究。陈兰杰等[5]在公共价值战略三角模型的基础上，阐发了六种类型的实现机制。霍春龙与任媛媛[6]指出，在互联网的时代背景下，要想推进公共价值的落地，前提是在"政政—政民—民民"的模式下，实现多元高效的互动。陈振明[7]指出，应把公平、效率、协同、安全、信任作为数字治理的公共价值。并从五个方面提出实现数字治理的公共价值的现实路径。即"坚守数字公平，筑牢数字治理公共价值理念基础""提升数字效率，提供数字治理公共价值实现动力""加强数字协同，汇聚数字治理公共价值实现合力""强化数字安全，保障数字治理公共价值实现能力""培育数字信任，夯实数字治理公共价值心理基础"。可见，多元主体互动、合作、协作是共识。

二是数字政府从"政府中心主义"转向"以人民为中心"。郁建兴等[8]提出，公共

① 刘银喜，赵淼.公共价值创造：数字政府治理研究新视角：理论框架与路径选择[J].电子政务，2022（2）：65-74.
② 王林川，寿志勤，吴慈生.政府数据开放平台服务绩效评价指标体系研究：基于公共价值视角[J].中国行政管理，2022（1）：40-47.
③ 陈兰杰，贾佳琪.基于价值网理论的开放政府数据公共价值实现模型研究[J].甘肃科技，2022（5）：71-74.
④ 韩啸，汤志伟.数字政府创造公共价值的驱动因素与作用机制研究[J].电子政务，2022（2）：51-64.
⑤ 陈兰杰，李婷.基于战略三角模型的开放政府数据公共价值实现机制研究[J].情报探索，2021（9）：1-7.
⑥ 霍春龙，任媛媛.网络时代公共价值实现的结构与机制：一项基于个案研究的探索[J].电子政务，2020（11）：37-47.
⑦ 陈振明，黄子玉.数字治理的公共价值及其实现路径[J].郑州大学学报（哲学社会科学版）2022，55（6）：9-14.
⑧ 郁建兴，黄飚.超越政府中心主义治理逻辑如何可能：基于"最多跑一次"改革的经验[J].政治学研究，2019（2）：49-60.

服务应以民众需求作为设计、供给的核心标准，通过民众与公共服务组织的协同参与，最大程度地实现公共服务供给与民众真实需求相匹配。钟伟军[①]认为，"以人民为中心"就是"公民即用户"，即将提升公民的使用体验和便利性感知作为政府数字化转型的重要出发点和目标。王勇等[②]提出，数字政府的预见性、准确性和回应性，可以从根本上彰显国家治理体系须"以人民为中心"的本源诉求与底色。然而，基于数字技术的国家治理亦有可能引致数字剥削、数字异化等正义难题。还有学者[③]认为，应当加强公民的参与水平及政府数字治理的初衷之间的联系，将数字治理工作的关键放在如何为群众打造更为公平公正的参与系统，同时，强调政府要借助各类新型大数据手段来优化政府部门与社会群众两方间的关系。

三是数字技术对数字政府的赋能研究。学者们普遍认为，将数据嵌入技术，发挥技术的驱动力量展开治理实践，不仅能够充分调动数据能量，同时还可能显现出其技术优势。顾天安[④]强调，包括大数据技术、云计算技术、人工智能技术在内的数字化技术手段的出现，在很大程度上影响了政府原有的治理理念，引领其从权力中心的治理模式朝着数据中心的治理模式渐趋转型。邵春堡[⑤]认为，数字科技在不断演变的过程中催化出包括数字经济、数字社会和数字治理在内的各类现象，数字技术及背后的价值在很大程度上带动了社会的转型。李晓昀等[⑥]阐发了"理念—技术—组织"这一治理模式，即依托数字技术的力量，为广大乡镇政务部门提供全新的价值及功能基础，提高其在数字化方面的供给水平。也有学者从智慧城市、智慧政府角度讨论，葛蕾蕾等[⑦]强调，在很大程度上，智慧城市及各类信息技术手段的出现影响了政府在治理及交往方面的实践，无论对数字经济的发展，还是对数字城市的建构来说，智慧城市及各类信息技术手段都具有积极的影响。沈费伟[⑧]阐述了智慧政府治理这一概念，解释了其框架，并把智慧政府的建设视为管理 2.0 革命，这也是将智慧政府所展开的治理工作视为政府数字治理更为

① 钟伟军.公民即用户：政府数字化转型的逻辑、路径与反思[J].中国行政管理，2019（10）：51-56.
② 王勇，朱婉菁."大数据"驱动的"数据化国家治理"研究："以人民为中心"的视角[J].电子政务，2018（6）：32-44.
③ 江小涓.加强顶层设计解决突出问题协调推进数字政府建设与行政体制改革[J].中国行政管理，2021（12）：9-11.
④ 顾天安.大数据驱动政府治理创新的国际经验与启示[J].发展研究，2020（2）：12-19.
⑤ 邵春堡.新时代数字技术、数字转型与数字治理[J].中国井冈山干部学院学报，2020（6）：55-64.
⑥ 李晓昀，邓崧，胡佳.数字技术赋能乡镇政务服务：逻辑、障碍与进路[J].电子政务，2021（8）：29-39.
⑦ 葛蕾蕾，佟姗，侯为刚.国内智慧城市建设的现状及发展策略[J].行政管理改革，2017（7）：40-45.
⑧ 沈费伟.智慧治理："互联网+"时代的政府治理变革新模式[J].中共福建省委党校学报，2019（4）：101-108.

深化演变的结果。

（七）关于数字治理概念的研究

明确"数字治理"的科学内涵，是探究数字治理相关问题的基础。当前，不同学科基于不同的理论视角，对"数字治理"这一概念进行研究，但尚未形成关于"数字治理"概念的一致观点。

数字治理指的是现代化数字技术在不断发展的过程中，不断地和治理理论融合，从而产生结果。数字治理主体主要包括政府部门、群众及市场上的企业，数字治理是近些年来新兴的政府治理模式。[①]郑磊[②]认为，包括电子政府、电子治理、数字政府，以及数字治理在内的各类概念，是各个国家在前后阶段将各类信息数字技术运用到治理实践中而产生的，目标是改进治理的效果。贾开[③]认为，从数字社会治理的层面来看，考虑到数字社会这一新兴发展形态的发展需要，数字治理是为顺应政府治理领域的变革趋势，将政府部门、市场企业及各方社会主体都容纳在内的一种治理变革实践；数字治理一般被看作信息时代语境下，政府治理工作的全新发展，这主要体现在政府部门在工作的过程中把数字信息技术当成重要的工具，以此来带动原有治理模式、方法和治理过程朝着愈加智能化的方向发展。[④]也有学者认为，就广义层面而言，数字治理绝非仅仅是 ICT（information and communications technology，信息与通信技术）在政府治理工作中的简单渗透，而是更趋近于社会、政治组织及其所展开的一种工作形式，具体涵盖针对经济资源与社会资源所展开的一系列治理工作，包括怎样对政府部门、立法机关和公共管理实践的整个过程施加影响；就狭义层面而言，数字治理指的是政府部门和社会、政府和市场企业之间所展开的经济及社会层面的联合互动，以及政府部门在内部运作的过程中，通过运用信息技术手段，优化政府行政工作和公共事务的运作流程，凸显明显民主化倾向的一种治理模式。[⑤]也有学者[⑥]从治理空间角度，将数字治理实践理解为面对数字化的趋势，主要以日新月异的现代信息技术手段为基础，将部分原本仅能在真实世界中展开的政府职能实践扩展到虚拟层面，从而推进政府综合服务朝着数字化的方向发展。

---

① 杜泽.什么是数字治理？[J].中国信息界，2020（2）：47-49.
② 郑磊.数字治理的效度、温度和尺度[J].治理研究，2021（2）：5-16.
③ 贾开.数字治理的反思与改革研究：三重分离、计算性争论与治理融合创新[J].电子政务，2020（5）：40-48.
④ 徐晓林，刘勇.数字治理对城市政府善治的影响研究[J].公共管理学报，2006（1）：107-108.
⑤ 徐晓林，刘勇.数字治理对城市政府善治的影响研究[J].公共管理学报，2006（1）：13-20.
⑥ 程秋月，张顺.浅析大数据背景下实现政府决策数据化的意义[J].改革与开放，2016（14）：3-4.

一言蔽之，数字治理实践主要是现代数字技术手段和传统治理理论之间的有机融合。数字治理将政府部门、市民及市场企业视为共同的参与主体，是随信息技术发展而来的一种新兴治理模式。

不少学者还研究了数字治理与电子政务的关系。相较于传统治理，数字治理显现出更为明显的"共治"性色彩。和以往用"管理"或"工具应用"来实现更高效率的模式不同，政府从电子政府朝着数字治理不断深入发展的意义在于尽可能调动互联网先天功能，在此过程中，无论是政府管理工作的路径、方式和模式，还是社会组织与决策人员之间的关系，都出现了明显的调整。[①]另外，也有学者关注数字治理与数据治理的关系。有学者[②]认为，数据治理指的是对数据资产展开权力活动，以及操纵的一系列实践的综合，居于中心位置。[③]还有研究者[④]指出，数据治理的一般内涵是指依托有数据化特征的线上平台，借助数据挖掘及统计分析等相关技术，将已有的数据转化为直观的、交互的形式，供各方使用，以此来为用户所展开的决策分析工作给出必要的数据基础。

二、国外研究现状

国外关于数字治理的研究成果较丰富，涉及多个领域。基于研究目的，本研究主要梳理分析国外学者对数字治理价值向度的相关研究，聚焦以下几个方面：

（一）关于数字治理公共价值的研究

第一，对数字公共价值内涵的研究。马克·穆尔[⑤]在其研究《创造公共价值：政府战略管理》内第一次推出了公共价值理论，认为其指的是公民对于政府及其所展开的公共服务所投诸的集体期望。据此，其指出政府工作人员一方面要汲取市场管理方面的知识，从企业发展的过程中学习怎样追求更高的商业价值，同时汲取新公共管理领域关于效率以及绩效在内的一系列全新理念，同时要从传统公共行政领域汲取包括平等、程序在内的各类基本理念，以此强化管理工作的合规合法程度，保证群众的信任程度，以此

① 杨国栋，吴江.电子治理的概念特征价值定位与发展趋势[J].上海行政学院学报，2017（3）：64-70.
② 唐斯斯，刘叶婷.以"数据治理"推动政府治理创新[J].中国发展观察，2014（5）：32-34.
③ 施天行，张寅，王晓丽.浦东新区区域卫生信息平台的数据治理现状[J].中国数字医学，2016（9）：103-105.
④ 戴长征，鲍静.数字政府治理：基于社会形态演变进程的考察[J].中国行政管理，2017（9）：21-26.
⑤ [美]马克·穆尔.创造公共价值：政府战略管理[M].伍满桂，译.北京：商务印书馆，2016：57.

追求最佳的公共价值。另外，有学者[①]在其研究中主要从公共服务对群众需求的满足程度上来阐发公共价值的意义，指出政府部门应当从怎样提高公共服务的质量，向着怎样更好地满足群众需求的角度发展，将后者视为变革的出发点。

Twizeyimana 与 J.D.Andersson[②]在其研究中把随数字政府而出现的公共价值阐发归总为三个不同的层次：其一，优化公共服务；其二，优化管理；其三，实现更高的社会价值。在此研究后，还着眼于公民的角度来研究数字化转型所带来的公共价值，指出群众对数字政务绩效的反馈，能够更为高效地将管理价值观落到实处，并且提高民主价值观的关注程度。Bonina[③]在其研究中将公共价值视为群众的价值诉求，强调数字治理实践应当在不断优化公共服务的过程中，满足群众的价值诉求。此外，Cordella[④]在其研究中，从政府活动的透明性及群众对服务所具有的控制权这两方面出发，对公共价值这一概念进行解释，并将其视为数字治理实践的价值目标所在。Alford[⑤]在其研究中，主要从管理价值观及民主价值观这两层面出发，对公共价值展开阐述。其中，前者具体涵盖透明度、问责制及效率，而后者则具体涵盖平等、开放和公平。Scupola 与 Ines Mergel[⑥]在其研究中将公共价值细分为四个不同的类型：其一，经济；其二，行政；其三，社会；其四，公民价值。在对现有研究进行归总后可知，国外学者在阐发数字治理背后的公共价值时，基本聚焦于三个要点：其一，优化公共服务的供给价值；其二，强化政府部门在治理能力方面的价值；其三，提高公民在投入过程中的参与价值。

第二，对数字治理背后的公共价值分析框架进行分析。学界学者在对数字治理背后的公共价值指标进行分析时，常用设计分析框架的方式展开。G.Puron[⑦]在其研究中主要从公民、政府及社会这三方面出发设计综合性的分析框架：其一，数字治理实践能够给

[①] Bram Klievink，Antonio Cordella.Public Value Creationin Digital Government[J].Government Information Quarterly，2019，36（4）．

[②] Twizeyimana，J.D.Andersson.The public value of EGovernment：A literature review[J].Government Information Quarterly，2019，36（4）：167-178.

[③] Bonina，Eaton.Cultivating open government data platform ecosystems through governance：Lessons from Buenos Aires，Mexico City and Montevideo[J].Government Information Quarterly，2020，37（3）．

[④] Cordella，Paletti.Government as a platform，orchestration，and public value creation：The Italian case[J].Government Information Quarterly，2019，36（4）．

[⑤] John Alford.Defining the Client in the Public Sector：a social-exchange perspective[J].Public Administration Review，2002，62（3）：337-346.

[⑥] Scupola，Ines Mergel.Co-production in digital transformation of public administration and public value creation：The case of Denmark Ada[J].Government Information Quarterly，2022，39（1）．

[⑦] G.Puron Cid.From Technology to Social Development：Applying a Public Value Perspective to Digital Government in Local Governments in Mexico[M]//Proceedings of the 18th Annual International Conference on Digital Government Research.New York：ACM，2017：339.

公共服务的交付带来影响，为群众提供优质、公平、公开的公共服务，以此鼓励群众的投入，强化其在协作治理方面的能力；其二，公共服务在不断优化的过程中，政府在内部运作过程中带来的公共价值也势必会受此影响，有利于政府优化自身的行政战略、监管实践及财政基础；其三，政府内部的调整将延伸至社会层面，给包括教育、卫生、住房及人类发展在内的方方面面带来正向作用。

Pin-yu Chu 与 Hsien-Lee Tseng[①]在其研究中主要从公共价值类型的层面设计数字治理框架，这一框架兼顾了公共价值及数字技术，分别从运营、政治及社会这三重维度出发，生成综合的数字治理公共价值取向库。首先，运营价值的关键在于判断电子政务在何种程度上提高了经济效率及非经济效率；其次，政治价值的关键在于判断电子政府在何种程度上给群众创造了公平透明的表达、互动及享受信息资源的机会；最后，社会价值的关键则在于电子治理在何种程度上提高了个人与群体的综合能力、彼此信任程度及社会福利，以此为环境的长远可持续发展带来贡献。

第三，基于公共价值的数字政府绩效研究。当前，此论题的研究多集中于对政府数据分享状况、政府公共服务质量、数字平台建设水平的评价研究。其一，关于公共服务治理的评价研究。国外学者 Grimsley A 和 Meehan A[②]构建了一种新型数字政府建设框架，以结果、服务、满意度为核心维度。Karunasena K 和 Deng H[③]对该框架进行了拓展，加入了公共组织的有效性维度，使之更加科学。其二，关于政府数据共享水平的评价研究。Chun P Y 和 Tseng H L[④]认为，政府数据共享水平对于公共价值实现程度的现实影响，仍是未知数。其三，Scott M[⑤]等对前人提出的数字政府信息系统模型进行重新定位，并构建了公共价值净收益结构，通过实践验证了该模型的有效性。Karkin N 和 Janssen M[⑥]制定出系统化的网站评价标准，发现网站在提供公民参与、响应和对话方面不尽如人意。

[①] Pin-yu Chu，Hsien-Lee Tseng.Open Data in Support of E-governance Evaluation：A Public Value Framework[M]//Proceedings of the 11th International Conference on Theory and Practice of Electronic Governance.New York：ACM，2018：338-343.

[②] Grimsley M，Meehan A.E-Government information systems：Evaluation-led design for public value and client trust[J].European Journal of Information Systems，2007，16（2）：134-148.

[③] Karunasena K，Deng H.A Conceptual Framework for Evaluating the Public Value of eGovernment: A Case Study from Sri Lanka[M]//ACIS 2009 Proceedings.8.Washington：IEEE，2009：583-588.

[④] Pin-yu Chu，Hsien-Lee Tseng.Open Data in Support of E-governance Evaluation：A Public Value Framework[M]//Proceedings of the 11th International Conference on Theory and Practice of Electronic Governance.New York：ACM，2018：338-343.

[⑤] Scott M，DeLone W，Golden W.Measuring eGovernment Success：A Public Value Approach[J].European Journal of Information Systems，2016：187-208.

[⑥] Karkin N，Janssen M.Evaluating Websites from a Public Value Perspective：A Review of Turkish Local Government Websites[J].International Journal of Information Management，2014（3）：351-363.

第四，关于公共价值实现路径的研究。Toots M 等[①]聚焦如何通过发挥现有数据资源的潜力来优化政府公共服务水平。有学者认为，需要构建一套新的技术考察指标体系，从而对数字政府公共服务领域价值创造水平进行科学的评估。Cordella A 和 Paltti A[②]以丹麦为例，提出联合制作是制定国家数字政策和战略，以及实施公共行政数字化转型的一个关键因素。Cordella A[③]等分析了意大利的会计准则倡议案例，讨论编排公认会计准则特征的重要性，以改善公共机构之间的协调，更好地提供公共价值。Stoker G[④]认为，应该借助先进数字技术搭建社会成员与数字政府之间的沟通体系，以合作网络建设助力公共价值的创造。

（二）关于数字治理价值的相关研究

近年来，数字鸿沟研究受到了各国学者的广泛关注。数字鸿沟这一概念最早出现于20 世纪 90 年代，早期的学者主要用其来阐发是否使用互联网技术的情况下存在的区别。[⑤]之后，在 ICT 更新换代速度越来越快的情况下，数字鸿沟的概念重心愈加偏向于对 ICT 领域的理论与技能的掌握程度。[⑥]一是关于数字鸿沟的概念理解。从 2002 年开始，学界学者对数字鸿沟这一概念进行了更为深入的探讨，修正其原本过分的技术性色彩，跳脱出原有的概念范围，加深了其背后的社会、心理及文化色彩[⑦]，由此便衍生了两类数字鸿沟。其中，第一类数字鸿沟是指因获得数字信息能力方面存在差异造成的；第二类数字鸿沟则是因使用数字信息技术的手段存在差异造成的。Dimaggio P 等[⑧]聚焦数字技术使用过程中的自主性、社会教育环境和技术目的等维度上的差异，极大地延伸了数字鸿沟已有的概念范畴。归根结底，随着数字化技术在社会系统内的普及程度愈加

① Toots M，McBride K，Kalvet T，et al.A Framework for Data driven Public Service Co-production[J].International Conference on Electronic Government，2017（4）：264-275.
② Cordella A，Paltti A.Government as a Platform，Orchestration，and Public Value Creation：The Italian Case[J].Government Information Quarterly，2019（4）：101-409.
③ Cordella A，Paletti A.Government as a Platform，Orchestration，and Public Value Creation：The Italian Case[J].Government Information Quarterly，2019（4）：101-409.
④ Stoker G.Public Value Management：A New Narrative for Networked Governance[J].The American Review of Public Administration，2006，36（1）：41-57.
⑤ Yu L.Understanding information inequality：Making sense of the literature of the information and digital divides[J].Journal of Librarianship and Information Science，2006，38（4）：229-252.
⑥ Van，Dijk，JAGM.Digital divide research，achievements and shortcomings[J].Poetics，2006（4）：221-235.
⑦ Hsieh J，Rai A，Keil M，Understanding digital inequality：Com-paring continued use behavioral models of the socio-economically advantaged and disadvantaged[J].MIS Quarterly，2008，32（1）：97-126.
⑧ Dimaggio P，Hargittai E，Celeste C，et al，From unequal access to differentiated use: A literature review and agenda for research on digital inequality[R].Social Inequality，2001：355-400.

深广，后者相比于前者正日趋显现出重要性。[1]等提出第三道数字鸿沟（third digital divides），其主要内涵是互联网技术在使用过程中产生的积极结果，以及使用之后出现的种种不平等现象。[2]在关于数字鸿沟这一概念的定义研究中，颇为典型的观点为：所谓的数字鸿沟指的是不同社会成员、群体在利用数字信息技术以实现能力提升方面显现出的差距。[3]

有学者指出，数字鸿沟可以体现为多元的形式。例如，发达与发展中国家之间存在的数字鸿沟，特定国家在内部系统中存在的数字鸿沟等。此类数字鸿沟还可以适用于不同的人口统计特征，如年龄等。[4]对此，Mariën I 等[5]指出，数字鸿沟在新时代之下跳脱出了数字设备及互联网接入这两个既有标志，其不平等的特征主要体现在将使用者所掌握的数字技能视为关键，将问题的关键和用户本身之间加以联合。就数字鸿沟概念内涵的发展历程而言，数字鸿沟所囊括的内容愈加丰富，且概念的边界也不断延伸，应用范围也愈加广泛。综合国外学界的研究成果可知，学者们在关于数字鸿沟的类型划分上，基本都秉持一个共识，即数字鸿沟有两种形式：一种是世界范围内不同国家间存在的数字鸿沟；另一种是在特定国家范围内，个人或群体彼此间存在的数字鸿沟。[6]

二是对数字鸿沟的弥合研究。Gunasekaran V 等[7]指出，数字鸿沟弥合背后存在三点关键的影响因素：其一，可获取性；其二，可用性；其三，服务和应用的可负担性。另外，Srinuan C 等[8]指出，移动互联网技术实则是对数字鸿沟现象进行弥合的一种替代性的技术手段，无论是电信监管机构还是政策的制定人员，都应当重视在竞争及基础设施

[1] Riggins F J，Dewan S，The digital divide：Current and future research directions[J].Journal of the Association for Information Systems，2005，6（12）：298-337.

[2] Wei K K，Teo H H，Chan H C，et al.Conceptualizing and testing a social cognitive model of the digital divide[J].Information Systems Research，2011，22（1）：170-187.

[3] OECD.Understanding the digital divide，[R/OL].2019-10-13[2019-10-13]. http：//www.oecd.org/digital/ieconomy/1888451.pdf.ITUInternational Telecommunications Union （ITU）.Measuring the information society report..

[4] Shirazi F.The emancipatory role of information and communication technology：A case study of Internet content filtering within Iran[J].Journal of Information，Communication and Ethics in Society，2010，8（1）：57-84.

[5] Mariën I，Prodnik J A.Digital inclusion and user（dis）empowerment：A critical perspective[J].Info，2014，6（6）：35-47.

[6] Zhao F，Collier A，Deng H P.A multidimensional and integrative approach to study global digital divide and e-government development[J].Information Technology&People，2014，27（1）：38-62.

[7] Gunasekaran V，Harmantzis F C.Emerging wireless technologies for developing countries[J].Technology in Society，2007，29（1）：23-42.

[8] Srinuan C，Srinuan P，Bohlin E.An analysis of mobile Internet access in Thailand：Implications for bridging the digital divide[J].Telematics and Informatic，2012，29（3）：254-262.

投资等方面的文件政策制定，以此来提高互联网采用率，对数字鸿沟的现象进行一定程度的弥合；有的学者[①]认为，应当通过互联网技术来弥合数字鸿沟，同时将其转化成相应的数字红利，在这一过程中尤其以远程教育、医疗、就业、地方发展，以及市场扩张这五个层面为主。另外，印度政府正在致力于推进 ICT 的进度与发展，以此对数字鸿沟的现象进行弥合，致力于推动印度朝着知识社会的方向发展，主要通过打造电子中心、落实 Bohomi 方案、构建信息村等手段来达成这一目的。

此外，还有些学者[②]从上述角度进行了阐发。例如，以多级分析为手段，聚焦欧盟地区数字鸿沟的影响致因，指出必须在兼顾有效的地区及合理的国家手段的前提下，有效削弱欧盟一带的数字鸿沟。但是就地区及国家维度而言，带动地区经济的发展、重视高等教育的改造、加大研发投入，以及限制早期教育阶段的退学现象等，都可以在很大程度上对欧盟地区存在的数字鸿沟现象进行弥补。需要指出的是，在当今数字化的时代背景下，数字鸿沟不仅无法规避且将长久存在，因而各个国家都应当积极推出更具数字包容性的文件政策，以此来更好地助力公民投入到数字社会的发展中。

三、研究现状述评

爬梳已有的数字治理价值相关文献发现，虽然国内外鲜有直接论述数字治理的文献，但数字治理的价值取向，特别是公共行政的价值取向问题，依然引起学界的高度关注，散见于学者们对数字治理相关问题的研究中。

（一）国内研究述评

首先，单一研究多，系统分析少。学者们从各自学科领域，对数字治理进行探讨，并将其与数据治理、数字政府、智慧城市、平台经济、算法治理等交织在一起。尽管数字治理没有一个统一的定义，但能在不同的学科领域并行不悖，从而形成一幅幅风景各异、多姿多彩的数字治理研究图景。数字治理不仅是先进信息技术与原有治理体系的技术嵌入过程，更是技术驱动下治理观念、体制机制、组织流程的革新。与实践相对应，数字治理的研究也是一项系统理论工程，单一的学科视角往往不能解释数字治理的问

---

① Rao S S，Bridging digital divide：Efforts in India[J].Telematics and Informatics，2005，22（4）：361-375.
② Szeles M R.New insights from a multilevel approach to the regional digital divide in the European Union[J].Telecommunications Policy，2018，42（6）：452-463.

题。正是因为缺乏系统性、整体性的研究视角，大多数的研究基本囿于概念分析及原因探讨的层次，相应的策略分析广度、深度还存在明显不足。所以，数字治理的研究，应当以足够广阔的视野与系统的认知为前提，不然则极易走进"管中窥豹"的窠臼。因此，今后对数字治理的研究需要形成更加包容的理论框架，而不是仅从单一的向度出发。

其次，经验性研究多，理论性研究少。对于将数字技术嵌入国家治理体系的研究，学者们多从技术和治理这两个层面，或从技术赋能的层面出发，来研究技术治理工作的目标、结构及其功能等。较多学者着眼于技术渗透在各类应用场景中的实际运用情况，但没进一步对由此派生的技术治理系列问题进行整体性、系统性的探究，而在技术文明、治理范式变革、制度自我革新等方面的前瞻性研究更是比较匮乏。所以，数字治理的研究需要深入，对数字治理范式的理论建构深度分析。

（二）国外研究述评

国外对数字治理的相关研究起步早、成果较丰富、研究方法较先进严谨，主要呈现以下特征：

第一，微观研究多，宏观研究少。国外对于数字治理的相关研究以微观研究为主，多是从数字治理的某个层面切入，围绕特定要素进行解剖式研究，特别是从数字治理的特定维度着眼，根据某一要素来展开具体探讨。也有学者对数字治理这一概念进行解构，以此来对其形成更为具体的了解，包括 ethic、standard、ICT、data、information、public sector 在内的一系列涉及数字治理要素概念的名词，逐渐被学界所关注。在这些词汇中，data 与 information 指的是资源要素，public sector 指的是组织要素，ethic 与 standard 指的是规范要素，ICT 指的是技术要素。

第二，实践研究多，理论研究少。国外对数字治理的研究，主要集中在对新自由主体同数字治理之间的关联性研究，还有关于电子政务和数字治理的差异性探析。然而在概念研究不断深化的过程中，数字治理方面的探讨则渐趋围绕着一系列具体应用场景等方面展开，且学界的研究偏向也转向了特定的具体领域，研究数字治理手段该怎样落实，以及数字平台该怎样运作等一系列的实践问题中，缺乏对数字治理核心价值维度的思考与关注。对已有研究现状进行归总可知，现有研究关于数字治理价值异化的研究是较缺乏的。数字技术作为当前先进生产力的代表，对人的生产生活产生全方位影响，并快速改变着社会现实状貌；但与"数字方式"相适应的价值图景及其革新却表现出明显的"钝感性"与"延迟性"。作为人类政治实践活动，数字治理归根结底是要促进人的自由全面发展。基于此,本研究以马克思主义价值哲学为视角与分析工具,探寻数字治理中"人"的价值异化问题,以期为数字治理价值维度的研究带来积极启示与借鉴意义。

第三节 研究思路与方法

一、研究思路

本研究以马克思主义价值哲学为研究视域,全面考察了数字治理价值异化的现象与致因,并探究其破解方案。从总体思路来看,研究以"数字治理价值异化"这一全球性数字治理问题为核心议题,遵循"问题提出—表征批判—成因分析—问题破解"的致思理路,逐层递进展开,总共分为七个部分,具体如下:

第一部分为绪论,即对木研究进行总体性介绍。这部分的主要内容有:研究背景、研究意义、国内外研究现状及述评、研究思路和研究方法。首先从数字治理价值研究的迫切现实需要和必然理论诉求出发,对选题的背景进行简要阐述。其次分析政治学、公共管理、社会学、经济学、传播学等诸多学科领域在数字治理方面的相关研究,特别是数字社会伦理风险、数字技术异化及数字技术赋能国家治理现代化等向度,对国内外学界关于这些论题的相关研究进行较为系统的耙梳、归纳、分析与综合。最后对本研究所采用的研究方法和基本思路进行阐释。简言之,绪论部分旨在简洁呈现本研究的基本面貌与研究旨趣。

第二部分是阐述研究的理论依据,包括核心概念厘定、理论基础和理论借鉴三大板块。首先对本研究的四个核心概念,即"价值""数字治理""数字治理价值""数字治理价值异化"进行内涵揭示,为后续研究廓清论域。核心概念厘定的重难点在于,在马克思主义价值哲学视域中,对数字治理价值异化内涵进行厘定,需基于"价值"是"客体满足主体需要"这一主客体关系视角,通过分析价值本质,将数字治理价值问题转化为人的主体性的实现问题,并对人的主体性做出详细阐释;然后,基于马克思"异化"概念本身,揭示其所蕴含的"价值异化"意蕴,即异化劳动对人的主体性的全面否定,从而为数字治理价值异化的厘定提供理论依据。其次是阐明本研究的理论基础与借鉴,以马克思主义价值哲学、马克思科技异化理论、马克思国家治理思想为理论基础；以西方数字治理理论、中国古代"以道驭术"科技伦理思想为理论借鉴，为研究提供多维度、多层面的分析工具。

第三部分是对数字治理价值异化的产生背景进行阐明。首先，阐释了将数字治理作为国家治理新范式的具体治理形态，是读懂数字治理基本特征与显著优势的关键，也是数字治理价值异化现象产生的时代背景。基于数据、算法与平台是数字时代最关键性的构成要素，研究将数字治理概括为"以数据为依据、以算法为核心、以平台为支撑"，从手段技术化、流程数字化、组织扁平化维度对传统治理进行根本性变革。其次，分析了数字治理赋能与赋权的双重效应，这是数字治理价值异化现象产生的现实背景。一方面全方位赋能国家治理与人民美好生活；另一方面，赋权治理多元主体，推动建构多元协同的治理格局。最后，剖析了科学技术的双面性，使数字治理在发挥强大治理效应的同时，也面临着数字技术异化的"数字利维坦"风险，并从数据至上、算法宰制、平台垄断三个维度分析"数字利维坦"对人的主体性的遮蔽，以此阐明数字治理面临机遇与挑战并存的双重境遇，产生了数字治理价值异化现象。这构成了数字治理异化现象产生的技术背景。

第四部分是对数字治理价值异化的现实表征进行全面考察。紧扣"人的主体性"的遮蔽与消解，将纷繁复杂的数字治理价值异化现象划归为四个主要向度，即新安全难题、新自由难题、新公平难题、新民主难题。新安全难题主要包括：主体隐私暴露风险、数字身份的安全隐患、数字技术的超域运用；新自由难题主要包括：数字监控的圆形监狱、自主意识的数字操控、治理主体的能动性弱化；新公平难题主要包括：数字治理的算法歧视、公共数字服务的非均衡性、弱势群体离心化为"数字弃民"；新民主难题主要包括：民意表达的技术规制、屏幕官僚的形式主义、影子官僚的算法宰制。

第五部分是数字治理价值异化的致因分析。本研究从主观思维到经济基础，再到上层建筑层面，深入挖掘数字治理价值异化的致因。首先，从思想认识层面上看，分析数字治理工具理性的膨胀，导致数据和智能算法对治理的僭越，造成价值理性的消弭；但思想领域的问题，根源还在于经济领域。其次，从资本逻辑层面上看，阐释技术资本凭借强大数字资源优势，通过技术权力化，获得影响治理过程的"准公权力"，从而为资本增殖服务，使数字治理背离了人本价值；最后，从上层建筑层面上看，与数字技术的超前性与革命性相比，上层建筑的变革具有相对的稳定性和滞后性。具体分析了当前包括数字治理理念、法律法规和体制机制等在内的数字治理结构的不完善性，是造成数字治理价值异化的重要现实原因。

第六部分是数字治理价值异化的破解之道。研究探索性提出"破解之理、破解之法、破解之路"三位一体的数字治理价值异化破解之道。首先，在最根本的破解之理层面，依据马克思关于"人的主体性以共同体路径为实现逻辑""人民主体是真正共同体内在要求"的主张，实现数字治理中人的主体性复归，其关键就在于确立人民价值主体地位。其次，基于上述破解原理，进一步从价值主体、价值目标以及价值标准三个维度进行研究，提出建构"人民主体数字治理价值体系"的破解之法，即通过"人民主体数字治理价值体系"的建构确立人民价值主体地位。最后，在破解之法的指引下，从政治保证、制度基础、机制依托、技术支持四个现实方面，系统阐发如何实现人民主体数字治理价值的具体路径。以上三个破解层次，逐层递进、相互因应，共同组成了数字治理价值异化的破解方案。

第七部分是结论与展望，包括研究结论、创新点和展望的概述。研究将继续在数字治理价值领域深耕，以期为推动数字治理从"智治"走向"善治"提供有益借鉴。今后要拓展研究视域，立足国际国内两个视野。一是面向国内的数字治理价值研究，进一步探究：实现人民主体数字治理价值的作用机制，使"以人民为中心"数字治理价值真正落地。二是面向国际的数字治理价值研究，探究如何以"全人类共同价值"为指引，推动构建人类数字命运共同体。

二、研究方法

（一）综合与分析统一的文献分析法

围绕马克思主义价值哲学、异化劳动理论、数字治理价值、数字治理风险、数字治理伦理、数字治理、大数据治理、人工智能治理、智慧治理等关键词对相关研究成果进行检索、梳理，并通过分类研究、概念辨析等，分析比较在不同角度下的数字治理价值的研究，再通过综合分析，厘定数字治理价值及其异化的理论内涵、确定研究的分析框架，为本研究搭建坚实的基础。

（二）系统思维主导下的跨学科研究法

数字治理是一项涉及政治、经济、社会、文化等多因素、多领域的系统性、整体性工程，单一的运行逻辑无法解决经济社会数字化发展带来的复杂问题和挑战。因此，研究涉及价值论、政治学、公共管理、社会学、经济学、传播学等诸多学科领域。本研究所讨论的数字治理价值异化问题，其问题表征覆盖经济社会发展多领域，其致因与破解方案涉及数字理念、体制机制、法律法规、组织结构多维度，所以单一的学科视域往往不能很好地解释数字治理，需要从多方面、多角度进行综合分析，因此采用系统思维主导下的跨学科研究方法。

（三）多维视角的比较研究法

首先，本研究将数字治理与大数据治理、人工智能治理、智慧治理等进行比较，以明确数字治理的内涵。其次，本研究将数字治理价值异化问题的研究与数字治理伦理问题、数字治理技术失范等进行比较。再次，本研究将数字治理价值异化问题放在公共管理、政治学等不同的语境中，与马克思主义价值哲学语境进行比较。通过多维视角的比较，厘定明确的研究对象与问题域。

（四）案例研究法

本研究运用了丰富的数字治理实践案例，呈现数字治理的治理效能和数字治理价值异化的现实表征，为深入分析数字治理价值异化问题的实质与致因提供了真实可靠的理性基础。

（五）问题导向与目标导向统一的分析法

本研究秉持强烈的问题意识，以数字治理实践活动为研究对象，全面考察其在赋能国家治理过程中所引起的对人的主体性遮蔽现象，并深入分析其致因，探寻其破解之道。遵循"问题提出—成因分析—问题破解"的研究路径，实现问题导向与目标导向的统一。

（六）理论论证与案例分析结合的研究方法

本研究对数字治理价值异化问题的探究分理论与现实双重进路。理论逻辑上，数字治理作为国家治理现代化的重要内容，价值是其必然向度。数字治理价值研究是推进数字治理理论和实践发展的应有之义。现实逻辑上，数字技术就像一把达摩克利斯之剑，潜藏着数字价值异化风险。数字治理是时代的必然趋势，我们要顺应时代发展趋势，以价值理性引领来消解技术的负面影响。所以，本研究坚持数字治理的价值问题既是理论问题也是现实问题，采用理论论证与案例分析结合的研究方法，实现逻辑与历史的辩证统一。

第二章 核心概念与理论依据

第一节 核心概念界定

概念厘定是开展学术研究的逻辑起点。明晰"数字治理价值异化"是探究数字治理价值异化问题的基础。"数字治理价值异化"是一个复合概念，由此，本研究将对价值、数字治理、数字治理价值、数字治理价值异化等概念进行学科性定义与学理性阐释。任何概念的具体内涵都离不开现实的社会历史发展阶段，因此随着数字技术的不断发展，以及人们对数字治理实践规律认识的深化，"数字治理价值异化"的具体内涵也会随之动态演进。

一、价值

在马克思主义价值哲学视域中，"价值"是对主客体相互关系的一种主体性描述，是在实践中形成与发展的。即"价值产生于人按照自己的尺度去认识世界、改造世界的现实活动"。[①]质言之，对于价值，马克思主义价值哲学坚持"实践—关系说"的价值论立场。

首先，价值反映的是客体对于满足主体需要的意义关系，即主张价值的"关系说"。针对认为价值是"物的一种属性"的属性说，马克思指出："的确，它们最初无非是表示物对于人的使用价值，表示物的对人有用或使人愉快等等的属性"[②]，但是，这不过是物"被'赋予价值'"。[③]"人们实际上首先是占有外界物作为满足自己本身需要的

---

① 李德顺.价值论：一种主体性的研究[M].北京：中国人民大学出版社，2013：29.
② 中共中央马克思、恩格斯、列宁、斯大林著作编译局.马克思恩格斯全集（第2卷）[M].北京：人民出版社，1974：326.
③ 中共中央马克思、恩格斯、列宁、斯大林著作编译局.马克思恩格斯全集（第2卷）[M].北京：人民出版社，1974：326.

资料，如此等等；然后人们也在语言上把它们叫作在实际经验中对人们来说已经是这样的东西，即满足自己需要的资料，使人们得到'满足'的物。"①这种表述造成了一种假象："他们赋予物以有用的性质，好像这种有用性是物本身所固有的。例如，羊未必想得到，它的'有用'性之一，是作为人的食物……"②这鲜明地呈示了马克思不同意瓦格纳将"价值"赋予外界物本身的做法。质言之，马克思反对从物的使用价值中抽象出"一般价值"概念，从而认为"价值"是"物"这一价值客体的固有属性。故而，价值不等同于价值客体，它表征的其实是价值客体在何种程度上满足价值主体何种层次需要的一种效用关系。

其次，价值产生于人的实践活动。马克思、恩格斯创立的实践唯物主义，认为要以人的对象性活动来把握世界。这为从实践的内在因素出发理解"价值"概念，提供了最重要的理论基础。马克思揭示人类劳动活动的价值之维度："劳动过程……是制造使用价值的有目的的活动，是为了人类的需要而占有自然物。"③并且他深刻指出，这种需求关系是以实践活动为基础的。"正如任何动物一样，他们首先是要吃、喝等等，也就是说，并不'处在'某一种关系中，而是积极地活动，通过活动来取得一定的外界物，从而满足自己的需要（因而，他们是从生产卅始的）。"④因此，人的存在与人的实践活动是一体的，正如马克思所说："个人怎样表现自己的生活，他们自己就是怎样，这同他们的生产是一致的——既和他们生产什么一致，又和他们怎样生产一致。"⑤这深刻地揭示出了人的存在样态是由其满足需要的生产方式，而不是由其需要本身决定的。因此，现实的价值正是在人的劳动实践过程中产生的。人将自身的经验、知识、能力、意志、愿望等渗透到对象中，创造出自然界原本没有的产品满足自身需要；同时，客体的属性和规律反映到人的主观世界，进一步丰富人的理论、知识、智慧等，并在价值的享有中"直观自身"。从实践出发，理解价值，才能真正克服价值"需要说"的主观主义与神秘主义。

① 中共中央马克思、恩格斯、列宁、斯大林著作编译局.马克思恩格斯全集（第 19 卷）[M].北京：人民出版社，1963：406.
② 中共中央马克思、恩格斯、列宁、斯大林著作编译局.马克思恩格斯全集（第 19 卷）[M].北京：人民出版社，1963：406.
③ 中共中央马克思、恩格斯、列宁、斯大林著作编译局.马克思恩格斯全集（第 23 卷）[M].北京：人民出版社，1972：669.
④ 中共中央马克思、恩格斯、列宁、斯大林著作编译局.马克思恩格斯全集（第 19 卷）[M].北京：人民出版社，1963：405-408.
⑤ 中共中央马克思、恩格斯、列宁、斯大林著作编译局.马克思恩格斯选集（第 1 卷）[M].北京：人民出版社，1995：67-68.

再次，价值以人的主体性为主导。马克思在理解价值的基础与本质时，是以主体尺度为视角的。"物都是许多属性的总和，因此可以在不同的方面有用。发现这些不同的方面，从而发现物的多种使用方式，是历史的事情。"[①]"只有当物按人的方式，同人发生关系时，我才能在实践上按人的方式，同物发生关系。"[②]这明确地指出了，离开主体，物便无价值可言。即使是阳光、空气这些人生活的必要之物，其有无价值也是相对的，必须结合人的活动来探讨。例如，"洪水泛滥""赤日炎炎"时，水和阳光的价值就是相对的。可以说，人的现实需要是在人的现实生存中生成的，而只有当价值客体的功能或属性可以满足这些现实需要时，价值才能生成。所以，"'价值'是对主客体相互关系的一种主体性描述，它代表着客体的存在、属性和合乎规律的变化与主体尺度相一致、相符合或相接近的性质和程度。"[③]需要特别注意的是，绝不能将价值的主体性等同于价值的主观性，这是根本不同的两个概念。价值主体一定是具体社会关系中从事实践活动的现实个人，所以主体的存在及其需要都是客观的、历史的。

综上所述，在哲学维度，"价值"所表征的就是个体在实践中生成的特殊的主客体关系，是"客体的存在、性质及运动，是否与主体本性、需要、目的、能力等相适合、相一致、相接近的动态关系"。[④]即"价值"是以主体性为主导的主客体意义关系范畴，其标示客体对主体需要的满足关系，兼有主体性和客观性。这也是本研究探讨数字治理价值及其异化问题的核心语境和基本限定。

二、数字治理

总体来看，学术界关于数字治理概念的研究与对数字政府理论的研究是内在同步的。但数字治理是一个实践先于理论的概念。目前，不同学科基于不同的理论视角对其进行多角度、多层面、多领域探讨，尚未形成关于数字治理概念的一致界定。事实上，数字治理是一个复杂多变的体系与过程，内容跨越政治学、公共管理学、哲学、法学、经济学、社会学、传播学等多学科。所以，研究将在从多维视角理解数字治理的基础上，

---

① 中共中央马克思、恩格斯、列宁、斯大林著作编译局.马克思恩格斯全集（第23卷）[M].北京：人民出版社，1972：48.
② 中共中央马克思、恩格斯、列宁、斯大林著作编译局.马克思恩格斯全集（第42卷）[M].北京：人民出版社，1979：124.
③ 李德顺.价值论：一种主体性的研究[M].北京：中国人民大学出版社，2013：53.
④ 李德顺.价值论：一种主体性的研究[M].北京：中国人民大学出版社，2013：101.

把握其一般特征，然后给出在本研究语境中数字治理界定，以明确研究对象，筑牢研究的概念基石。

（一）"治理"的内涵

在考察数字治理之前，我们需要对"治理"概念做一番理解。从"治理"一词的起源观之。中国战国时期的思想家荀况在《君道》中指出："明分职，序事业，材技官能，莫不治理，则公道达而私门塞矣。"①此处的"治理"意指国家应按照某种规律进行统治。②此后"治理"在中国历代大致沿袭了这种语义。在古代西方，"治理"一词（governance）则源于拉丁文和古希腊语，通常与"统治"一词（government）交叉使用。③在现代意义上使用"治理"一词，最先兴起于 20 世纪 90 年代的西方国家，与古代的"统治"语义有着极大的区别，"治理"一词的主体已经不再仅限于政府，而是政府分权和社会自治的结合。④治理是政府、社会、个人多主体共同管理其公共事务的诸多方式的总和，是使不同利益得以调和且采取联合行动的持续的过程。所以，既包括正式制度和规则，也包括非正式的制度安排。"所有政府组织及非政府组织、民间社会、私营部门都参与了决策过程和政策执行过程。"⑤20 世纪 50 年代初期，"治理"一词就进入中国理论和实践的叙事话语体系，刚开始党的文献中主要使用"根本治理""综合治理"等概念，到中国特色社会主义建设时期，"综合治理"开始进入政治、经济、文化、社会以及党的建设各个领域。党的十六大报告中提出："依法治国是党领导人民治理国家的基本方略。"⑥正式确立了治理的理念。之后党的十七大重申，要"保证党领导人民有效治理国家"⑦，党的十八大首次提出"国家治理"这一新概念。在这一总思路下，十八大报告多方面论述了治理的问题，如"党领导人民有效治理国家""更加注重发挥法治在国家治理和社会管理中的重要作用"⑧等，开启了国家治理的新篇章。中共十八届三中全会提出"推进国家治理体系和治理能力现代化"这一重大命题，标志着党在新时代"治理"这一治国理政方略的确立。

① 王玉芬.中国古典文学名著《荀子》[M].内蒙古：远方出版社，2006：73.
② 卜宪群.中国古代"治理"探义[J].政治学研究，2018（3）：81-86.
③ 俞可平.治理与善治[M].北京：社会科学文献出版社，2000：1.
④ 王浦劬.国家治理、政府治理和社会治理的含义及其相互关系[J].国家行政学院学报，2014（3）：11-17.
⑤ 李韬，冯贺霞.数字治理的多维视角、科学内涵与基本要素[J].南京大学学报，2022（01）：70-79.
⑥ 中共中央文献研究室.十六大以来重要文献选编（上）[M].北京：中央文献出版社，2005：24.
⑦ 中共中央文献研究室.十七大以来重要文献选编（上）[M].北京：中央文献出版社，2009：22.
⑧ 中共中央文献研究室.十八大以来重要文献选编（上）[M].北京：中央文献出版社，2014：20.

由于我国在现代意义上使用"治理"一词略晚于西方，不少人误以为这是对西方的模仿与沿用。事实上，我国与西方的"治理"存在明显差异。第一，在治理主体上，虽都主张多元共治，即认为政府不再是唯一的治理主体，社会组织、私人机构以及个人都应参与到国家治理中来，但西方的多主体是去中心化的，而中国则是强调中国共产党是最高政治领导力量与核心。第二，在治理机制上，虽都强调体制机制的协同互动性，但西方强调的是横向的合作关系，中国则强调纵向的条块结合，即既"加强集中统一领导"，又"赋予地方更多自主权"，充分发挥"中央和地方两个积极性体制机制"作用。第三，在治理手段上，虽都强调依法治国，但西方国家忽略德治的作用，而中国则"坚持依法治国和以德治国相结合"。第四，在治理效能上，西方主张"以最小的成本取得最大的效益"，而中国提出"提高行政效能，建设人民满意的服务型政府"，虽然都重视治理效能，但西方以治理成本为评价与勘验治理能力的标准，而中国以人民利益为价值取向，以人民满意度为评价标准。质言之，西方治理重工具理性，而中国治理逻辑则重视价值理性。

（二）数字治理的概念厘定

数字治理的提出，缘于先进数字技术在政府治理中的深入与全面渗透。随着对"电子政务""网上政府"等数字化形态的不断突破，数字技术不仅是政府治理在技术手段上的提升，更是工作流程、组织构架上的变革，有效撬动了传统政府治理模式的固有根基。所以，数字治理作为一种新的治理范式被提出。"它所倡导和关注的是治理主体与客体之间的信息互动，以及社会公众利用技术参与公共事务的能力。"[1]学界虽没有统一定义，但有基本共识：数字治理是数字时代的治理新范式，是数字技术与治理活动相融合的结果。

不同学科基于各自不同的知识背景和特定角度，对数字治理进行理解。从公共管理视角看，数字治理侧重于通过数字化手段解决政府治理中的复杂性问题，即将数字治理概括为政府数字化治理，强调以数字化方式重塑政府运行模式，以及政务活动内容的数字化创新。[2]从社会学的角度看，数字治理就是采用数字化的智能手段，推动社会治理向更加科学、高效、民主、精细的方向发展，其强调数字技术与整个社会运行过程与各

---

[1] 黄璜.对"数据流动"的治理：论政府数据治理的理论嬗变与框架[J].南京社会科学,2018（2）：53-62.
[2] 何圣东,杨大鹏.数字政府建设的内涵及路径：基于浙江"最多跑一次"改革的经验分析[J].浙江学刊 2018（5）：45-53.

个治理场景的整合。政治学侧重于研究数字治理的制度建设、政策绩效等。经济学倾向于从平台治理角度理解数字治理，认为平台既是被治理的对象，也是新型的治理主体。数字平台为外部供应商与客户之间的互动提供了开放的参与式架构，并为他们在平台的行为设定了治理规则。[①]

从广义上讲，在数字时代，所有的治理活动都属于数字治理的范畴。现实向度上，数字治理有"用数字化治理"与"对数字化治理"双重含义。"用数字化治理"，是将数字技术当作一种工具或手段应用于现有治理体系，开展经济社会治理活动，提升治理效能的过程；"对数字化治理"，是将数字化转型当作治理的对象，是对数字世界各类问题的创新治理。数字治理的双重含义源于数字技术不仅是治理手段，也是治理对象。所以，"用数字化治理"与"对数字化治理"本来就是相辅相成，不可分割的两方面。"对数字化治理"往往离不开"用数字化治理"，因为数字技术引发的社会问题需要通过技术治理才能更好地加以解决，所以在对数字化问题进行治理过程中，需要自觉地寻求与创新"适应新要求、解决新问题"的数字治理方式和手段。同样地，"用数字化治理"也需要在利用好数字技术的同时治理好数字技术，以规避数字资本无序扩张、数据野蛮生长、算法霸权等风险隐患。

治理内容上，数字治理概念涵盖了数字政府、数字经济、数字社会等各领域。既包括宏观层面的全球治理、国家治理、社会治理等，也包括中观层面的行业治理、产业治理等，还包括微观层面的平台治理、企业治理、社群治理等。然而，泛化的概念理解会让研究陷入无针对性的混乱，使数字治理的概念在不同维度与不同层次中"自由"切换，而有悖于"A＝A"的同一律，从而为研究造成一定的混乱。为了提高研究的针对性与有效性，本研究基于研究的初衷对数字治理概念进行厘定，即剖析数字治理这一政治实践活动，在运用先进的信息技术手段赋能国家治理现代化过程中，所产生的价值异化现象，并探寻其破解之道。基于此，本研究是从宏观的国家治理，主要是政府治理层面展开讨论，将数字治理定义为在数字化赋能国家治理体系和治理能力中，运用先进信息技术，以政府为主导，平台与企业、社会组织、网络社群、个人等多元主体协同参与国家与社会相关公共事务的制度安排和持续过程的治理实践。

数字治理在内涵上，是应用数字技术和数字系统不断嵌入治理主体、治理过程、优化治理工具、重塑治理互动关系和组织结构的持续的进程，是没有终点的数字优化过程。

---

① [美]杰奥夫雷·帕克，马歇尔·范，桑甚特·保罗.平台革命：改变世界的商业模式[M].志鹏，译.北京：机械工业出版社，2017：6.

因此，数字治理的具体内涵也是动态变化、不断演进的。

三、数字治理价值

根据马克思主义价值哲学对价值的理解，数字治理是人类有目的、有意识的一项基本实践活动。在此过程中，人作为价值主体，以自己的需要、能力及发展为尺度，认识、理解、评价并改造数字治理这一客体，从而使其更好地为自身的生存和发展服务。因此，"数字治理价值"是指作为价值客体的数字治理，对作为主体的人所具有的意义关系，这种意义关系体现为数字治理活动能否满足人的需要。因此，数字治理的价值问题，实质上是人的价值问题。人的需要是多种多样、不同层次、不同性质的，有合理需要，也有不合理需要。因此，要真正理解数字治理价值的内涵，还必须进一步明确，到底满足人的何种需要。马克思主义价值哲学认为，判断人的真实需要的标准，主要看是否有利于提升与实现人的主体性。

（一）数字治理价值实质是对实现人的主体性的意义与作用

首先，价值本质上是"人的主体性在客体中的对象化"。[①]如前所述，实践是价值创造的唯一途径。一般而言，自然界的现存事物都不能直接满足人的需要，一切有益于人的生存和发展的价值成果，都是人的对象化活动的结果，都体现和凝聚着人的主体性。即使是阳光、空气、雨水这样的自然物，也只有当它们在实践中与主体发生联系时，才成为主体活动的组成部分，成为主体的价值对象。质言之，"现实的人"在一定的社会关系中从事劳动实践活动，把自己的本质力量凝聚到客观对象上去，使客观对象成为"属人的对象"，使"自在之物"变为"为我之物"，从而使客体满足主体需要，由自然属性变为价值属性，同时也通过客体实现其本质力量，使客体统一于主体。

其次，在这一过程中，体现出价值创造的两种形态。一方面，人通过对象化活动，改变了客体的形态、性质，使之满足主体需要；另一方面，这一过程提升了人自身的能力，彰显了人的主体性。这两种形态中，通过人改造的价值客体只是价值的客观表现，客体的价值在本质上是由人所创造和赋予的，所以，人的主体性的对象化才是价值的本原。一个人的主体性提升到什么程度，他发现和创造价值的能力也就达到什么程度。例

[①] 袁贵仁.人的主体性和价值的哲学本质[J].人文杂志，1988（2）：10-14.

如，一些自然物曾被认为是没有价值，甚至是有害的，随着人的主体性的提高，它的价值逐渐被发现。因此，客体的价值性就是体现和凝聚在客体中的人的主体性。"主体价值即人的价值，……它属于创造价值的价值，属于价值原的价值。"[①]人具有创造价值的价值，意味着人自身的存在和发展，即人本价值，是一切价值形态中最高级的价值。

对此，马克思曾做过生动比喻："假如我们想知道什么东西对狗有用，我们就必须探究狗的本性。"[②]换言之，要想明晰具体事物的价值，首先需要厘清人的本质，而人的本质集中体现为人的主体性。因此，从根本上说，数字治理价值就是数字治理对于提升与实现人的主体性所具有的作用和意义。即数字治理作为价值客体，是否能够直接或间接地发展和提升人的主体性，能否为实现人的自由全面发展提供必要条件。从这一意义上看，主体性不仅是对人的本质的客观描述，也成为数字治理实践的价值向度。

（二）人的主体性的具体内涵

前文分析了数字治理价值的实质，要真正理解其内涵，还必须对人的主体性进行一番探究。自启蒙运动以来，人的主体性一直是人类引以为傲的特质，因为人的主体性体现了人之为人的权利。从某种意义上说，人类现代化所创造的一切物质的、精神的财富，都是源于现代启蒙运动以来主体性力量的彰显。关于人的主体性的具体规定，马克思有许多论述。在对相关具有代表性的研究成果进行分析提炼的基础上，本研究认为，人的主体性其实就是作为价值活动主体的人，在价值实践中所展现出自觉性、自主性和自为性。因为"现实的个人"通过自由自觉的活动，将客体的"自然属性"变为"价值属性"的过程，与此同时，人的自觉性、自主性和自为性的对象化过程，也正是人的主体性得到释放和提升的过程。

第一，人的自觉性即自觉能动性，是人的主体性最显著的表现。马克思曾指出："自由的、有意识的活动恰恰就是人类的特性。"[③]人按照自身的意图和目的进行自觉的实践活动，最终成为自由自觉的存在。自觉能动性是人塑造自然关系及社会关系的能力表征，体现为人在从事"对象性活动"过程中的实践能力。马克思通过对费尔巴哈直观对象性的批判，指出其理论最大的问题就在于以对象性直观替代了对象性活动，从而将个

① 高清海.马克思主义哲学基础（下册）[M].北京：人民出版社，2012：84.
② 中共中央马克思、恩格斯、列宁、斯大林著作编译局.马克思恩格斯全集（第23卷）[M].北京：人民出版社，1972：669.
③ 中共中央马克思、恩格斯、列宁、斯大林著作编译局.马克思恩格斯选集（第1卷）[M].北京：人民出版社，2012：56.

体在实践中的能动性抹杀了：旧唯物主义者"只是从客体的或者直观的形式去理解，而不是从主体方面去理解。"①事实上，现实世界本质不在于其客观的外在性，而在于其作为人的能动性力量的对象化呈现，从根本上确证了人的主体性。

正如毛泽东所说："思想等等是主观的东西，做或者行动是主观见之于客观的东西，都是人类特殊的能动性，我们名之曰'自觉的能动性'，是人之所以区别于物的特点。"②自觉能动性将人的实践活动与动物的行为进行了本质的区分，具体表现为三方面：自觉性、选择性和创造性。其中，"创造性是人的主体能动性最富有成果的表现"③。借助代际之间的传承，人们得以在实践中不断更新生产条件，完成对自然界的更深度把握，从而创造新的人类社会。同时，在这一过程中，人们也在不断创造着自身，实现各方面能力的丰富和发展。质言之，人的主体性益发增强。由此可见，若人的主体性中不含创造性，那么，所谓的人类劳动至多也只是更高等的动物式生命活动而已，绝谈不上历史的存在与发展。

第二，人的自主性是人的主体性的最根本特征。在《德意志意识形态》中，马克思就明确将主体的活动称作"自主活动"，可见自主性与人的主体性的内在统一。不仅如此，马克思还进一步指出："这种自主活动就是对生产力总和的占有，以及由此而来的才能总和的发挥。"④换言之，只有拥有了自主性，主体才能谓之主体，这样的主体才是权利与能力的结合体，"作为支配一切自然力的那种活动，出现在生产过程中。"⑤自主性对外体现为劳动者对生产力、生产关系的占有和支配，对内则反映了劳动者对自身劳动力的占有。可见，在马克思主义价值哲学视域中，主体的自主性直接指向自由价值："自由的人"也就是自主的人，个体所获得的自由程度高低完全取决于其主体自主性的高低。自主性还内在地驱使着主体寻求自身权利，激发起主体的权利意识，在具体劳动实践过程中，体现为主体对劳动要素的占有权及支配权。正如马克思所说："个人怎样表现自己的生活，他们自己就是怎样。"⑥换言之，现实的人的存在本质，其实是他和

---

① 中共中央马克思、恩格斯、列宁、斯大林著作编译局.马克思恩格斯选集（第 1 卷）[M].北京：人民出版社，1995：54.
② 毛泽东.毛泽东选集（第 2 卷）[M].北京：人民出版社，1991：477.
③ 郭湛.主体性哲学[M].北京：中国人民大学出版社，2011：163.
④ 中共中央马克思、恩格斯、列宁、斯大林著作编译局.马克思恩格斯选集（第 1 卷）[M].北京：人民出版社，1995：74.
⑤ 中共中央马克思、恩格斯、列宁、斯大林著作编译局.马克思恩格斯全集（第 46 卷）[M].北京：人民出版社，1980：113.
⑥ 中共中央马克思、恩格斯、列宁、斯大林著作编译局.马克思恩格斯文集（第 1 卷）[M].北京：人民出版社，2009：602.

自身生活诸要素的结合方式与程度，这个结合本身就取决于主体自主性彰显的程度。可见，人若想顺利参与劳动实践，并在其中得到自我实现，那就不仅需要主体具备相应的劳动能力，还得有权利"支配一切自然力"①。即人只有拥有了生产生活的真正社会权利，才能成为主体。

第三，人的自为性是主体性的最终实现，是主体自觉性与自主性的逻辑延伸。换言之，主体的自为性要以自主性为前置条件，而主体自为性则构成自主性实现的最终目的。人的自为性乃是劳动活动中个体主体性取向的集中体现，即人的任何活动必定是在一定的目的和需求的指引下进行的。从具体形态上看，人的需要也不是一成不变的，而是始终处于动态演进之中的，人们总是在满足现有需要之后，又指向更深层次的需要，从而产生新的内在动力。这样一来，人们就会一直在满足自我需要的过程中，不断实现着对自我的超越。所以，我们可以将自为性通俗地理解为"为自"属性。②它表征着主体在对象化活动中，能动地以自身需求为依据的客体，从而也是对自身进行持续的改造，最终在主体向着自为生存状态的不断跃进中，实现自身的主体性价值。

不难看出，马克思将自为性视作人的主体性的最终实现，提出"个人总是并且也不可能不是从自己本身出发的"③"他们的需要即他们的本性"④"凡是有某种关系存在的地方，这种关系都是为我而存在的"。⑤这些精辟论断，深刻揭示出主体在与自然界交互过程中，自身需求生成的客观性，以及寻求满足这些需求的必然性。这里要重点强调的是，"自"与"我"的主体性称谓，并不拘泥于指向个人，也可以指代组织、社会、国家乃至整个人类等。在现实中，个体往往把自身存在与发展的需要视为不证自明的东西，于是习惯于从主观视角去定义和审视外界环境，这便生成了人类独有的存在方式——自为存在。

概而言之，主体的自觉性、自主性、自为性分别指向了人作为关系主体、权利主体和欲求主体的价值尺度，自觉性牵连着主体实践活动的创造和超越，自主性勾结着主体对实践活动客观条件的占有和支配，自为性落脚点在于主体实践活动的根据和最终目

---

① 中共中央马克思、恩格斯、列宁、斯大林著作编译局.马克思恩格斯全集（第46卷）[M].北京：人民出版社，1980：113.

② 詹艾斌.论人的主体性：一种马克思哲学视点的考察[J].社会科学研究.2007（2）：114-119.

③ 中共中央马克思、恩格斯、列宁、斯大林著作编译局.马克思恩格斯全集（第3卷）[M].北京：人民出版社，1960：48.

④ 中共中央马克思、恩格斯、列宁、斯大林著作编译局.马克思恩格斯全集（第3卷）[M].北京：人民出版社，1960：514.

⑤ 中共中央马克思、恩格斯、列宁、斯大林著作编译局.马克思恩格斯选集（第1卷）[M].北京：人民出版社，1995：54.

的。综上，这三个维度共同组成了人的主体性的具体层次，它们相互融通、密切关联。

四、数字治理价值异化

在价值哲学视域中，对于"数字治理价值异化"内涵的厘定，核心在于厘清"价值异化"的理论内涵。这就意味着，需要回到马克思"异化"概念本身，剖析其异化概念的价值维度及其具体内涵，为研究确定整体论域奠定坚实理论基础。一言蔽之，马克思异化劳动理论实现了将"异化"概念由德国古典哲学的抽象"概念思辨"，转为现实"价值批判"的哲学变革，即从"价值批判"维度揭示了资本主义生产方式下，劳动对人的主体性的全面否定，从而给予价值异化以"人的主体性的否定"的科学内涵，为数字治理价值异化研究提供了理论支撑。

（一）马克思"异化"概念的"价值"之维

"异化"作为马克思主义哲学的重要范畴，有其特定内涵。它起源于德国古典哲学，发展于黑格尔、费尔巴哈，完成于马克思。虽然，马克思主义学者们未统一"异化"的定义，但基于马克思关于劳动异化的这一阐释："他的劳动作为一种与他相异的东西，不依赖于他而在他之外存在，并成为同他对立的独立力量；意味着他给予对象的生命是作为敌对的和相异的东西同他相对立。"[①]学界形成基本共识："异化"含有客体作为异己力量而与主体相对抗的含义，即"异己化"，不仅是"和自己分离"，而且含有"对立""束缚""压制"等意思。

"异化"（德文"Entfremdung"，英文"Alienation"）一词源于拉丁文，其原本的涵义是转卖、疏远。费希特将"异化"概念首次引进德国古典哲学，他使用了与"异化"相近的"外化"概念作为建构其哲学体系的关键。在费希特那里，"外化"具有双层含义，一是客体的建立是主体的外化；二是客体可以被理解为一种'外化了的'理性。"[②]及至黑格尔的概念辩证法体系，"异化"就成为其主体"自我意识"运动过程的必然环节：事物要实现充分满足，则必须在"自我对抗"中完成，即一切存在物首先要同自身本质相分离，异化为"另一个存在物"，才可能在对自我对抗的克服中超越二元分离而

---

① [德]马克思.1844 年经济学哲学手稿[M].中共中央马克思、恩格斯、列宁、斯大林著作编译局，译.北京：人民出版社，2000：53.
② [匈牙利]卢卡奇.青年黑格尔[M].王玖兴，译.北京：商务印书馆，1963：10.

复归"绝对理念"。由此可见，在黑格尔那里，"异化"其实与"外化"有着同样的内涵，都是表征自我意识同外在对象之间的辩证运动过程。并且，黑格尔认为"异化"是自我意识复归"绝对理念"之必要的环节，因而从这个意义上看，"异化"具有必然性与合理性，它是主体向更高层级发展过程中不可或缺的中介环节，即主体只有通过"异化"才能够最终实现自身。因此，在黑格尔的理论中"异化"完全没有消极的、忧郁的或悲剧性的价值评价因素，其实质上是一个纯粹思辨的概念，内含着辩证法"转化"的本体论意蕴。

在黑格尔之后，费尔巴哈又提出："上帝的人格性，本身不外乎就是被异化了的、被对象化了的人格性。"[①]在费尔巴哈那里，"异化"同"对象化"具有一致的内涵，尽管他还没有将"异化"一词赋予价值评判的意蕴，但显然费尔巴哈已经具备了将"异化"列为价值范畴的思想内核。因为他对人与客体的关系做出了判断，而主客体关系正是价值关系的两个基本范畴。

之后，马克思开启了"异化"的"价值批判"向度。通过文本考据，在早期经典文献里，马克思甚少使用"异化"一词。但1843年以后，这一情况发生了明显改变，马克思开始大量使用"异化"一词，比如在《论犹太人问题》《黑格尔法哲学批判》《黑格尔法哲学批判导言》等经典文献中，"异化"一词大量涌现。例如，《黑格尔法哲学批判》中提到："政治国家的彼岸存在，无非就是要确定它们这些特殊领域的异化。"[②]马克思认为，君主的角色就像是宗教崇拜中的上帝，人民将自己的部分权利（right）让渡于君主，本意是寄希望于君主带领他们实现国家和社会的秩序化。但君主将其转化为自身的权力（power）去奴役自己的人民。此时，马克思对政治制度的批判已经具有客体对人自身否定的价值批判意蕴。马克思在《论犹太人问题》中提出："钱是从人异化出来的人的劳动和存在的本质；这个外在本质统治了人，人却向它膜拜。"[③]与黑格尔本体论的纯粹概念思辨不同，马克思将关注的焦点转向现实物质生活领域，提出："人的自我异化神圣形象被揭穿以后，揭露非神圣形象中的自我异化，就成了为历史服务的哲

---

① [德]路德维希·费尔巴哈.费尔巴哈哲学著作选集（下卷）[M].荣震华，译.北京：商务印书馆，1984：267.
② 中共中央马克思、恩格斯、列宁、斯大林著作编译局.马克思恩格斯全集（第1卷）[M].北京：人民出版社，1956：283.
③ 中共中央马克思、恩格斯、列宁、斯大林著作编译局.马克思恩格斯全集（第1卷）[M].北京：人民出版社，1956：283.

学的迫切任务。"[①]而且他明确指出，这种异化批判具有鲜明的价值批判意蕴，因其揭示出了客体"对人否定"的异化事实。

在《1844年经济学哲学手稿》（以下简称《手稿》）中，马克思明确提出了异化劳动理论，创造性地运用"异化"来批判现实的资本主义私有制，这是马克思在继宗教异化和金钱异化之后，对现实世界中的异化现象进行批判的延续与发展。《手稿》描述道："劳动对工人说来是外在的东西，也就是说，是不属于他的本质的东西。因此，他在自己的劳动中不是肯定自己，而是否定自己；不是感到幸福，而是感到不幸；不是自由地发挥自己的体力和智力，而是使自己的肉体受折磨，精神遭摧残。"[②]这是马克思对劳动异化现象的揭示，既是对当时经济事实的客观描述，也是他从价值的维度，批判劳动对人自身内在价值的否定。即马克思异化劳动理论，不仅是对资本主义社会雇佣劳动的一种事实性描述，更是对这一经验事实的价值判断。

之所以说是价值批判，原因在于以下三个方面：

其一，马克思对于异化劳动的批判，本身就内蕴着一定的价值预设，即将自由自觉的活动状态视作展现人的类本质的劳动，这是一种价值应然的状态。据此，马克思将劳动规定为个体对于自身"本质力量的确证"，体现出"自由""积极"的价值主张。以此价值预设为准绳，马克思审视资本主义生产方式下的雇佣劳动，实质就是以"非异化劳动"对异化劳动做出理论阐释和说明，即将"异化"理解为非异化状态的缺失。通过设定劳动"自由自觉"的原初状态，才能得出"不积极""不自由""否定自己"的劳动都是异化了的劳动。故而，马克思劳动异化从一开始就内蕴着价值预设，负载着与"价值应当"相对立的价值批判意蕴。当马克思意识到劳动仅仅降格成一种"维持人的肉体生存的手段"时，实际上也就折射出马克思对于理想劳动状态的预设，即人的劳动应当是"自由的"与"能动的"活动，是人的一种自我实现。因而，它理应成为人们的第一需要和目的，目的性本身就是人的价值预设，属于价值意识。

其二，马克思揭示了劳动的一般本质与现实劳动的对立统一关系，这种对立统一关系蕴含了对劳动异化"实然"与"应然"的价值评判。马克思对劳动一般本质的解读是将劳动看作目的与手段的辩证统一。从目的层面看，劳动实践本身就是人的类本质的外化，因而根源于人的内在需要，具有内在目的的属性；从手段层面看，人们又要借助劳

① 中共中央马克思、恩格斯、列宁、斯大林著作编译局.马克思恩格斯全集（第1卷）[M].北京：人民出版社，1956：4.
② 中共中央马克思、恩格斯、列宁、斯大林著作编译局.马克思恩格斯全集（第42卷）[M].北京：人民出版社，2002：93.

动实践满足自身的现实生存需要，比如物质财富的创造。此时，劳动就具有手段的意涵。在此基础上，马克思强调，在资本增殖逻辑强制下，工人将本应作为目的存在的、实现自己的生命活动根本特性的劳动实践，降格成仅仅维持肉体生存的手段，即满足动物性需要的手段。此时，工人的劳动实践处于异化的状态，并将工人自身所具有的自由自觉本性深深遮蔽。对此，马克思提出应当给劳动活动去蔽，将工人"自由的""能动的"本性在劳动活动中释放出来，并且作为人"应然"的类本质。他指出："种的整体特性、种的类特性就在于生命活动的性质，而自由的、有意识的活动恰恰就是人的类特性。"[①]这种"应然"，或曰"价值应当"的劳动范畴正是作为评判各种社会历史形式下的现实劳动的价值尺度。

根据上述观点不难看出，马克思用一种理想化的劳动状态，展现出资本主义异化劳动与"价值应当"的本质对立，如在《资本论》中指出的："我们假定，劳动本来是在这样一个形式上，这个形式使劳动独一无二地属于人类。[②]这里的"假定"和"本来"体现了马克思以正义性劳动来阐明异化劳动与"价值应当"相抵牾的运思逻辑。《手稿》中也有异曲同工的表述："共产主义是私有财产即人的自我异化的积极的扬弃，因而是通过人并且为了人而对人的本质的真正占有；因此，它是人向自身、向社会的（即人的）人的复归……"[③]这里阐明了作为"自我异化"后果的私有财产，同共产主义的人类理想相背离，同时也是与"价值应当"的对立，因而雇佣劳动异化就是一种价值异化。因此，马克思对异化劳动"应然""价值应当"的表述是一种价值判断。

其三，马克思借助价值论批判，将对异化劳动的价值审视引向劳动价值论，最终启发了剩余价值学说的伟大发现。虽然，马克思从来没有直接把"价值"和"异化"两个词并列使用，然而从现实的思想发展轨迹看，恰恰是通过价值和"异化"范畴的启示，才为马克思剩余价值学说的问世准备了思想前提。在对大卫·李嘉图思考考察中，马克思肯定了其对于劳动价值理论的历史性贡献，然而马克思认为，大卫·李嘉图将"生产费用决定价值"看作经济活动的"铁律"，这种观点无疑具有抽象性，马克思依然坚持认为，商品的使用价值不能和其社会性价值相脱离，二者都由工人的具体劳动来创造，不过显然这两二者间的对立义是客观存在的。可以说，正是通过对异化劳动的价值审视，

① 中共中央马克思、恩格斯、列宁、斯大林著作编译局.马克思恩格斯文集（第1卷）[M].北京：人民出版社，2009：162.
② [德]马克思.资本论（第1卷）[M].中共中央马克思、恩格斯、列宁、斯大林著作编译局，译.北京：人民出版社，2004：172.
③ 中共中央马克思、恩格斯、列宁、斯大林著作编译局.马克思恩格斯全集（第42卷）[M].北京：人民出版社，2002：120.

才最终让马克思提出了劳动价值论，他开始以"价值"表征物化在商品中的社会必要劳动时间，从而揭示出价值的真正源泉是劳动实践。基于劳动价值理论，马克思真正开显了异化劳动的秘密，实际上根源于资本和劳动之间交换的非正义性，即资本家预付给工人的工资（劳动的交换价值）同劳动实际创造出来的价值完全不等，且后者要明显大于前者。这样，二者之间就会出现一个差额，这就是被资本家无偿占有的价值——剩余价值，成为资本家剥削的真正源泉。可见，正是借助对于雇佣劳动异化的价值批判，马克思才创立了一生之中最重要的"伟大发现"，即剩余价值学说。

质言之，马克思在劳动异化理论中预设了人类劳动的"价值前提"，即实现人的自由自觉活动，并以此"应然"状态为参照，考察资本主义生产关系中的现实劳动。因此，马克思对劳动异化过程的论证始终隐含着与"价值应当"相对立的价值批判意涵，并依据对雇佣劳动的价值批判，最终实现了向剩余价值学说的跨越。从这一意义上说，"异化"范畴本质上是一个价值范畴。马克思实现了将"异化"从黑格尔本体论意义上的"概念思辨"向对现实世界的"价值批判"的转变，从此"异化"肩负起了对此岸世界不合价值理性现象的批判职能。

（二）价值异化的实质：人的主体性的全面否定

承上所述，马克思的异化劳动理论从"价值批判"的维度全面揭示了资本主义生产方式下劳动对人的主体性的否定。其对"劳动过程异化""产品的异化""人的类本质的异化""人同人相异化"的论述都内蕴着对人的类本质，即对人的主体性的全面否定。如前文所论，马克思认为，人的主体性即作为价值活动主体的人，在价值实践中所展现出自觉性、自主性和自为性。所以，价值异化具体表现为劳动对人的主体地位，以及对人的自觉性、自主性、自为性的全面否定。即根据"价值应当"，劳动者在劳动实践完全可以全面展示自身主体性，调动自身能动性，利用客观规律，创造新生事物，将自身本质力量"导入"劳动产品，继而满足自身不同层次的需求，实现自身的发展。然而，由于资本逻辑的强制，自觉的生产劳动异化为追求利润的手段，资本取代劳动工人成为生产的主体，所以，劳动者则沦为资本增殖的工具和"机器的附属品"，丧失"自由自觉"的内在规定性。这表明"价值异化"处境中的人，无法"以一种全面的方式……作为一个总体的人，占有自己的全面的本质。"[①]首先，劳动产品与劳动者的异化反映了

---

① [德]马克思.1844年经济学哲学手稿[M].中共中央马克思、恩格斯、列宁、斯大林著作编译局，译. 北京：人民出版社，2000：85.

劳动者自为性的丧失。在资本主义异化劳动下，劳动者付出了体力与脑力，但生产出的产品不是为自己所拥有，而是变成与劳动者相分离的东西，变成了一种异己的、统治着劳动者的存在。《手稿》指出："工人生产的财富越多，他的产品的力量和数量越大，他就越贫穷。工人创造的商品越多，他就越变成廉价的商品……工人同自己劳动产品的关系，就是同一个异己的对象的关系。"[1]可见，劳动产品对于劳动者而言，已经成为一种异己化的存在，其价值属性相对于主体是对立的，最终导致工人陷入物质世界与精神世界的双重贫困。更沉重的是，劳动工人为了维持最基本的生存，不得不以自身的劳动力作为商品同资本在市场上进行交易，只有这样，才能企求一点维持自身生产与再生产的生活资料。如此一来，劳动者对于劳动条件的支配将彻底变成天方夜谭，并且随着其自身劳动力的逐步商品化，劳动者在劳动过程中也将逐步丧失自为性。

其次，劳动过程与劳动者的异化导致劳动者自主性的丧失。在资本主义私有制下，劳动者只有被迫出卖自己的劳动力才能生存，即使面对苛刻的用工条件和不堪的劳动环境，也只能选择忍受。在机器般的强制劳动中，工人时时刻刻处在资本家及监工的控制下，没有任何自主性，且没有得到其劳动的内在价值，反而使自身的"活劳动"成为"死劳动"的奴役对象和增殖手段，其结局必然是"劳动过度和早死，沦为机器，沦为资本的奴隶（资本的积累危害着工人）。"[2]这就必然会导致劳动者对劳动活动的本能排斥和拒绝，劳动者无时无刻不渴望摆脱劳动的煎熬。而对于资本家来讲，"工人终生不外就是劳动力，因此，他的全部可供支配的时间，按照自然和法律都是劳动时间，也就是说，应当用于资本的自行增殖"。[3]于是，"只要肉体的强制或其他强制一停止，人们会像逃避瘟疫那样逃避劳动。"[4]资本主义以其私有制诉诸制度性的霸权，深化了"资本物"对劳动者的规训，造成其自主性的沦丧。

再次，劳动者同人的类本质的异化，指向其自觉性的泯丧。在马克思看来，自由自觉的劳动乃人的类本质，在这种状态下，劳动者能够充分释放自身的建构性和创造性。然而，资本主义异化劳动中，资本拥有控制支配权，工人无法决定生产什么、怎么生产，

---

[1] 中共中央马克思、恩格斯、列宁、斯大林著作编译局.马克思恩格斯全集（第42卷）[M].北京：人民出版社，2000：92.

[2] [德]马克思.1844年经济学哲学手稿[M].中共中央马克思、恩格斯、列宁、斯大林著作编译局，译.北京：人民出版社，2000：11.

[3] [德]马克思.资本论[M].中共中央马克思、恩格斯、列宁、斯大林著作编译局，译.北京：人民出版社，2004：306.

[4] [德]马克思.1844年经济学哲学手稿[M].中共中央马克思、恩格斯、列宁、斯大林著作编译局，译.北京：人民出版社，2000：55.

劳动过程不是工人使用生产资料，而是生产资料役使工人。劳动工人被视作生产机器的附庸，需要迎合机器的特性去从事劳动生产，服务资本对利润的渴求。毫无积极性、创造性可言，"只能片面地发展人的某种机能，……而在运用人的机能时，觉得自己只不过是动物"①。因此，劳动者在劳动过程中感受不到幸福与满足，劳动不是创造性活动，而是一种拒斥人、控制人、折磨人的强制性"苦役"。

最后，人与人关系的异化指向劳动者主体性地位泯灭。"人同自己的劳动产品、自己的生命活动、自己的类本质相异化的结果就是人同人相异化。"②在资本主义的异化劳动中，包括人的劳动在内的一切都被资本化，人们通过与资本的关系去界定人的社会身份。与之形成鲜明对照的是，劳动过程中的物本应是客体性存在，却被资本逻辑塑造成主体性存在，而真正的主体存在劳动者却沦为被支配的对象，即"在资本主义社会里，资本具有独立性和个性，而活着的人却没有独立性和个性。"③如此，人同人之间关系的丰富性就被异化成单一的功利主义的物质关系，不仅如此，劳动者也随着被物化成为资本生产环节中的一个要素而受制于资本的宰制，最终造成劳动者主体性的泯灭。"工人仅仅为增殖资本而活着，只有在统治阶级的利益需要他活着的时候才能活着。"④综上所述，马克思的异化劳动理论揭示出在资本座架的宰制下，雇佣劳动对人的主体性的否定。劳动者由于失去了对生产资料的占有和支配权，从而不得不受雇于资本家，沦落成为资本逻辑的附庸。基于这样的异化效应，劳动工人的主体地位及其应具备的自觉性、自主性、自为性随着消失殆尽。这正是"价值异化"的实质，也正是在这样的人本价值异化批判中，马克思提出："共产主义是私有财产即人的自我异化的积极的扬弃……是存在和本质，对象化和自我确证，自由和必然、个体和类之间的斗争的真正解决。它是历史之谜的解答，而且知道自己就是这种解答。"⑤基于以上对于价值异化的理解，本研究将数字治理价值异化界定为数字治理对人的主体性的遮蔽，从而将研究的论域厘定在探究数字治理中"数字利维坦"引起的主体性危机这一维度上。

---

① [德]马克思.1844 年经济学哲学手稿[M].中共中央马克思、恩格斯、列宁、斯大林著作编译局，译.北京：人民出版社，2000：56.
② [德]马克思.1844 年经济学哲学手稿[M].中共中央马克思、恩格斯、列宁、斯大林著作编译局，译.北京：人民出版社，2000：59
③ [德]马克思.1844 年经济学哲学手稿[M].中共中央马克思、恩格斯、列宁、斯大林著作编译局，译.北京：人民出版社，2000：45.
④ [德]马克思，[德]恩格斯.共产党宣言[M].中共中央马克思、恩格斯、列宁、斯大林著作编译局，译.北京：人民出版社，1997：42.
⑤ 中共中央马克思、恩格斯、列宁、斯大林著作编译局.马克思恩格斯全集（第 42 卷）[M].北京：人民出版社，2001：95.

第二节 理论基础

本研究是从马克思主义价值哲学视角切入对数字治理价值异化问题的研究，但同时涉及数字技术的异化问题、数字治理的相关问题，所以需要系统梳理马克思主义价值论、马克思科技异化理论、马克思国家治理理论的逻辑框架与核心要义，为本研究奠定坚实的理论基础。

一、马克思主义价值哲学

价值哲学亦称"价值论"，是从哲学角度考察价值问题的理论。[①]马克思主义价值哲学以辩证唯物主义和历史唯物主义为世界观和方法论，是关于价值的本质、选择、评价等问题的理论体系。其以尊重维护人的价值，促进人的自由全面发展为主线；以人的历史实践活动为对象，科学揭示与反映了纷繁复杂价值现象的本质与规律。马克思主义价值哲学关于价值本质、价值实现、价值评价、对资本主义价值异化的批判，以及克服资本主义价值异化的根本出路等内容，对整个研究有重要指导意义。

（一）价值本质

马克思拒斥抽象的价值理论，立足实践，从对象性活动视角理解价值，将其看作人的本质力量的展开与实现。具体体现在以下四方面：

第一，实践为价值关系的产生提供可能。实践唯物主义认为，人的需要与外界物对这种需要满足的关系，赋予了所有物与人的需要相联系的价值属性。而人的这种需要，是受实践规定的，是在劳动过程中形成与满足这种需求关系。

第二，价值是实践的内在规定性。马克思关于实践的两个"尺度"，确立了实践活动合目的性与合规律性统一的原则，从而明确了价值的客观基础。

第三，价值是人的本质力量的对象化。马克思主义价值哲学认为，人类的价值世界不是抽象存在的，是由在一定的社会关系中从事劳动实践活动的人自身创造的。人把自己的本质力量凝聚到客观对象上去，从而使自然之物变为属人之物，使客体满足主体需

[①] 徐光春.马克思主义大辞典[M].武汉：崇文书局，2017：35.

要；同时也通过客体确证并实现其本质力量。所以，价值是实践主体的本质力量对象化。

第四，实践性乃价值之根本属性。不仅个体的需要由实践所塑造，而且个体还通过实践创造"为我之物"以使自身的需要得到满足。马克思拒斥抽象的价值理论，坚持从实践维度诠释价值，将价值界定为人的本质力量在实践中的展开。

（二）价值实现

在价值的实现问题上，马克思旗帜鲜明地指出，只有基于劳动或生产方式，才能把握价值的实现问题。对此，恩格斯认为，"人道""正义""自由"等可以以各种各样的要求提出，但如果某种事情不可能实现，那它本质上就是"虚无缥缈的幻想"。①在《哥达纲领批判》中，马克思将拉萨尔的"劳动所得""公平分配""平等权利"批判为"毫无根据的陈词滥调""凭空想象的无用废话"。马克思在探索价值实现路径时，超越传统的思辨视角，创造性地将价值叙事和生产方式结合，基于特定历史时期的社会生产方式，全面而系统地衡量和考察价值。即从社会交换方式、生产方式的变更，而不是从思辨的价值概念中去找寻政治变革和社会变迁的终极原因。与此同时，马克思还提出："社会的公平或不公平，只能用一门科学来断定，那就是研究生产和交换这种与物质有关的事实的科学——政治经济学。"②马克思突破了传统概念思辨的价值叙事桎梏，基于生产方式分析社会现实问题，从而对价值理论进行了创造性变革。

（三）价值评价

既然价值的生成、创造和发展都是由实践所规定的，那么评价价值的客观尺度，就只能是"实践"这个价值的内在尺度。马克思指出："动物只是按照它所属的那个种的尺度和需要来构造，而人懂得按照任何一个种的尺度来进行生产，并且懂得怎样处处都把内在的尺度运用于对象。因此，人也按照美的规律来构造。"③这就意味着作为价值内核的实践，本身就是真、善、美的内在统一。也就是说，人类不仅可以自由地"按照任何一个种的尺度来生产"，而且还"处处都把内在的尺度运用于对象"。唯有依循"内在尺度"生产，才能把各种自在之物转变成为我之物。正如列宁所提出：在认识中，必

① 中共中央马克思、恩格斯、列宁、斯大林著作编译局.马克思恩格斯全集（第6卷）[M].北京：人民出版社，1961：325.
② 中共中央马克思、恩格斯、列宁、斯大林著作编译局.马克思恩格斯全集（第25卷）[M].北京：人民出版社2001：488.
③ 中共中央马克思、恩格斯、列宁、斯大林著作编译局.马克思恩格斯全集（第3卷）[M].北京：人民出版社，2002：274.

须体现出实践的特性，即"必须把人的全部实践——作为真理的标准，也作为事物同人所需要它的那一点的联系的实际确定者——包括到事物的完满的'定义'中去。"①这表明，马克思主义价值哲学在实践的基础上实现了价值评价与真理判别标准的统一。

（四）资本主义价值异化

马克思主义价值哲学的形成在某种意义上恰恰是出于对价值异化现象的深刻反省。马克思提出，资本主义社会的价值异化现象，集中表现为整个社会颠倒了价值主体与价值客体的关系，湮没了人的主体性，造成了人的全面异化。首先，资本逻辑淹没了个体之间的价值关系，导致伦理价值的消解。资本主义"使人和人之间除了赤裸裸的利害关系，除了冷酷无情的'现金交易'，就再也没有任何别的联系了。它把宗教虔诚、骑士热忱、小市民伤感这些情感的神圣发作，淹没在利己主义打算的冰水之中。"②其次，资本主义建构了资本逻辑的评判标准。恩格斯认为，资本主义社会崇尚金钱至上，将人的价值明码标价。"一个人拥有多少财富，决定了他的价值是多少。谁有钱，谁就'值得尊敬'，就属于'上等人'"。③金钱本质上是为人服务、满足人的需求的，但在资本主义社会，金钱成为人的主人，使得资本主义社会价值观念发生扭曲变形。金钱成为实现与批判人的价值的唯一标准。人的现实价值完全取决于其财富的储备量。再次，工人阶级的社会价值被极大消解。马克思指出，在资本主义社会，工人只是资本家资本积累的工具。劳动带给工人的不是美好生活，而是更加艰辛的现实，不是本质力量的释放，而是精神与肉体的双重摧残。因此，在资本主义社会，工人只是劳动工具，完全丧失人的主体地位，自身发展更无从谈起。

可见，马克思主义价值论正是在对资本支配、束缚、压迫人，从而使价值主体迷失的批判中，确立自己的正确观点的。马克思认为，价值的主体不是抽象的个人，而是处于一定历史条件和环境中的具体的、现实的个人。现实中的个人，具体表现为广大人民群众。人民性是马克思主义价值论的根本属性，也是马克思主义价值哲学与资产阶级价值观之本质差异所在。

---

① 中共中央马克思、恩格斯、列宁、斯大林著作编译局.列宁选集（第 4 卷）[M].北京：人民出版社，1995：419.
② 中共中央马克思、恩格斯、列宁、斯大林著作编译局.马克思恩格斯选集（第 1 卷）[M].北京：人民出版社，2012：403.
③ 中共中央马克思、恩格斯、列宁、斯大林著作编译局.马克思恩格斯文集（第 1 卷）[M].北京：人民出版社，2009：477.

（五）资本主义价值异化现象的根本出路

马克思认为，无产阶级运动是消除资本主义价值异化的根本途径，其最终目的在于构建每个人自由而全面发展的共产主义社会。要消灭价值异化，实现每个人自由而全面发展，任重而道远，但希望的曙光终究穿透漫漫黑夜，共产主义的黎明终将到来。共产主义为价值实现夯实了现实根基，提供了充分条件。首先，共产主义能克服人的异化。马克思指出："共产主义是对私有财产即人的自我异化的积极的扬弃，因此是通过人，并且为了人，从而对人的本质的真正占有……即合乎人性的人的复归。"[①]共产主义社会可以彻底地消灭价值异化。其次，共产主义"能真正解决人与人、人与自然的深层次矛盾，能真正解决存在和本质、必然和自由、个体和种类、自我确证和对象化的真正冲突"。[②]在共产主义社会，物质文明和精神文明高度发达，社会个体间不存在不可协调的矛盾。再次，价值实现的必要条件是自由。价值不能脱离自由，没有自由，价值实现就犹如无本之木、无源之水。共产主义社会是自由人的联合体，个人在其中才有真正的自由，才能将人类从繁重的社会分工中解放出来，完完全全地实现人的解放，真真正正地实现人的价值。

综上，马克思主义价值论以社会实践为出发点，以实现人的全面自由发展为理论归宿，强调价值关系生成于主体的实践活动。因而，实践的现实关系是客观事实与价值事实的辩证统一。马克思主义价值论兼具人本哲学与实践哲学双重意涵，它确立了以实践唯物主义的方式研究价值问题的基础、方法和风格，以实现人的自由全面发展为根本价值旨趣，具有直面现实问题的理论视野。马克思主义价值论为破解数字治理价值异化困境具有重要理论指导意义。

二、马克思科技异化思想

马克思虽未明确提出科技异化的概念，但对科技发展将带来的异化现象及其消解有着前瞻性的洞见。马克思对科技异化有意味深长的评价："随着人类愈益控制自然，个人却似乎愈益成为别人的奴隶或自身的卑劣行为的奴隶。甚至科学的纯洁光辉仿佛也只

① 中共中央马克思、恩格斯、列宁、斯大林著作编译局.马克思恩格斯文集（第1卷）[M].北京：人民出版社，2009：185.
② 中共中央马克思、恩格斯、列宁、斯大林著作编译局.马克思恩格斯文集（第1卷）[M].北京：人民出版社，2009：185.

能在愚昧无知的黑暗背景上闪耀。"①这些科技异化思想对于如何认识与理解数字时代技术异化，对于探究如何破解数字技术的异化现象，如何使数字技术服务于人的自由全面发展，具有重要指导意义。

（一）马克思对科技异化实质的阐释

在马克思看来，科技本来就是人的本质力量的体现，却在资本逻辑的支配下异化为宰制人的力量，从而使科技活动过程及其成果应用背离人之最初目的或需要的现象。需要明确的是，科技异化既不是由科技体系自己内生的，也不是创造物与科技对立，而是由人在科技实践活动中创造出与人的本质相对立的对象物，从而否定人的意义与价值，祸及人的生存与发展。科技作为一种工具、方式、手段，本身是以客观事实为基础的，本质上并无好坏之分。但科技是人的制造物，科技活动是在一定社会历史条件下进行的，是一种包含了实践主体的主观想法、带有目的需求、包含主体利益的实践活动。所以，科技生产及应用所产生的影响也不是中性的。科技异化究其根本，并非是科技自身的问题，核心在于处在一定社会关系中的现实的人，即科技产品反过来奴役人、压迫人，成为异己性力量的根源在人本身。因此科技异化的实质即为人的异化，具体指，"人的实践的结果成为与人相对抗的异己性力量，是人对自己活动的结果失去控制造成的。"②马克思进一步指出，随着科技的发展，人会成为机器的附属物。"我们的一切发明和进步，似乎结果是使物质力量成为有智慧的生命，而人的生命则化为愚钝的物质力量。"③这时，"科学对于劳动来说，表现为异己的、敌对的和统治的权力。"④这深刻揭示了大工业时代，科学技术的运用使得人沦为机器的附属和零件，逐渐丧失了自己独立的主体地位和价值，失去了自身的能动性与创造性。而机器则摇身一变升级为一种人格化的主体，成为宰制工人的"主人"。正如马克思所指出："由于劳动者沦为机器，所以机器作为竞争者与他相对抗。"⑤马克思的科技异化实质上揭示了工人作为机器的使用者，却是在不拥有机器的基础上劳动，即"在机器上实现了的科学，作为资本，同工人

① 中共中央马克思、恩格斯、列宁、斯大林著作编译局.马克思恩格斯文集（第2卷）[M].北京：人民出版社，2009：580.
② 邴正.当代人与文化：人类自我意识和文化批判[M].长春：吉林教育出版社，1996：122.
③ 中共中央马克思、恩格斯、列宁、斯大林著作编译局.马克思恩格斯文集（第2卷）[M].北京：人民出版社，2009：580.
④ 中共中央马克思、恩格斯、列宁、斯大林著作编译局.马克思恩格斯全集（第38卷）[M].北京：人民出版社，2019：317.
⑤ 中共中央马克思、恩格斯、列宁、斯大林著作编译局.马克思恩格斯全集（第42卷）[M].北京：人民出版社，2016：53.

相对立。"①所以，科技发生异化，人沦为"机器的附属"。

马克思并没有因此把技术本身当作罪恶之源，而是把批判的锋芒指向资本主义生产方式。马克思认为，技术异化的根源并不在于其自身或其物化，而在于技术的资本主义运用。资本逻辑使得技术成为资产阶级攫取剩余价值与霸权的工具。

（二）关于科技异化具体内涵的阐释

首先，科技与自然相异化。科学技术在帮助人类更好地认识自然、改造自然的同时，科技失去了对自然的敬畏，站在了自然的对立面。资本主义生产方式下，一切都被卷入资本增殖逻辑之下，科学与资本的结合使人对自然的控制达到了新的局面。人的目的、利益逐渐凌驾于一切，人类开始利用科技最大限度地开采与占有自然资源，获取更多的生产资料。人类对自然的无度、肆意攫取就是破坏自然、盘剥自然，使自然界成为商品化的自然界，污染了的自然界，造成了严重的资源浪费和生态的失衡。因此，科技的资本主义应用造成逐渐改变了人与自然的和谐共处。

科技随着人类活动进入大自然，人的能力在科技的助力下得到强化，从而对自然的实践能力更强、活动范围更广，对自然的改造强度增大、控制范围拓宽，站在自然对立面的人类开始通过工业化的手段、技术化的方法去开发自然、占有自然，企图进一步地征服并控制自然系统，使人类社会系统凌驾于自然系统之上。恩格斯曾在《自然辩证法》中发出警告："不要过分陶醉于我们人类对自然界的胜利，对于每一次这样的胜利，自然界都对我们进行报复。"②在人的操控下，大自然的自身调节系统逐渐被破坏，生态环境的原生状态被改变，自然灾害频频发生，瘟疫疾病盛行，人与自然的关系更加脆弱，日益不利于人类的生存与发展。实质上，一方面人们对自然的依赖不是少了，而是多了；另一方面，被破坏了的自然界开始产生一种对人有敌意的、不利于人类生存的对抗性力量，科技与自然的对立不断加剧。

其次，科技与社会相异化。科学技术不仅是第一生产力，也是人类社会文明程度的标志。人类从混沌之初的茹毛饮血、刀耕火种，到今天的日新月异、信息爆炸，科学技术可谓功不可没。但科技异化的发生使科技与社会相异化。其一，科技成为社会的统治力量。科技与资本的结合，使科技成为服务资本的工具。科技的大范围、高频率应用和

① 中共中央马克思、恩格斯、列宁、斯大林著作编译局.马克思恩格斯文集（第8卷）[M].北京：人民出版社，2009：395.
② 中共中央马克思、恩格斯、列宁、斯大林著作编译局.马克思恩格斯文集（第9卷）[M].北京：人民出版社，2009：559.

普及，使生产活动中的一切都被集中化、章程化地规定着，科技逐渐脱离人的掌控，从人的劳动工具变成利用人的主体。资本逻辑下科技产品的应用使无产阶级的生活苦不堪言，阶级之间的矛盾日益加剧，科技违背了其促进社会发展与人的进步的初衷，成为一种获利工具和压迫手段，被资产阶级利用，对劳动人民进行约束和控制。不仅如此，随着科技社会功能的日益强大，科技异化不仅出现在物质生产领域，也会存在于上层建筑中。马尔库赛认为："技术理性的概念，也许本身就是意识形态。不仅技术理性的应用，而且技术本身就是（对自然和人的）统治，就是方法的、科学的、筹划好了的和正在筹划着的统治。"[①]科技逐渐成为一种统治力量，成为统治者谋求利益的政治性工具，代表着大资本家和统治者们的意志，代表国家上层建筑的意志，对社会意识和个人意识产生影响，是社会意识形态的体现。这时统治阶级利用科技争权，资产阶级应用科技夺利，人们受制于科技，按照科技所规定的逻辑进行生产和生活。科技成为一种控制社会生产和社会意识形态的异己性力量，与社会相异化。

再次，科技与人相异化。首先，在技术的资本主义使用中，工人畸形发展成"局部的人"，并在生产过程中丧失主体地位。对于技术的资本主义运用，马克思曾批判道："工厂手工业使工人变得畸形，变成局部工人。"[②]随着机器在劳动过程中的广泛应用，生产领域实现全面自动化。为了顺应机器生产的需要，人越来越成为流水线上的一个工具，甚至仅仅是一个齿轮、一个零件。即工人身体机能的完整性受到了机器技术的分割，工人身体是以局部性，而非完整性存在的。在机器体系的资本主义应用中，"自动机本身是主体，而工人只是作为有意识的器官，与自动机的无意识的器官并列，而且和后者一同从属于中心动力。"[③]由此，作为科技主体的人反过来被自身发明创造出的科学技术所主导，按照科学技术的要求和应用规则长期从事某种单一的、机械的工作，丧失了身体和精神上一切自由自主活动的现实性与可能性。科技的发展日趋高级化、智能化、自动化，使生产对工人的智力、体力的要求也逐渐变低，人们逐渐不再关注自己的内在需求和个体价值，一味地满足于当下的生活状态，不再主动进行思考和创新实践活动，而是在科技的主导下，按照科技的逻辑进行机械的生产和生活。综上，科技与人是相异化的。

① [美]赫伯特·马尔库塞.单向度的人：发达工业社会意识形态研究[M].刘继，译.上海：上海译文出版社，2006：8.
② [德]马克思.资本论（第1卷）[M].中共中央马克思、恩格斯、列宁、斯大林著作编译局，译.北京：人民出版社，2004：418.
③ [德]马克思.资本论（第1卷）[M].中共中央马克思、恩格斯、列宁、斯大林著作编译局，译.北京：人民出版社，2004：483.

（三）马克思对消解科技异化的阐释

马克思提出，在资本主义社会，科技发展和"人的解放"相对立。因为这种状态下的劳动者同机器之间，不是一种支配与被支配关系，而是相反。随着机器大工业时代的到来，手工劳动逐渐被机器生产所替代，机器运转在很大程度上决定了工人活动。科学技术的蓬勃发展，让机器自动运行成为可能，让工人彻底沦为科技附庸。"在工场手工业和手工业中，是工人利用工具；在工厂中，是工人服侍机器。……在工场手工业中，工人是一个活机构的肢体。在工厂中，死机构独立于工人而存在，工人被当作活的附属物并入死机构。"[①]由此可见，在资本主义雇佣劳动下，资本家占据着机器，机器的意义不在于为广大劳动者创造更多物质财富，而是在于给极少数资本家贡献更多的剩余价值，并奴役着工人。因此，对于工人阶级而言，机器（科技）就是异己力量。"似乎赋予物质力量旺盛的理智生命，反而使原本具有鲜活生命的人沦为了毫无生气的物质力量。"[②]由此可见，对于如何能彻底消除科技异化，关键就在于消除异化劳动，使劳动回归其作为人的本质力量的对象化这一本位。马克思、恩格斯提出了消除科技异化的根本途径，即通过共产主义社会，消灭私有制及资本主义生产方式，再分配生产资料，如此才能消除劳动异化进而化解科技异化，实现人的全面解放。同时，马克思、恩格斯还认为，科学技术自身是实现共产主义的物质条件，也是通向"自由王国"的必经之途。诚如马克思所言："只有在现实的世界中并使用现实的手段才能实现真正的解放；没有蒸汽机和珍妮走锭精纺机就不能消灭奴隶制……当人们还不能使自己的吃、喝、住、穿在质和量方面得到充分供应的时候，人们就根本不能获得解放。"[③]

三、马克思国家治理思想

马克思的国家治理思想根植于现实的人类社会，发展于对资本主义国家虚幻治理的批判之上，蕴藏着丰富的马克思主义革命内涵，烛照了当时及未来很长一段时间关于国家治理问题的探索之路。马克思关于国家治理的思想主要围绕四个方面：以摧毁本主义

① 中共中央马克思、恩格斯、列宁、斯大林著作编译局.马克思恩格斯全集（第23卷）[M].北京：人民出版社，1972：463.
② 中共中央马克思、恩格斯、列宁、斯大林著作编译局.马克思恩格斯全集（第12卷）[M].北京：人民出版社，1962：4.
③ 中共中央马克思、恩格斯、列宁、斯大林著作编译局.马克思恩格斯全集（第12卷）[M].北京：人民出版社，1962：4.

国家机器为基本前提，以建立无产阶级政权为政治基础；以保障广大人民利益为核心宗旨；以发展社会主义国家经济为现实力量；以最终实现人的自由全面发展与社会自治为价值旨归。四项基本内容彼此相沿、顺序递进，共同构筑起马克思国家治理思想。这些对社会主义国家治理的思想，对探索数字治理价值异化的中国道路具有积极指导意义。

（一）国家治理的政治基础：建立无产阶级政权

无产阶级实现国家治理的政治前提在于建立自己的专政形式，实施无产阶级专政是为了镇压资产阶级并建立社会主义无产阶级，以革命手段摧毁资产阶级政权后，将自然而然地取代资产阶级，成为新的统治阶级。资产阶级国家由无产阶级国家替代，资本主义由社会主义取代，真正属于无产阶级的政权形式得以建立。从阶级维度上看，无产阶级争得政治主导权，马克思无产阶级专政的思想与粉碎资产阶级政权的观点密不可分。结束资产阶级政治统治后，无产阶级将获得政治主导地位，继任为新的统治阶级，国家性质随即发生变化。只有在无产阶级专政的政权形式下，社会主义国家的民主才能得到充分保证，国家治理的各项举措才能得以保证实施。

（二）核心宗旨：保障广大人民利益

马克思的国家治理思想与资本主义国家治理的最大区别在于国家治理以人民利益为出发点与立足点，因此，保障人民利益是国家治理最核心的价值、最根本的宗旨。保障人民利益不是一句口号式的宣传语，应从主体、制度等层面落向实处。

国家治理以保障绝大多数人的根本利益为起点和归宿。社会主义国家治理中，国家的权力由人民赋予。马克思对巴黎公社的民主政权实践极为赞赏，他认为，国家权力由人民赋予，具体是由人民民主选举的代表，代替人民行使公共权力，受人民监督，对人民负责。与此同时，选举出的代表也只是"社会的负责的公仆"，是维护广大人民群众利益的"勤务兵"，没有任何的特权，且无论职位高低，"自上至下一切公职人员，都只能领取相当于工人工资的报酬。"[①]此外，国家的法律也是广大人民的法律，是为广大人民的利益而制定的。马克思指出："法律应该是社会共同的、由一定物质生产方式所产生的利益和需要的表现，而不是单个人的恣意横行。"[②]社会主义国家的法律同包

[①] 中共中央马克思、恩格斯、列宁、斯大林著作编译局.马克思恩格斯文集（第3卷）[M].北京：人民出版社，2009：155.
[②] 中共中央马克思、恩格斯、列宁、斯大林著作编译局.马克思恩格斯全集（第1卷）[M].北京：人民出版社，2001：292.

括资本主义在内的以往的剥削阶级的法律相比，最本质的区别就在于，社会主义国家的法律是"多数人"意志的体现，是"多数人"切身权益的守护者。即在社会主义国家治理中，国家的法律由人民自己制定，是人民全面利益的捍卫者。

（三）现实力量：发展社会主义国家经济

无产阶级专政具有"镇压"与"建立"的双重意义，"镇压"对象是资产阶级，"建立"对象是社会主义。社会主义国家亦具备双重职能，一是政治职能，二是经济职能。但随着无产阶级专政的发展，社会主义国家趋向成熟，其政治职能随即降低。因此，无产阶级专政的政治职能相对有限，主要职能在于经济职能。马克思认为，逐渐实现共产主义是未来社会的发展趋势，而实现共产主义离不开社会的发展与经济的进步。质言之，发展社会主义国家经济是实现共产主义的基本方式。在国家治理过程中，发展经济的关键在于"公有"与"公平正义"，"公有"是实现社会主义的重要制度保证，"公平正义"是促进社会主义经济进一步发展的必要保障，二者缺一不可。

建立公有制的经济体制社会主义国家与资本主义国家的区别在于所有制不同，区别于资本主义国家治理的重要之处在于"公"对"私"的替代。马克思在论及无产阶级夺权后的国家建设问题时，提出"变资本主义私有制为公有制是政权建设的首要任务"。马克思对于国家治理过程中有关经济发展问题始终高度关注，其中，建立公有制的经济体制是社会主义国家经济发展的重要制度保障。马克思关于公有制问题的首要观点是"共产党人可以用一句话把自己的理论概括起来：消灭私有制。"[1]马克思认为，消除社会不公的前提在于消灭私有制，只有首先实行生产资料国家所有制，才能"彻底改变劳动和资本的关系，并最终完全消灭工业和农业中的资本主义生产方式。"[2]马克思所提出的建立公有制并不是违反历史事实的直接共产，在他看来，"公"替代"私"是社会发展的未来趋势，也是社会历史的内在规律，它的实现应与社会历史发展进程相适应。生产资料由全社会共同占有，这种高度理想化的所有制形式只有在社会主义社会生产力高度发展后才可能实现。到那时，私有制将被彻底消灭，商品、货币、交换等都不复存在，社会成员由按劳分配过渡至按需分配。最终实现社会劳动者在全社会范围内，联合占有生产资料和劳动产品，实现无产阶级国家向共产主义社会过度的最终目标。

[1] 中共中央马克思、恩格斯、列宁、斯大林著作编译局.马克思恩格斯选集（第1卷）[M].北京：人民出版社，2012：413.
[2] 中共中央马克思、恩格斯、列宁、斯大林著作编译局.马克思恩格斯选集（第2卷）[M].北京：人民出版社，1972：454.

（四）蓝图愿景：走向国家消亡与社会自治

马克思关于国家治理的最终目标是实现国家消亡与社会自治，这既是国家发展的历史宿命，也是人类历史发展的未来趋势。随着社会的进步，社会主义国家的政治、经济、文化、科技等都将得到长足发展，最终进入一个新的历史阶段，这一阶段，原始的国家因丧失职能将走向消亡，共产主义社会最终实现自治。

首先，关于无产阶级国家的消亡。马克思认为，无论哪种形式的国家，在起源和本质、目的和功能上，都是阶级机构，是一个阶级压迫另一个阶级的组织，是"靠社会供养而又阻碍社会自由发展的……寄生赘瘤。"[①]但是无产阶级与资产阶级的斗争实践充分表明：国家的消亡不会一蹴而就，必须经历无产阶级专政作为过渡阶段，才能逐步实现。在马克思国家治理思想中，实现国家消亡是一项关键环节，国家消亡是社会发展水平达到一定高度后的具象化表现，意味着高度发达的文明程度、超标准的生产力水平、极丰富的物质财富，体现着国家治理的最终目标——实现每个人自由全面的发展。

其次，实现共产主义社会自治。马克思主义认为，随着国家消亡，国家本身的职能将回归社会与个人，原本的国家社会进入无国家的共产主义社会。共产主义社会作为国家消亡后的社会形态，为实现自治目标应满足无政府状态、阶级消失、分工消失、物质财富的极大丰富、人性的转变等五个基本条件。作为国家治理的最终目标，马克思对该五项内容分别做了具体论述。

第一，无政府状态，这是社会自治的基本前提。届时，社会将形成一个大的联合体，参与生产劳动成为实现个人价值追求的方式，全社会文明程度达到前所未有的高度，社会规则依靠全体成员的自觉遵守。第二，阶级消失，这是社会自治的重要基础。马克思、恩格斯均认为，进入共产主义阶段后，阶级与阶级对抗都将消失，阶级的消失与国家的废除标志着科学社会主义最终目标得以实现。第三，分工消失，这是社会自治的关键所在。恩格斯认为分工是"阶级划分的基础"[②]，分工消失后个人能力将得到全面发展，甚至体力劳动与脑力劳动的区别也将不复存在，人民群众充分掌握知识，资产阶级知识分子、专家体制都将自然而然地被摧毁，文化将是"普遍的和多姿多彩的"；除此之外，分工消失的另一个后果是城乡差别的弥合。根据马克思、恩格斯的设想，在无国家的共

[①] 中共中央马克思、恩格斯、列宁、斯大林著作编译局.马克思恩格斯文集（第3卷）[M].北京，人民出版社，2009：157.

[②] 中共中央马克思、恩格斯、列宁、斯大林著作编译局.马克思恩格斯文集（第3卷）[M].北京：人民出版社，2009：310.

产主义社会，城乡实现融合，城市中有种植蔬菜的花园，乡村也有工厂车间，"花园城市"代替了拥挤的城镇。第四，物质财富的极大丰富，这是社会自治的物质条件。物质作为基础，是共产主义社会得以（可能）实现的必要条件，在个人全面发展的情况下，集体财富的源泉得以充分涌流。第五，人性的转变，这是社会自治的核心要素。未来社会在经过长期发展后，人性将被新的环境彻底改变，人们会形成新的习惯。在新的条件下成长起来的新一代具有高度的文明与道德标准，一切利益需求都会和谐一致。

综上所述，只有社会形态发展至此，社会演变的辩证法才会失去作用，处于社会中的人才会真正变得自由，社会治理的最终目标才会实现。

第三节 理论借鉴

一、西方数字治理理论

数字治理理论产生于 20 世纪 90 年代，当时正是西方新公共管理运动衰微之时。在新公共管理时代，官僚体制内部机构分散、治理碎片化等问题增加了治理的复杂程度。同时，信息技术的蓬勃发展及其在政府治理中表现出的强大功能，使得政府信息化建设成为当时政府改善治理绩效的重要举措。简言之，数字治理理论的产生，一方面与新公共管理时代政府部门改善治理现状的需求息息相关，另一方面也离不开信息技术高速发展的时代环境。西方数字治理理论为研究数字治理价值问题带来了积极启示。

（一）西方数字治理理论兴起的背景

第一，传统公共行政模式的衰落与新公共管理的式微。为了克服传统公共行政的组织僵化以及治理低效，西方于 20 世纪 70 年代陆续开始推行新公共管理改革。不可否认的是，新公共管理所强调的分权、市场、竞争等理念，在提升服务效率、满足客户需求等方面确实取得了实质性的进步，但由于长期缺少对公共价值等核心问题的关注，新公共管理改革中的问题也逐渐显露：

首先，新公共管理过分强调效率与分权，加剧了政府公共服务供给的碎片化。一方面，绩效导向致使政府机构在回应民众时往往存在较强的主观倾向，更加积极主动地回应自身关注的或是容易解决的问题，将领域内的其他问题转嫁给其他机构；另一方面，过度分权影响了基层与上级的沟通，导致纵向政府间沟通不畅、重复建设，浪费大量行政资源。其次，新公共管理过分推崇私营部门的理念与方法，使得政府治理"追求公共利益"的理念逐渐向"谋求私人利益"转变。众所周知，公共利益与私人利益并非总是一致的，一旦二者出现冲突，公共部门可能以牺牲公共利益为代价追求私人利益，最终将会损害社会公平。此外，在新公共管理理论的影响下，政府对包括民营化和签约外包等私营部门管理方式极为推崇，在缺少严格考核体系等配套制度时，私营部分管理方式的无限扩散增加了政商合谋寻租等腐败行为发生的概率，致使公共利益受损。

第二，信息技术发展为数字治理理论的产生提供了工具基础。首先，计算机逐渐取代纸质成为官僚组织记录、归档的主要工具，由此导致政府部门中信息技术领域专业人才的需求急剧增加。以英国为例，1993年，英国中央政府在信息技术人员身上耗费高达5亿英镑，占信息技术总支出的22%。其次，信息技术能够改变官僚组织的结构，推动其由等级制向扁平化转变。具体而言，信息技术提供了重构组织结构的有效工具，推动传统公共部门以部门为中心、以效率为核心价值向以公民为中心转变。最后，信息技术还能够通过改变公私间的合作业务流程，推动政府、市场、公民之间关系的重塑。对于私人部门而言，充分运用信息技术进行迭代升级可以节约运行成本，提升企业经济效益；对于政府而言，引入信息技术可以提升政府组织的创新能力，从而实现公共服务能力的跃升；对于民众而言，借助信息技术能够更加便捷地掌握政策动向，更加准确地反映自身需求，提升政治参与感。

（二）西方数字治理理论的观点扼要

学界一般认为，数字治理理论是由英国学者帕却克·邓利维所开创。数字治理理论的基本范式是将先进数字技术同传统治理理论相融合，并诞生了三个重要主题，分别是重新整合、数字化变革及整体主义。具体如下：

第一，重新整合。重新整合理念的提出是为了修正新公共管理改革过程中的碎片化、重复化问题，其目的在于将新公共管理改革中分散的职能和机构重新整合，解决重复建设和资源浪费等问题，并最终提升公共产品供给的效率。简言之，重新整合主要有两个面向：其一，面向官僚组织内部的权力重塑。一方面，协同治理能够推进部门间的信息交流共享，从而增进协同治理能力，促进业务流程的再造，解决治理碎片化的问题；另一方面，适当加强中央集权、重塑中央管理过程则有助于提升政府的威望，唤起在新公共管理改革中被忽视的公共价值理念。其二，面向社会重新评估政府下放权力的边界，收回部分新公共管理时期下放的部门职能。通过将新公共管理时期外包给私人部门的职能重新收回政府所有，逐步缓解职能和机构的碎片化，同时找回政府应负的责任。

第二，数字化变革。一谈到数字化变革，首先映入脑中的大都是网络、邮箱等数字化产品。帕却克·邓利维却认为，信息技术的直接影响力往往易被夸大，真正影响数字化进程的因素并非技术的直接影响，而是政府内部的组织和文化变革与文明带来的行为转变。一方面，数字化变革通过影响公共部门的组织结构以及内部文化实现权力结构的重塑。在信息技术的影响下，原本高度分割的政府部门得到职能和责任上的整合，行政人员可以不必依赖上级权威就能协调一致，形成集体行动，从而使政府能够建立更加扁平、开放的组织结构；另一方面，借助对政府组织结构的优化、部门间协同程度的增强有助于在组织内部塑造起以公民为中心的治理理念，从而建构起面向公民需求的数字治理场景，建构起"价值理念—问题导向—治理场景"的长效治理机制。

第三，整体主义。区别于"重新整合"，以需求为基础的整体主义更加强调，在精简、合并政府机构的基础之上调整政府组织与公民的关系，并以公民和服务为组织基础构建一个能够对社会环境变化做出快速反应的灵活政府，具体来说包含以下六个要素：交互式的信息查询与供给、基于顾客或需求的机构重组、一站式供应服务与一次性问询程序、数据仓库、重塑端到端（结果到结果）的服务流程再造和敏捷、灵活的政府过程。[1]其中，交互式的信息查询与供给是数字治理中"以需求为基础的整体主义"的基础。在信息时代，公民和企业拥有的关于自身情况的信息远多于政府，因而对于政府来说，"探测机制"即如何获取关于公民需求的信息从某种程度上来说与"提供产品"同样重要，而"基于顾客的机构重组"则为建构这种探测机制创造了空间。可以说，以交互式信息查询和以供给为基础的整体性变革，不仅仅限于服务于数据和组织层面的优化，即建立数据仓库或是精简职能相似的组织机构，更多的是服务于治理机制的优化，是将以公民需求为核心的底层价值逻辑融入政府治理的具体流程当中，以公共价值为驱动力优化政府决策的思路体现。

---

[1] Patrick，Dunleavy.Digital Era Governance：IT Corporations，the State，and E-Government[M].Oxford：Oxford University Press，2006：229.

（三）西方数字治理理论的借鉴意义

数字治理意味着数字技术与政府治理的深度融合，而地方政府的数字化过程正是融合过程在治理中的具体展现。换句话说，本研究主要的研究面向——地方政府数字治理过程——应当也已经成为数字治理理论内涵在实践层面的核心面向。[①]一方面，从实践中面临的具体问题出发，目前中国地方政府的数字化转型实践虽然有着不错的治理效能，但总体上仍面临着治理理念不明确、体系不完善、机制不健全、基础设施不配套等现实问题。[②]因此，数字治理理论的演进过程、核心观点与未来的发展趋势等对本研究论述中国地方政府数字治理的过程逻辑具有较强的理论指导意义。另一方面，与整体性治理理论等学界公认的较为成熟完备的理论相比，数字治理理论领域内的研究还不够充分，特别是基于本土实际的中国地方政府数字治理话语体系建构尚处探索阶段，数字治理的中国话语体系不仅需要关注政府治理方式转变与政府治理能力的提升、公共治理的价值理念的转变等宏观问题，更要深入到中观、微观的组织和行动者层面，观察数字技术如何推动组织变革、流程再造以及多元主体如何开展合作，以此为构建数字治理的中国话语体系提供依据。总体而言，数字治理理论为本研究观察中国地方政府数字治理过程贡献了理论上的知识借鉴，同时，本研究通过对数字治理中多元主体合作实践过程的描述，又推动了中国数字治理话语体系建构的进一步发展。

二、中国古代"以道驭术"科技伦理思想

"以道驭术"，顾名思义，即为"以道德规范和伦理关系约束规制技术应用和技术行为"。从"以人为本"的理念出发，在科学技术发展和应用上就必须"以道驭术"。没有伦理道德的约束，其后果必然会破坏人类社会生活的有序化。中国传统"以道驭术"的思想为人们理解数字技术的"以人为本"价值取向提供了积极启示。

（一）先秦儒家的"以道驭术"观念

"以道驭术"理念在中国由来已久。早在先秦时期，儒家就提出了"以道驭术"观念，旨在限制不当技术应用带来的负效果，提升正确技术应用带来的正效果。《论语·述

---

① 王张华.基于人工智能的政府治理模式变革研究[D].湘潭大学，2020.

② 沈费伟，叶温馨.基层政府数字治理的运作逻辑、现实困境与优化策略：基于"农事通""社区通""龙游通"数字治理平台的考察[J].管理学刊，2020，33（06）：26-35.

而》有云："志于道，据于德，依于仁，游于艺。"其意为，道德是社会活动的思想基础。任何社会活动都应束缚在道德的条条框框之内，技术也不例外。儒家强调"六府三事"，所谓"六府"，是指"水、火、金、木、土、谷"，即水利、烧荒、冶炼、耕作、贵粟之类，而"三事"是指"正德、利用、厚生"，要求技术发展要兼具利国利民性质和道德教化功能。[①]儒家学者认为，能经世致用的技术只有"六府三事"，除此之外，都是容易玩物丧志的"奇技淫巧"。若任由这些"奇技淫巧"横行，民将不民，国将不国。帝王沉溺于"奇技淫巧"，则朝政荒废；国民沉溺于"奇技淫巧"，则无所作为，而科学技术就归属于"奇技淫巧"之列。后世学者提出，儒家学说排斥、鄙薄科学技术，将其称为"奇技淫巧"，这明显是有失公允的。

翻开浩瀚的史书，查阅有关"奇技淫巧"的记载，《周书·泰誓下》中曾提到"郊社不修，宗庙不享，作奇技淫巧以悦妇人。"《礼记·月令》规定，"毋或作为淫巧以荡上心"。《礼记·王制》中也抨击"作淫声、异服、奇技以疑众"的行为。诚然，关乎国计民生的农桑、水利、建筑、冶铸技术，是儒家大力倡导的技术，并不在"奇技淫巧"之列。在封建社会，儒家思想长期居于高不可攀的正统地位，儒学思想历来被统治者奉为金科玉律。以后世的眼光评判历史，儒家"奇技淫巧"之说确有偏颇之处。但要知道的是，指南针、造纸术、火药、印刷术等让世界为之侧目的四大发明，曾让中国一度站上了科技领先地位，对人类文明发展做出了不容忽视的贡献。若儒家学说果真排斥、鄙薄一切科学技术，古代中国何以取得"四大发明"的惊世成就呢？何以在科技领域内遥遥领先呢？先秦儒家思想之所以会无情地抨击"奇技淫巧"，其根本目的在于实现"以道驭术"。不可否认，"以道驭术"确实将无数能人匠士的技术活动限制在道德的条框之内，起到了规制约束能人匠士技术行为的作用。

另外，先秦儒家以"节俭"为标准评价技术应用的作用和价值。孔子说："礼，与其奢也，宁俭。"[②]儒家认为由俭入奢易，由奢入俭难，主张在至尊之位的统治者要以身作则，具备节俭观念。只有统治者节俭，才能上行下效，让节俭的良好习惯在社会蔚然成风。儒家的"抑奢"主张已然成为"以道驭术"的主旋律。

（二）先秦道家的"以道驭术"观念

相对于儒家而言，先秦道家对"道德"含义的理解更广泛，对"以道驭术"观念的

---

① 孙宏安.中国古代科学教育史略[M].沈阳：辽宁教育出版社，1996：271.
② 黄永年.校点论语[M].沈阳：辽宁教育出版社，1997：8.

理解更深刻。道家主张，"道"即世界本原，是"先天地而生"的，而"德"是有得于道，"道"和"德"内涵丰富、外延广阔，不应将其局限于纯粹的人际关系中。老子有云："孔德之容，惟道是从。"人际关系中的道德和社会关系中的道德，充其量是道德的一部分。"以道驭术"本质上是"道"与"术"的本质所决定的，"以道驭术"是通过"德"与"技"来体现的。

老子所意指的宇宙之"道"，既是一种无形、抽象的道路体验，同时又抽象了各种方法特征，仅仅保留了对"先后"步骤性活动的体验。而这些步骤是由主体所规定的。面对工具与对象的客观实在性，会存在一种最理性的操作步骤，而基于这一步骤的路径便是凌驾于"技"之上的"道"。可以说，"技"是"道"的具象化，而"道"是"技"的抽象演绎。对于"道"的追求，本意在于使具有主体性意蕴的技术能够顺应自然之道，以达到"天生合一"的理想境界，因为这才是适宜人发展的理想状态。如梁惠王所言："善哉！吾闻庖丁之言，得养生焉。"就深刻体现出通"道"之"技"。

由于"道"是合乎自然本性的最佳方法或最优途径。因此，要达到"道法自然"，就要让技术活动不同要素间处于和谐状态。此处所指的"和谐状态"，是方方面面的和谐状态，并不局限于操作者和工具间的和谐状态，也不局限于操作者身体和心理的和谐状态，而是技术活动和社会、自然的和谐状态，是技术应用中人际关系的和谐状态。然而，不恰当、不合理的技术应用，不仅不会达到多方和谐，反而会破坏原本稳定的和谐状态。这种麻烦不断的技巧应用，完全不受"道"的控制，也即所谓的"失德"。先秦道家激烈地抨击不恰当、不合理的技术应用衍生的"失德"现象。兼顾人际关系与社会生活，兼顾操作者和工具的关系，兼顾操作者身体和心理的关系，是道家"以道驭术"观念有别于儒家观念的特色。现代哲学探讨"技术异化""技术人性化"等技术发展伦理问题时，也牵涉操作者和工具的关系、操作者身心的关系，这种研究观念最早可追溯到先秦道家。

相对于儒家的"以道驭术"观念，道家对技术和道德关系的理解更为全面、更为深刻。李约瑟曾非常客观、字字珠玑地评价道家的思想："他们看到，工具可以统御无生命界，也能插入创作者的血肉之躯。他们敏锐的观察力，成为人与机器关系史中不可或缺的部分；这种关系有时激励人、有时压抑人，有时甚至会置人于非命。迄今为止，这个社会话题都未得到公平公正的论断。"[①]

[①] 李约瑟.中国科学技术史[M].北京：科学出版社，1990：140.

（三）墨家的"以道驭术"观念

墨家集中代表了先秦平民和工匠的观念。墨家思想创始人墨子，是热衷且精通器具制造的匠师，也是眼界开阔、思想广博的思想家。受墨子本身习性潜移默化的影响，墨家的技术伦理规范更为注重工匠的道德修养，以及技术活动的社会效果。墨家注重以道德规范限制技术活动，这是墨家"以道驭术"观念的特色。墨家要求门徒淡化功名利禄之心，具备栉风沐雨之精神。"勤生薄死，以赴天下之急"[①]《庄子·天下》篇中介绍说："后世之墨者，多以裘褐为衣，以为服，日夜不休，以自苦为极。"并说："不能如此，非禹之道也，不足谓墨。"

关于技术应用的评价标准，墨子主张："利于人谓之巧，不利于人谓之拙。"即技术运用的评价标准在于是否为民造福。公输盘（即鲁班）造竹木鹊，能飞三日。普通人都为鲁班之精巧技艺所折服，啧啧称奇。墨子认为，造竹木鹊不若制车辖，车辖仅三寸之木而能任五十石，于国有利、于民有福，此所谓"巧"。墨子发自内心地赏识身怀绝技的大"匠"之才，却对大"匠"之才投靠权势、以高超技术助力战争的行为嗤之以鼻。墨子排除万难，对投靠权势的大"匠"之才动之以情晓之以理。墨子主张，技艺应为国效力、为民造福，不应为"战争"作伥。正是墨子的努力，才使得黎民百姓免于战乱之苦。《墨子·公输》之所以能流传千古、经久不衰，就是因为脍炙人口的旷世名篇不仅宣扬了"非攻"思想，也阐明了"兼利天下"的主张。

墨家学派同样提倡技术应用的节俭之风，反对奢靡之风，强调技术运用的实际社会效果。"当今之主，其为宫室，……必厚作敛于百姓，暴夺民衣食之财，以为宫室，台榭曲直之望，青黄刻镂之饰。"（《墨子·辞过》）圣王建造宫室，只为了衣食起居之便，而非奢靡享乐。耗费财力，将宫殿建造得金碧辉煌，却搞得"国贫而民难治"。"当今之主，其为衣服，……必厚作敛于百姓，暴夺衣食之财，以为锦绣文采靡曼之衣。铸金以为钩，珠玉以为佩。女工作文采，男工作刻镂，以为身服。"圣王着衣，只为了御寒蔽体，而不是华丽好看。耗费财力，制作金缕玉衣，这是"殚财劳力，毕归之无用也"。一旦此风气横行，则"其民淫僻而难治，其君奢侈而难谏"，天下大乱不久矣。

---

① 秦惠彬.新世纪万有文库《韩非子》[M].沈阳：辽宁教育出版社，1997：285.

第三章 数字治理价值异化的形成背景

马克思曾说："在新的历史时期中，人们自身以及他们的活动的一切方面，特别是自然科学，都将突飞猛进，光彩夺目，使以往的一切黯然失色。"①数字时代，随着数字技术深度嵌入国家治理，人类社会迎来一种新的治理范式——数字治理，其以传统治理无法比拟的数字化能力，成为助推全球数字化转型的强劲引擎，极大地发挥着对国家治理现代化与人民美好生活的赋能效应。与此同时，数字治理又是一个由数字技术驱动的数字赋权过程。数字赋能不断增强治理主体的治理效能；数字赋权推动建构多元协同的治理格局。但科学技术的双重性，使数字治理也存在着技术脱驭的"数字利维坦"风险，遮蔽了治理触达人群的主体性，从而引起数字治理价值的异化。

第一节 数字治理：国家治理新范式的出场

作为数字时代国家治理新范式，数字治理与传统治理的显著区别在于其数字化属性。数据、算法与平台，是数字时代最为代表性和关键性的构成要素，也是我们理解数字治理基本治理形态的三个基本要素，三者相互关联、相互作用。数据本身没有价值，只有当它被转化为信息、运用于决策时才能体现出其治理价值，所以数据不能单独存在，它离不开算法；算法是通过对数据的处理来解决问题的机制与规则，本质是对大数据信息的深度挖掘与运用；同时算法对数据的分析与运用依托平台，平台是数据、算法得以发挥作用的中介。简言之，人们可以将数字治理看作是"以数据为依据、以算法为核心、以平台为支撑"的全新治理形态。

---

① 中共中央马克思、恩格斯、列宁、斯大林著作编译局.马克思恩格斯文集（第9卷）[M].北京：人民出版社，2009：421.

一、以数据为依据

在数字时代，"无论是把大数据单纯作为一种技术，还是一种抽象理念，或者是一个时代背景，它都将对政府治理理念、治理范式、治理内容、治理手段等产生不同程度的影响。"[①]由此可见，数字治理模式下，"数据"有着异乎寻常的意义：它不仅是使具体治理流程得以顺利开展的技术依据，而且还是治理体系的基础性资源。一般来说，一项数字治理任务的实现，首先要收集汇总现有的相关数据样本，然后结合实时新增的数据，借助算法去达成特定的治理目标。如果只有先进的智能算法，而缺少高质量的数据资源，那么也是很难实现既定治理目标和理想治理效果的。这也就意味着，治理数据资源的供给质量，从根本上决定着数字治理的实际效能，因此在数字治理时代，拥有先进数据收集、存储与分析能力的国家、组织，往往就能够占有高质、丰富的数据资源，从而在国家治理中取得领先优势。

第一，数字治理议题的确立离不开数据的支撑。数字治理是围绕特定治理任务展开的，而治理任务往往来源于拟定的治理议题，那么治理议题又是如何确定的呢？这就不得不借助数据资源的支撑，治理议题的设定必须借助对大量数据的结构化分析，而不能主观随意地设定。在由先进数字技术构造的社会空间，不仅个体的行为甚至整个社会的运行过程都能被数据记录和存储，这样一来，数据资源就能够准确反映对象的真实状态。于是，治理主体想要制定科学治理议题，就必须依据对相关数据的采集和分析，这样才能精确地表达特定的社会现实，并进一步对社会现实的发展趋向及路径进行科学预测。可见，借助数据资源的支撑，治理主体就能够通过科学设置治理议题而确立合理的治理任务。

第二，治理方案与流程的优化依赖数据支撑。通常来说，在治理主体确定治理的议题以及任务后，会制订相应的治理方案与流程，去实现治理任务。而这里治理方案的设计依旧不能没有治理数据资源的支撑。尤其在今天，许多现实领域已经完成数字化，在这样的时代背景下，数据资源的治理和规模是治理方案设计的科学性以及治理任务的合理性的重要保障。不仅如此，通过截取和分析治理活动过程中的实时数据，数字治理平台"可以有效识别行政流程中的冗余环节，……从而提高整个政府内部的行政流程效

[①] 刘叶婷，唐斯斯.大数据对政府治理的影响及挑战[J].电子政务，2016（6）：20-29.

率。"①第三，数字治理的实际效果需要数据来检验。数字治理是一个多环节构成的整体过程，数字化手段的运用仅仅是数字治理过程的一个环节，在这之后，还要对数字治理的实际效果进行评价。数字治理在治理效果评价方面也具有传统治理无可比拟的技术优势。在传统治理效果评价中，治理通常仅依据有限的、随机的抽样样本来展开，因而存在较大的主观性、偶然性和模糊性，无法准确呈现实际的治理效果与成效。而在数字治理形态下，评价主体完全可以调用治理运行过程中设置的诸多检验参数（本质也是一种数据）来对数字治理实际效果进行全面的、科学的评估，从而为治理的改进提供真正的、有价值的参考。

质言之，在数字时代，"用数据决策、用数据管理、用数据创新"成为普遍的治理范式。数字治理作为一种"以数据为核心，以治理为导向"的治理方式，强调将先进的技术手段与治理价值诉求相结合。

二、以算法为核心

算法作为数字治理的"中枢神经"和"灵魂"，是打造数字治理智能系统的"良芯"和构建公正智能社会的关键。算法的外延比较广泛，目前尚没有公认的关于算法的定义。英国人工智能委员会认为，"算法是指用计算机来执行计算或解决问题的一系列指令，它们构成了计算机可以执行的所有事情的基础。"②也就是说，算法的本质即为一种规则，这些规则以数字代码为表现形式，反映了人们解决特定问题的基本逻辑和经验。可见，算法在标注治理目标的同时，也显示出治理目标实现的途径与策略。概而言之，算法是以数据为基础资源，以解决问题、完成任务为目标导向的策略机制和运行程序。

数字治理作为一种技术治理形态，算法是数字治理的核心，数字治理在某种程度上即人工智能的算法在进行治理。随着人工智能深度学习算法的不断进步，其主动学习能力也取得了突飞猛进的发展，加之"大智云区"③技术的日渐成熟，人工智能正由弱人工智能升级为强人工智能。在深度学习算法的支撑下，人工智能不断消化人量描摹现实社会运行规律的数据资源，从而使自身逻辑判断能力不断强化，甚至能够依据具体治理

① 何哲.人工智能时代的政府适应与转型[J].行政管理改革，2016（8）：53-59.
② W.Rodgers，T.Nguyen.Advertising Benefits from Ethical Artificial intelligence Algorithmic Purchase Decision Pathways[J].Journal of Business Ethics，2022，178（2）.
③ 即大数据、人工智能、云计算、区块链等关键数字信息技术。

场景自动生成相应的治理方案，完成特定的治理任务。换言之，人工智能借助对海量数据的结构化处理，"对这些数据进行系统的加工并且正确地阐释，使得人们可以通过这些数据对个人或者群体及其行为进行深入的推断"。①从而科学、及时地分析出人民群众、企业或社会组织等不同社会主体的真实的治理偏好与需求，进而制订个性化、有针对性的治理方案，这无疑大幅度提升了治理活动的精确性及治理效能。

当前，这种基于深度智能算法的数字治理形态已经在包括我国在内的世界许多国家广泛运用。由于这种算法是治理主体意志和观念的直接展现方式，因而被看作是数字治理活动的灵魂与核心。例如，在浙江省杭州市试点的"城市大脑"数字治理平台，经过多年发展，其算法已经进化到2.0版本。它能够解决多种类型的城市治理问题，单就交通治理方面而言，它可以及时捕捉城市道路上行驶的套牌机动车，监测机动车乱停、乱放等。在此基础上，"城市大脑"还可以对城市道路运行规律进行分析，发现杭州市交通的堵点、乱点、事故隐患点，这样交警部门就能够有针对性地执法和治理，大大提升了工作效率。在差异化和多元化的公共服务领域中，算法治理应用也较为广泛，如利用人民群众基础数据和行为数据识别人口空间特征，制订城市规划，安排人口管理及服务等。随着算法治理在国家治理中应用场景的不断扩大和应用程度的不断加深，推动着传统国家治理形态向数字治理形态的转变。

质言之，算法治理实质上是以"数据驱动"为核心，从海量的数据中发现有意义的规律或模式，依据这些规律或模式来提升决策的可行性与科学性，即通过对大数据的关联分析，识别人民群众实际需求或现象之间的内在联系，通过资源匹配与成本分析，从而进行合理预判与精准施策。

三、以平台为载体

从历史维度来看，数字治理先后历经了由电子政务时代到数字政府时代，再到大数据智能时代的形态演进。今天，最先进的数字信息技术令所有用户共同参与的协同治理网络成为可能，换言之，数字治理提供了多元协作的治理平台。

从概念内涵来讲，数字治理平台是指以政府部门、企业和个人为参与主体，基于现代信息技术而构建起来的数字治理系统，它有效整合了不同部门的数据信息资源，从而

---

① [德]罗纳德·巴赫曼，吉多·肯珀，托马斯·格尔策.大数据时代下半场：数据治理、驱动与变现[M].刘志则，译.北京：北京联合出版社，2017：9.

能够实现跨部门、综合性治理。数字治理平台可以同时面向多个不同治理主体，能够帮助政府、社会组织、企业及个人及时获悉政府治理动态和变化，且各个主体部门也能通过数字治理平台上传反馈信息，从而使自己深度参与数字治理流程，有效提升政府公共服务的供给质量以及效率，强化政府部门与非政府部门之间的协同互动水平，突破数字政府治理主体同非政府主体之间存在的信息与沟通壁垒，最终使不同治理主体可以对信息进行充分整合、实时共享。由此可见，数字治理平台为全体人民依法管理国家事务和社会事务、管理经济和文化事业提供了参政议政的平台。

以我国为例，基于 Web2.0 技术的"互联网+"平台，我国正在将"互联网+"和"公共政务""社会治理"相结合，关注数字驱动的多元参与共治，突破 Web1.0 技术支撑的原有电子政务模式。按照功能不同，数字治理平台通常可以分为两类：一是政府的自动化办公系统，又被称为"政府内部的数字治理平台"；二是各级政府的门户网站，一般被称为"对外的数字治理平台"。其中，后者也是各种公共服务的承担者，人民群众可以在这上面同治理客体展开互动，直接参与到数字治理过程中。目前，我国各级政府数字治理平台建设日趋完善，覆盖数字行政服务、数字公共服务、数字生活服务等维度。尤其党的十八大以来，各级政府将治理数据的集中与共享列为数字平台建设重点，通过积极搭建，已经实现了治理平台一体化、移动化、共享化的"三化"特点。如杭州的"城市大脑"、上海的"一网通办"、广东的"粤省事"、北京的"北京通"、浙江的"浙里办"、贵州的"云上贵州"、安徽的"皖事通办"等都是数字治理平台的生动实践。总的来说，"互联网+"平台是被数字信息技术所催生出的新型治理形式，它依托于最前沿的数字技术，对国家治理形态和机制进行了重构，推动了服务型政府的形成。

从本质上看，"互联网+公共政务"的要旨就是要借助共享数据公共资源，打造一整套向社会公众开放的线上公共服务体系，这是提高政府工作效能、建设服务型政府、提高社会满意度的关键环节。例如，我国推动的"一网通办"，便融汇了"互联网+"、物联网技术和政务服务于一体，从而实现了政务服务的智慧化与便利化。如此，政府各部门之间的联系与协调也必然更加密切，真正实现了政务服务"一张网"统揽。而"一网统管"则是"互联网+"同社会治理活动的深度勾嵌，借助数字技术打破原先垂直单向的管理模式，增强群众的互动性与协同性，助力城市管理逐步实现"无缝隙治理"[1]的理想状态。

综上可知，依靠数字治理平台超强的数据收集、存储与分析能力，政府能够高效地

---

[1] 张波.基于"互联网+"的基层社会治理创新研究[J].电子政务，2017（11）：30-38.

对日常治理活动中生成的数据资源进行结构化、智能化的加工改造，有效改善过去政府治理决策数据信息匮乏、部门之间信息流通性差等顽疾。首先，数字治理平台将散落于政府治理流程中的一座座"数据孤岛"串联起来，在坚持数据安全性的前提下，尽可能实现各类治理数据的畅流通达，人们可以方便地在任何地方进行"云端"办事，从而避免了低效、反复的"线下跑"。同时，政府部门也不再各自为政，而是实现了跨部门"协同办"的新面貌。其次，利用数字治理平台，政府部门还能够对各类数字企业实施有效监督和管理。数字治理平台的出现，极大地改善了过去数字企业监管的一系列弊端，如"碎片化""错位化""滞后性"等，实现了对数字企业管理的动态化、智能化、及时性。最后，作为各级政府实施治理活动的起始点和落脚点，数字治理平台在履行治理本职功能的同时，还能承担收集治理诉求、呈现公共服务的重要任务，各种舆论宣传和公共服务也可以通过数字治理平台向人民群众进行有效传播和宣传。

可见，集数据、算法与平台于一身的平台性治理是数字治理的显著特征，也是数字治理整体性与协同性的直接来源和必然要求。数字技术的效率实现依托于数字平台，平台的规模越大、链接的双边或者多边用户越多，供给的边际成本和交易的制度成本越小，协同的沟通成本越低，违约的风险成本越高。数字治理的大平台化底层逻辑就是在同一个平台，有统一的规则、统一的制度、统一的标准，满足多元主体的高效协同和治理。所以，这种整体性与协同性的治理要求政府组织结构，从传统金字塔层级组织变革为非层级式的、组合式的、扁平化组织结构，从"条块分割"走向"协同合作"，通过整合公共部门职能，促进各级政府之间、政府各部门之间的政策衔接和数据互联互通，政府与社会之间的数据协同共享，最终实现多主体互动参与的治理实践。

质言之，数字治理的"数据+算法+平台"的数字化治理模式，是由政府主导的一种新技术条件下的根本性治理组织变革。通过这样的变革，人民群众能够更为深度、全面地融入国家治理和政治生活，充分表达自身的政治诉求。事实上，实现治理主体间的高度协同不仅是数字治理的现实优势，更是其题中之义。就此而论，可以将数字治理理解成以"互联网+公共政务""大数据决策"为核心逻辑，推动国家治理从局部治理迈向全局治理、从经验主导转向数据指导的新型治理范式。其中，"互联网+公共政务"指向多元协同下的数据整合，而"大数据决策"则更强调整合数据之于治理决策的重要意义，二者之间以"大数据治理"为纽带。数字治理体系概略图如下所示：

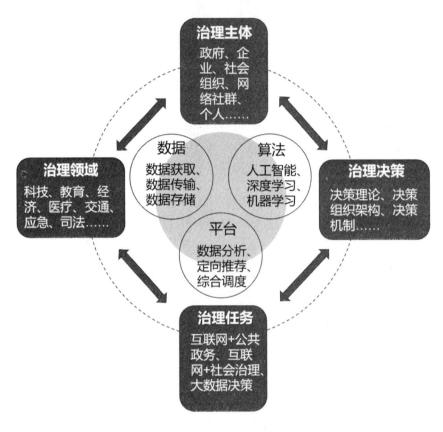

图 3-1　数字治理体系概略图

第二节　数字治理赋能与赋权的双重效应

数字治理一方面全方位赋能国家治理现代化与人民美好生活，展现出强大效能与显著优势；另一方面，赋权多元治理主体，促使治理主体的权力关系发生改变，推动建构多元协同的治理格局。

一、数字治理赋能国家治理现代化与人民美好生活

恩格斯曾强调："政治统治到处都是以执行某种社会职能为基础，而且政治统治只有在它执行了它的这种社会职能时才能持续下去。"[①]伴随人工智能深度学习算法以及云计算技术的更迭升级，数字技术愈加渗透和深度嵌入国家治理中，应用场景不断拓展，应用程度不断加深，为提高治理效率、化解治理困局、解决治理风险提供了新思路、新方法、新手段，展现出强大的治理效能，能够更加有效、快速、精准地回应人民对美好生活的需求。

（一）数字治理赋能国家治理现代化

第一，实现治理系统的超大协同。实现国家治理现代化，亟须建立起政府、社会、个人协同共治、共建、共享的国家治理体系。党的二十大明确指出："我们应建设人人有责、人人尽责、人人享有的社会治理共同体。"[②]数字时代，由于国家治理空间拓展，治理范围扩大，社会结构复杂，且流动性极强，治理风险遍布社会发展的各个领域，并且涉及不同部门，因而只有在各主体共同协作之下才能有效地解决问题。在此背景下，数字治理作为一种新兴的治理模式，能够有效地跨越信息以及业务方面的壁垒，借助数字化手段来为不同部门、不同地域以及不同主体提供协同治理平台。

首先，数字治理为政府、社会、个人提供了协同治理的契机，三者通过数据链接和协同，在国家治理中发挥各自的功能，进而推进国家治理体系在实践过程中渐趋现代化。大数据能够及时对"现实社会的人的实践活动"进行数字化聚合，因此数字治理为政府的治理工作提供了大量的数据支撑，具体包括政府各个部门在社会治理与公共服务等实践中留下的与税务管理、工商管理、教育发展、交通治理、民政管理等相关的数据；政府通过在经济发展、人口发展、气象动态、遥感、生态等社会领域展开专门的普查，由此得来的社会数据。还包括公司在日常运营、商业服务活动中留下的交易往来、物流管理、线上沟通等相关市场数据。而对于群众来说，其在日常生活中的行为活动、收入水平、人际沟通以及私人账户等各类信息数据也在此列。诸如此类的数据信息都是在社会

[①] 中共中央马克思、恩格斯、列宁、斯大林著作编译局.马克思恩格斯文集（第 9 卷）[M].北京：人民出版社，2009：187.

[②] 习近平.高举中国特色社会主义伟大旗帜 为全面建设社会主义现代化国家而团结奋斗：在中国共产党第二十次全国代表大会上的报告[M].北京：人民出版社，2022：52.

朝着智能化方向发展过程中产生的，是广义层面存在的政务数据，遍布在社会发展的方方面面，使得国家治理实践有了必要的参考，同时为现有治理体系的调整与革新提供了可靠的事实依据。基于此，在深入分析数据背后潜在关联性的同时，可据此设计与之契合的治理体系。以相应的数理关系为参考，在政府部门、社会组织、经济市场、群众和政府不同部门间形成相应的联动关系，打造专门的数据平台，以此突破因机构之间的条块化分割以及科层制管理引起的信息不对称困境，实现技术信息、业务信息和数据资料之间的深度融合，推进各个层级、地域、机构以及系统彼此间的协同运作，进而形成由多方主体共同参与的协同治理体系。

其次，数字治理日趋成为整体政府发展的助推器。新兴数字技术的出现使得政府正在渐趋建立起由数字技术和算法技术共同推动的智能化治理模式，构建以精准性、实时性以及预防性为特征的现代治理体系，并生成带有高度弹性空间的治理运行机制。比如，我国浙江省展开的"最多跑一次"的政务改革，便是在实现底层数据共享、改进业务流程、削减组织冗余资源以及收缩政府边界的基础上，通过以"四张清单一张网"为代表的量化指标，来有序实现政府内部各类机能之间的有机融合，以此来促成整体政府的形成。这种协同治理体系，从政府内部来说，意味着突破部门藩篱、打破信息孤岛、改变原有的部门构架、业务流程，是对政府组织的流程再造与体制机制重塑；从政府外部来说，数字治理意味着，通过数字技术，促进"政府—社会—个人"的协同互动，重构政府与社会、政府与个人的关系，增强政府、社会群体、个人之间的协同与信任。

第二，实现治理议题的科学识别。数字治理有助于国家治理需求的准确识别、治理议程的科学设定。治理是治理主体围绕特定的治理任务和为满足治理对象的特定需求而进行一系列的治理实践。就具体的国家治理工作来说，"决定哪些问题成为政策问题，甚至比决定这些问题的解决办法更为重要"。[①]治理主体在特定时间范围内所具备的资源及时间成本都有限，怎样精准定位社会治理的实际需求，并以此为前提对现有的资源以及时间加以统筹分配，极大地影响着治理工作的实际成效。

就传统治理形态来说，政府机关和广大群众在日常交流上存在不同程度的阻碍，导致前者很难及时捕捉舆情的发展动态，并据此精准定位社会治理的实际需求。另外，以自上而下为特点的政绩考核模式导致政府缺乏捕捉社会治理需求的热情和动力，群众在社会治理方面的实际需求很难真正被看到，而政府部门展开的治理工作又与群众的实际需要相差甚远，由此便导致了大量治理资源与治理时间的错置、浪费。在数字时代，以

---

① 戴伊.理解公共政策：第12版[M].谢明，译.北京：中国人民大学出版社，2011：28.

数字化为特征的政府系统则能够通过大数据手段来对社会舆情动态进行及时的捕捉与分析，从而更为精准地把握甚至预判社会舆情的动态及走向[①]，在此基础上，其可将最新的民意舆情状态提交给指定的政府部门，治理主体便可据此来展开更具针对性的治理实践，对人民群众的实际需求做出及时有效的响应。

政府只有精准定位群众在治理方面的实际需求，才能够针对性地推出与之契合的国家治理方案。就以往的治理工作而言，治理过程中存在的信息不对称现象导致各方治理主体在判断治理主题、敲定治理目标以及制定治理策略等各项工作时常常面临极高的不确定性。过往的经验或主观感知在很大程度上影响着国家治理工作的开展，这就导致治理议题的确定可能与人民的实际需求不符。而大数据技术的不断发展，以及人工智能深度学习技术的持续更迭，为各方治理主体提供了更为客观的参考，使其能够更为精准地判断特定时间范围内的关键治理需求，敲定治理目标，据此给出配套的治理策略。总之，以大数据技术以及超级算法为支撑的数字治理模式正渐趋取代以往带有极强经验化色彩[②]的治理模式，尤其在确定治理方案之际，大数据更是能够对草拟的治理方案展开系统性分析，对治理成本、治理收益以及治理过程中的风险因素等展开专业研判，从而从价值倾向以及利益目标等维度为治理主体给出客观决策依据，以此使传统带有粗放色彩的治理议程趋于客观化、精准化，最终为优化治理模式、改进治理成效给出必要的技术支撑。

第三，实现治理过程的精准施治。如何破除信息稀缺、实现精准施治，决定着治理的成效。基于实证分析与动态化调整的"数据驱动决策"正是实现政策资源精准投放机制的基础。政府可以借助"全景式"大数据搜罗，为政策的设计给出坚实可靠的数据依据，同时可结合外部的动态趋势对已有政策进行实时优化，这就超越了既往带有浓重经验色彩的治理模式。数字治理工作使得政府的各项决策活动渐趋走出经验化、主观化的窠臼，取而代之的是"数据推动决策"的新型决策方式，据此做出的决策自然越来越科学，越来越精准。

首先，对大数据信息进行归总与分析之后，可判断数据背后的潜在关联，进而把握事物的深层规律；大数据技术还能够以交叉复现的形式，来呈现事物背后的真相。[③]舍恩伯格在研究专著《大数据时代》一书中专门就"交叉复现"进行阐释，举例而言，孕

---

① [德]罗纳德·巴赫曼，吉多·肯珀，托马斯·格尔策.大数据时代下半场：数据治理、驱动与变现[M].刘志则，译.北京：北京联合出版社，2017：9.

② 张耀铭.人工智能驱动的人文社会科学研究转型[J].济南大学学报（社会科学版），2019（4）：20-28.

③ 高小平.借助大数据科技力量寻求国家治理变革创新[J].中国行政管理，2015（10）：10-14.

妇这类群体，无论在饮食偏好还是在购物倾向上都存在特定的规律，然而该规律却很难借助孤立的几次购物记录被察觉，必须在全面归总其购物数据、定位重复出现以及交叉进行的历史购物资料才能够判断，这是大数据技术借助数据本身交叉复现的特征而判断事物背后规律的典型例证。[①]从政府角度而言，在开展决策工作时，其能够借助大数据信息本身所具有的交叉复现的突出特点来判断事物背后的潜在规律，以此强化决策能力。具体而言，大数据这一特征，便于上级决策部门围绕海量的数据资料展开立体化的解析，以此对下级部门提交的决策方案进行评估。例如，中央部门通常会以遥感卫星技术为工具，在各个地区广泛搜集耕地方面的数据，同时根据已有的气候数据、耕地产量等历史数据，通过大数据技术来预测各个地区将要出产的粮食产量，据此和各个地区提交的产量数据加以比对，对跨越不同地域的现行农业政策加以优化与改进。大数据技术可以从海量的数据资料中判断数据之间的深层关联，为国家治理提供更为精准的技术支持。在实际运行中，无论是疫情防控，还是金融监管活动，抑或是带动市场消费、发展中小微企业等事项，都对治理的精准程度提出了极高的要求。围绕特定服务对象或监管对象进行相关数据的收集和解析，能够生成精准的画像，以此来助力于政策资源配置精准性的提升。

其次，数字治理能实现决策的动态化调整。传统以静态化为特征的决策形态渐趋无法满足数字化时代下的全新需求，由于事物始终处于变动的状态，各类数据信息也具有动态变化的特征，因而决策部门不得不通过以动态化为特征的新型决策模式来有序展开治理实践。数字治理中的大数据，不但可以精准地折射事物背后的潜在演变规律，而且具有动态更新的特性，此类数据的精确程度能够抵达分甚至是秒的程度。各类数据信息更新速度之快，使得决策者能够更为及时精准地捕捉事物的演变动态，缩短各项决策工作的周期，以此强化决策过程的有效性，极大提升治理过程中政策的精准灌溉。但需要指出的是，数字治理兼具动态与静态两种形式。在展开数字治理实践时，决策人员可通过大数据手段来对特定对象展开横剖面式的研究，基于时间的递进顺序来分析数据的演变规律。在特定时间节点上展开的静态决策，共同构成了数字治理模式下的动态决策过程。

第四，实现治理风险的超时空预判。在数据采集技术不断更迭、处理技术能力持续强化的过程中，政府决策部门掌握的数据也随之增多，其能够基于已有的数据信息来展

---

① [英]维克托·迈尔·舍恩伯格，肯尼思·库克耶.大数据时代：生活、工作与思维的大变革[M].盛杨燕，周涛，译.杭州：浙江人民出版社，2013：39.

开"全景式"的观察，对特定决策事项进行有针对性的研究。这有助于强化决策内容的针对性与预见性，同时提高决策过程的科学性，弱化因信息不对称而存在的决策风险。

另外，对于决策部门来说，数字治理模式有助于弱化治理过程中的不确定性，使其朝着可控的方向发展。比如，数字治理在公共安全事件感知和预警等方面发挥着重要作用。人们在上网过程中会留下观点、行为、情感、足迹等记录，由此产生了海量的数据信息。对微信平台、新浪微博和网站上的各类数据资料进行收集和存储，并展开情感、知识图谱以及时空关联等维度的深入剖析，借此生成人的脸谱，并产生事态之间的联系网络，从中挖掘出一些潜藏的舆情并预测其发展态势，提前介入处置，有效化解负面舆情，以此来降低社会安全事件发生的风险，从而对公共事件进行提前预判。还可以通过互联网、传感器以及物联网等各类新兴设备来整合各路信息，生成专门的数据库，通过虚拟呈现的方式对现实社会进行"数字镜像化"的处理，以全面的视角折射真实的日常生活。决策人员可借此对社会状况展开"镜像化"的深入研究，打造可用在宏观调控、市场监管、公共服务、社会管理以及环境保护等一系列应用场景中的相关模型。[①]因此，数字治理可通过大数据分析平台来对庞大的数据信息加以深入分析，从大量的数据信息中发掘其背后的潜在关联，并对其发展动态加以预见，如此便能够更为精准地了解事物的变动规律，更具针对性地解决各类社会矛盾、应对自然危机。比如，交通管理部门可通过大数据手段，借助物联网等设备来展开综合监测，据此了解辖区路面在特定时间范围内的毁损程度、地形变动规律、油气管道的安全水平等，如此便可展开针对性地预判，事先就各类可能出现的隐患制订防护方案，以此最大限度地保证交通安全。一言以蔽之，数字技术能够对各个领域的相关数据展开关联性分析，从而建立风险识别系统、风险驾驭要则和风险监控措施，帮助决策部门将风险治理的不确定性向着可控性转变。

综上所述，数字治理赋能国家治理现代化，不仅推进了政府决策科学化、社会治理精准化、公共服务高效化，也为人民群众了解公共事务、参与社会治理提供了更透明化、平等化的新渠道，同时也为政府提供了实时了解群众思想动态、把握舆情的技术手段，从而为建构共建、共治、共享的社会治理共同体提供了重要的条件。

（二）数字治理赋能人民美好生活

第一，数字治理及时准确把握人民群众现实需要。党在十九大报告上强调，在中国

---

① 翟云，程主.论数字政府的"大问题"：理论辨析、逻辑建构和践行路向[J].党政研究，2022（1）：107-118.

特色社会主义新时代的语境下，我国所面临的主要矛盾目前是人民日益增长的美好生活需要和不平衡不充分的发展之间的矛盾。[①]在数字技术日新月异、数字经济一日千里的当下，人民的"美好生活"需要的内容将更加广泛与多变。随着人民需求的渐趋广泛，人们一方面在物质文化生活方面有了更为丰富的需求，另一方面在民主法治、公平正义以及安全环境等维度上的要求也随之提升。[②]科学准确地把握人民群众多样化、多层次、多方面的需要，是赋能人民美好生活需要的前提与首要环节。数字治理有助于决策者科学把握人民群众的真实需要，充分了解发展不平衡不充分的状况，使决策更加精准化，让"发展为了人民"更为具体与直接。

首先，数字治理能够更好掌握全体人民群众的真实需求。数字治理所参考的已经不再是沿用传统调查模式而产生的小数据样本，其主要是折射事物发展总体面貌的庞大的数据资源。如此庞大的数据样本有助于治理主体最大程度地脱离以往小数据时代下的种种不足，避免过分偏重于局部、数据研究系统性不足等弊端，而是着眼于全面的综合数据，以此强化决策内容的针对性与预见性。大数据一方面在数据规模上极为庞大，另一方面还表现出生成与传播效率高、形式丰富、客观性突出以及可靠性高等一系列优势。通过人工智能系统来对大样本展开实时动态处理与深入分析，得出的结果自然也更加接近于事物的真实面貌。数字治理还能把群众实践的各类数据展开关联性地分析，并对其加以智能化预测，在这一过程中调动认识、预测以及决策这三大关键节点，基于此可以对人民需求进行较为准确的识别，更加有利于解决实际问题，并兼顾来自各个阶层以及群体的真实诉求。这种模式摆脱了既往问卷调查或传统形式的现场走访的种种限制，突出了样本所具有的全对象性的特征。

其次，能够及时了解人民群众急愁难盼的问题。数字治理能通过各种平台汇集民意，更便于倾听民声，把群众最需要、最盼望的事情办好，兜底民生工程，补齐民生短板。数字治理让政府与人民群众能够建立起更紧密的联系：一方面，借助数字治理平台，人民可以通过多种渠道表达自身的利益诉求；另一方面，政府依托数字化平台或对网民的网络记录进行追踪，对检索和点击频次较高的议题进行排序等，分析多类型数据、把握多层次需求，即时、全面地了解群众的利益诉求。例如，通过整合线上网站、博客、新浪微博、微信及 QQ 等相关平台的数据信息，通过云计算技术以及现代统计分析等手段，来深入把握线上舆情、定位群众的思想动态和关注的热点。这一点和党的十九届四中全

---

① 习近平.习近平谈治国理政：第 3 卷[M].北京：外文出版社，2020：9.
② 党的十九大报告辅导读本[M].北京：人民出版社，2017：11.

会所作的呼吁相符，即大力展开普惠性、基础性以及兜底性的民生建设工作，积极为人民群众的基本生活提供保障，顺应群众多元化的生活需求，使广大群众共享改革发展所得的成果。①真正做到了"民有所呼，我有所应"。

质言之，数字治理有助于决策者深入了解群众的真实诉求，把握社会的舆情动态，实时察觉新时代语境下社会存在的新矛盾、新需求、新表现。②第二，数字治理提供个性化精准公共服务。数字技术的飞速发展，让人的个性化和多样化需求得到满足。人性并非是机械化的模板，"它毋宁像一棵树，需要生长并且从各方面发展起来，需要按照那使它成为活东西的内在力量的趋向生长和发展起来。"③数字治理可以提前预测和提供服务对象所需的各种服务，从"大水漫灌"向"精准滴灌"的"精细化治理"转变，可以提升各类社会服务的精准供给能力，生动体现数字治理"致广大而尽精微"的治理效能，更好满足人民对美好生活的需求。

智能化极大地提高了数据分析、社会治理、公共服务等事项的精准程度。多元治理主体可借助智能化手段来对各类数据进行整合与解析，把庞杂的数据网络转化为活数据，使其渗透在社会治理的各方面。例如，医疗卫生服务行业可从不同的方面出发来收集个人健康、就诊记录、职业类型以及行为倾向等各类数据信息，由此就个体的实际情况形成一个综合的个人健康状况数据体系，并基于此提供个性化的智慧医疗服务。

对特殊人群的公共服务，数字治理能克服其中的供需不对称，避免供给不足或无效的情形。以关爱留守儿童为例，政府可面向广大留守儿童群体展开摸底排查，构建相应的数据系统，据此优化现行的政策体系，提高政策设计合理性的同时，实现更高的帮扶效率。由于各个地区之间的实际情况存在巨大差异，因此只有以"全景式"的数据为依据，才能因地制宜地给出合理的解决方案。养老服务方面的精准供给也是同理，政府可打造专门的行业管理信息化平台，平台上的数据应覆盖从国家层面到地方各级的老龄群体信息，以此来对整个社会的养老工作展开综合研究和统筹管理。除此之外，供应商可借助物联网以及互联网手段来对已有的老龄产品进行更新升级，同时借助信息化的应用来革新现有的养老服务，以"全景式"数据信息为基础打造线上老龄产业集群。另外，在面向残障群体提供社会服务的过程中，可依托大数据技术、云服务手段等现代工具来归总残障群体的基本资料、现有服务、实际需求以及服务管理信息，据此构建以"四位

① 彭亚平.治理和技术如何结合：技术治理的思想根源与研究进路[J].社会主义研究，2019（4）：71-78.
② 李锋.运用大数据提升国家治理现代化水平：以新时代人民对于美好生活需要的大数据分析为案例[J].电子政务，2018（5）：64-73.
③ [英]约翰·密尔.论自由[M].许宝骙，译.北京：商务印书馆，2014：70.

一体"为特征的现代信息服务管理平台，为老年群体提供精准的服务。而对于精准扶贫工作来说，怎样精准定位贫困地区以及贫困群体，是实现精准扶贫的重点和关键所在。因为农村群体呈现出高度分散的特点，要想通过上门登记的手段来对其贫困状况——核实颇为困难，且存在信息盲区。数字治理则可借助对银行存款数额、贷款信息、消费资料等各类数据的综合研究，来精准定位贫困群体，并对其提供相应的帮扶。

第三，数字治理提升政府民生服务能力。习近平强调，建设人民满意的服务型政府，通过大数据手段来实现"互联网+教育""互联网+医疗"以及"互联网+文化"等，提高办事效率与公共服务能力，打造精准、亲民的公共服务供需关系，提高人民的幸福感、满足感、获得感。以我国为例，党的十八大以来，中国政府通过对数据的整合与高度共享，在技术层面、业务层面、数据层面实现高度融合，以此提供跨越不同层级系统、地域空间、政务部门以及业务类型的协同治理体系。各个地区积极打造相应的政府服务平台，使得既往"群众来回跑"的办事模式转变为"部门协同办"，有效地强化了群众对政府的认同感和信任度。全面推行的"一号申请"、"一口受理"和"一网通办"的服务模式，极大提升了政府的民生服务能力。数字治理使政府部门走出了既有的"数据孤岛"、优化了业务流程以及原有的组织架构，通过"政务服务一网通""城市运行一网统管"等创新实践，建构了权责分明同时又高效运作的数字政府。

目前，以国家政务服务平台为总枢纽的全国一体化政务服务平台已初步建成，三千多家政务服务中心正不断加速在后台展开系统整合以及数据共享的工作，政务服务能力极大提升。如浙江省展开的"最多跑一次"的改革，湖北省的"村民办事不出村"的改革等，都可见政府在政府服务上成长和革新的潜力。数字政府通过对数据进行高度归总与共享，致力于打造各种类型的政府服务平台，渐趋朝着以一体化、移动化以及共享化为特征的"三化"的方向发展，既满足了人民的需求，给人民带来便捷；也体现了我们党立党为公、执政为民、践行全心全意为人民服务的根本宗旨，可见我党始终着眼于群众的真实需求，将满足人民群众对美好生活的需求视为奋斗目标。无论是市民热线接诉即办的特点，还是政府服务工作中的"好差评"记录等，都可见数字治理模式背后"以人民为中心"的价值理念。

此外，通过智慧城市的打造，数字治理在社会工作上朝着精准治理的方向发展，积极构建多元主体协同参与的治理模式。例如，就教育工作而言，我国积极打造网络信息平台，以此来促进家、校双方的实时互动，以此来降低流动人口所面临的子女教育方面的风险。在展开医疗卫生工作时，则基于医疗健康架构来生成相应的大数据信息系统，以此对包括药物信息、医疗器械以及诊治记录等相关数据加以共享，以此提高医疗机构各项流程的公开化程度，强化医疗服务和健康管理方面的水平。在展开环境保护工作时，则可借助卫星遥感技术来打造专门的数据采集与传输系统，以实时了解特定地区的生态信息。在展开交通运输管理工作时，可借助卫星导航技术以及地面智能交通系统等来把握各个地段的实时交通动态，对其进行统筹管理。通过智慧化的手段来顺应人民群众在公共服务方面的实际需求，提高人民的获得感和幸福感。

二、数字治理赋权多元治理主体

在小数据时代，受数据获取技术条件的限制，信息不对称现象普遍存在，使得只有政府部门和特定的工作人员能够掌握一定的数据资料，除此之外的其他人员很难具备同样的权力，参与决策便更是无从谈起。数字技术的出现，"使得任何一位具备信息技术素养的主体都能成为信息的生产者、传播者"。[①]这无形当中为各类社会主体参与到国家治理的决策当中提供了重要基础。数字治理对个人和组织发挥着显著的"赋权"功能，提升了治理主体的协同联动能力，改变了治理主体的权力关系，推动了多元协同治理格局的建构。

第一，重塑政府在治理中的角色定位。数字治理创建了平台型治理的新模式，它基于"政府即平台、人民即用户"的全新构架，形成了平台主体、供给主体、需求主体的多元联动模式。作为平台主体的政府，其一，提供基础设施、核心应用、制定基础性规则成为首要责任。政府提供各方所需的信息，人民可以通过信息获取、传递、表达参与治理，获得公共事务的知情权和监督权，从而强化人民参与治理的能力与活力。其二，政府掌握平台建设主导权。数字平台这一新型基础设施包括数字底座和依托数字底座开发的各类应用程序。其中，数字底座包含数据采集、分析和智能控制等基本功能，它支撑各类治理场景的数字化应用开发。一旦建成，随着数字底座使用者的增加，政府会因不断丰富的数据资源而循环累积竞争优势。所以，数字治理中以基础设施为主体的数字底座有着突出的公共性和自然垄断倾向，这要求政府在其中掌握建设和运营的主导权。

此时，政府不再是传统意义上的支配者与控制者，而成为主导者与推行者。通过平台化的数字政府模式，形成了以公共服务平台为核心的数字治理运行机制，通过跨区域、

① 沈费伟，诸靖文.数据赋能：数字政府治理的运作机理与创新路径[J].政治学研究，2021（1）：104-115.

跨层级、跨部门、跨业务的数据共享开放体系，推进治理全要素、全场景的可视化、协同化，切实做到"一网通办""一网统管""一网协同""接诉即办"等。这突破了物理时空的阻隔和限制，实现了跨部门横向协同、跨层级纵向整合、跨区域边界协作、跨公私领域合作的治理创新，推进了政府内部协同与公私协同的扁平化、开放式的整体性治理，形成一种政府、社会与人民之间多元、即时互动的治理模式。基于此，政府的首要职责不再是"发号施令"，而是要注重行政权力与其他治理主体权利之间的互动，还应当注重行政权力在协调各治理主体权利互动中的作用。特别需要注意的是，数字政府有别于企业数字平台，公共性是其基本属性。因此，作为平台主体，政府必须承担起必要的责任与义务，以公共性为目的，而非为获得收益。因此，在数字治理的平台化治理模式下，政府必将走出"以政府为中心"的治理视域，进入多元主体间的交互境地，为"以人民（终端用户）为中心"，重塑政府行政、社会协同与人民参与的方式，从而实现政府去中心权力，其他主体都被赋权。

第二，数字治理赋权数字平台企业。在政府平台建设和运行过程中，政府囿于自身数字资源与技术能力的有限性，会通过购买服务，对外发包等方式，吸纳科技公司与企业参与平台建设。这些数字平台企业通过平台管理、算法设计、数据分析、技术维护等方式，能够或隐或显地参与行政决策、分享部分行政职责。在公私合作过程中，政府授权合作企业开发用于公共服务的"技术性产品"。为使企业提供的产品获得公共性与合法性，政府将部分管理权或主动或被动地让渡给企业，以使得这些产品具有制度规范、强制约束等特征，从而成为一种"公共产品"。因此，通过政府部门的赋权，企业开始拥有部分公权力。例如，平台企业以其所拥有的技术能力和数据资源优势为基础，为网络空间中社会交往或市场交易制定各种规则及解决纠纷的机制。如此一来，平台企业获得了类似于传统治理主体权力效用的"准行政权"。

第三，数字治理赋权人民参与。数字治理能够通过对人民的技术赋权，构建政治参与新平台，拓宽人民群众参与政治的渠道。其一，数字技术拓宽了人民参与国家治理的广度。数字治理突破了人民民主的具体时空限制。数字技术的普及使得技术福利可以直接为人民所用，通过远程操作或语音通话等技术手段，人民无须亲临现场，就可以打破自然因素的限制与干扰，全天候、长时段、跨地域、低成本地参与到民主选举、民主协商、民主决策、民主管理、民主监督的各种民主治理环节中。其二，数字技术拓展了人民参与国家治理的深度。数字技术大大提升了人民对治理的信息获取度、清晰度和完备度。人民可以通过网络自媒体、微信、微博等社交软件获得信息、参与表达和采取行动等社会实践方式，提升自身参与能力，完成自我增权，自主参与并影响社会生活和国家治理行为，真正获得更多参与国家治理的能力和机会。随着诸如 5G 等移动互联网技术延伸到普通人的日常生活之中，政府同个人、精英同草根之间的话语权和影响力也将进一步重置。个人意见可以即时同各地的话题参与者互动，并汇聚成网络舆论，共同形成强大的现实影响力，扩大人民参与深度。其三，数字技术提升了人民参与国家治理的效度。通过建构各类政民互动数字化治理平台，提供更为畅通的人民参与渠道。相较于传统治理模式的仅囿于告知、咨询层面的弱参与能力，数字治理中各级政府通过官方网站、政务微博、微信和移动政务终端等，将政务信息实时公开，在满足人民群众知情权的同时，也实现了人民对公权力运行的实时监督和制约。有关民情民意的资料也可以通过数字平台提前传递到人大代表、党政干部手中，为其决策制定留有充足的时间，避免出现"敷衍了事""走过场"的现象。个人也能够以线上互动的方式对相关问题进行即时性问答，以此拓展民主参与的效度。其四，数字治理提高了人民参与国家治理的能力。借助大数据交互平台，人民群众能够了解来自其他主体的观点和方案，尤其是来自专家的观点和意见、决策落实部门的意见反馈等。这样能对自己现有的信息进行补充和修正，提高其政治素养与能力，使其更为积极地投入到数字治理中去。

第三节　"数字利维坦"风险的产生及其影响

数字治理是新兴数字信息技术与国家治理的融合。当下，数据、算法成为关键与核心资源，与之相应，数据的收集能力、算法的编写能力与应用软件的研发能力成为数字时代生存的核心竞争力。当数字技术及其数据产品这一新型物质形态能够帮助国家提升内部治理效能和对外竞争实力时，国家权力就会不遗余力地将权力运作数字化。数字技术编织后的镜像化权力能够大幅提升国家权力的运作效率，达到更好的治理效果。但科学技术的双面性使数字治理面临着技术脱驭的"数字利维坦"风险，遮蔽了触达人群的主体性，使本应为人的主体性提升创造和提供必要条件，促进人的自由全面发展的数字治理反噬人类自身，从而引起数字治理价值的异化。

一、"数字利维坦"风险的产生

（一）从"国家利维坦"到"数字利维坦"

自霍布斯的名著《利维坦》问世以后，"利维坦"成为强势的国家（政府）的代名词。①可以说，在现代性的逻辑叙事中，"国家利维坦"的产生原本就是为了实现人们对更加美好和安全的生活的向往。然而，现实却是，"国家利维坦"在赋予现代社会以更加理性的秩序感的同时，却也在不断压缩着人类的自由生存空间。比如，人们一方面离不开由强大的"国家利维坦"带来的"和平与安全"价值；另一方面又越来越难以驾驭"国家利维坦"本身，成为其反噬的对象。正是在此意义上，"利维坦"被广泛指代那些由人类自己创造出来，却反过来脱离人类控制的主体性力量。

在人类现代化历史进程中，如何驾驭"国家利维坦"，一直是世界各国在国家治理领域的中心议题。其中，典型的，如西方国家，在早期通过设置三权分立、宪政法治等规则企图从国家共同体内部对"国家利维坦"进行合理规制，此后又通过公民社会的发展、打造福利国家与强化社会共治相结合的思路，尝试对"国家利维坦"进行有效限制。与西方国家基于社会改良的方式不同，我国对于现代化过程中"国家利维坦"问题的应对是根源性的。中华人民共和国建立伊始即宣布，国家性质是人民民主专政的社会主义国家，尤其是改革开放以来，中国共产党领导全国人民进行社会主义建设，从"三个有利于""三个代表"重要思想、科学发展观到新时代"以人民为中心"的发展，都彰显国家政权是代表最广大人民群众的根本利益的，从而从根源上消灭了"国家利维坦"在社会主义中国兴风作浪的可能性。

21世纪以来，随着新信息革命的日新月异，数字技术为"国家利维坦"的有效治理提供了新的思路和启迪。但数字化的速度超乎人们的想象，"大智云区"等新一代信息技术的广泛使用，使人们在复杂的数字技术面前"受缚于数字"之感悄然而生。在数字时代，数字技术犹如脱缰之马，在为"国家利维坦"治理贡献新的希望的同时，自身却又逐渐演化成一种新的利维坦——"数字利维坦"。它集中反映了当下人类被数字技术奴役的社会现实，"数字利维坦"渐有取代"国家利维坦"而成为凌驾于人类之上新的权力主宰的趋势。正如有学者指出的："科学从原本温文尔雅、带领人民走出黑暗时代的'赛先生'，变成了带领人们急速驶入未来世界、力量极其庞大却又找不到方向的巨

---

① [英]霍布斯.利维坦[M].黎思复，译.北京：商务印书馆，1985：引言.

型怪兽——利维坦。"①

（二）"数字利维坦"风险的形成过程

数字技术作为人的本质力量的对象化，作为数字时代人类"一般智力"②的核心要素，在应然状态下，应是更好地为人类的生存和发展服务；然而人类又怎么会被反禁于"数字之网"生成的"数字利维坦"呢？正如马克思所指出的："同机器的资本主义应用不可分离的矛盾和对抗是不存在的，因为这些矛盾和对抗不是从机器本身产生的，而是从机器的资本主义应用产生的。"③因此，"数字利维坦"不是源于数字技术本身，而是源于数字资本的介入。数字资本是数字时代资本的新形态，是一种利用数字技术和数据等生产要素实现剩余价值增殖的资本。一旦数字技术被数字资本掌控，数字技术就不仅是"一般智力"的体现，更是作为固定资本的形式存在，从而在资本逻辑的支配下，为生产剩余价值和替代劳动者所使用。因而，其必然发展为一种异己的、统治人的力量，开始控制并奴役人类，生成"数字利维坦"。当前，"数字利维坦"已经成为一个全球性的问题，资本主义国家存在着明显的"数字利维坦"现象。与此同时，随着经济的全球化和数字社会的发展，数字资本不断扩张，"数字利维坦"效应逐渐外溢，也在一定程度上给我国带来影响。

随着数字技术的幂数式发展与应用，数字资本逐步成为资本运作的核心，通过数字化方式精准掌握各种数字资源，操控人类的社会生产和生活。数字社会将量化思维植入人们头脑，依靠虚拟平台、海量数据和算法技术将生产和生活数据化、智能化。在这个"一网"打尽万物的时代，一切具象都在重构，一切价值都在重塑，仿佛"人生的每一步都在创造价值，每一次心跳都是财富，每一次呼吸、每一个悲喜都有商机，每一缕乡愁都可能被'众筹'"。④总之，在数字资本的控制下，人类社会的生产活动、消费活动、思维方式和行为习惯都被数字化和量化，以满足数字资本无限增殖的本性诉求。

一方面，数字资本通过建立数字平台（如社交媒体、网购平台等）收集用户的信息，并对收集到的信息加以整合和分析，生产出数据商品，再利用大数据算法等方式进行测

---

① 高奇琦.人工智能：驯服赛维坦[M].上海：上海交通大学出版社，2018：280-281.
② "一般智力"是指社会总体智力，并通过科学技术外化为社会生产力，这种"一般智力"既包含着科学知识和技术，也包括运用知识和技术的综合能力.中共中央马克思、恩格斯、列宁、斯大林著作编译局.马克思恩格斯文集（第 8 卷）[M].北京：人民出版社，2009：198.
③ 中共中央马克思、恩格斯、列宁、斯大林著作编译局.马克思恩格斯文集（第 5 卷）[M].北京：人民出版社，2009：508.
④ 刘广迎.重塑智能社会的未来图景[M].北京：中国工人出版社，2019：29.

算，从而实现对社会成员的精准推送、精准生产以及精准销售，从而实现资本增殖。这一过程中，所有平台用户生产的各种数据被数字平台无偿占有，成为剩余价值的来源。因而，数字时代，虽然商品生产方式和销售形式有所变化，但这只不过是数字资本隐藏劳动剥削的手段，是通过物化的数据关系来遮蔽网络用户与数字平台之间的无酬劳动和剩余价值的创造，即以物与物的交换关系掩蔽人与人的真实社会关系，并没有改变数字资本的逐利本性与增殖逻辑。数字平台仅仅需要付出少许数据处理与存储维护的代价，就能够轻易攫取互联网劳动者创造的剩余价值，这样一来，就伪造了数据资本能够自行增殖的假象；而数字劳动者往往因为平台提供了社交、学习、购物以及出行等日常生活方面的便利，能使其轻易收获感官上的真切体验，快速满足物质需要和精神需求，而心甘情愿地被数字技术和数据商品控制。在数字资本的控制和影响下，各个数字平台皆能借助大数据分析技术和"牧领能力"，对数字劳动者实施行为监控和思想塑造，以服务于资本增殖需要。人类所有的行为方式和社会活动都会被数字化，未来社会的发展趋势和每个个体的行为方式与数据紧密联系，数字资本甚至可以随意控制人类社会的整体走向以及社会关系的发展，整个社会似乎都处在一种神秘的网络力量支配之下。

另一方面，数字资本控制着数字生产力和生产关系的发展。数字资本利用数字技术推进社会生产，通过"数字雇员"的生产方式继续获得剩余价值、积累数字资本，数字技术成为资本获利的工具。资本获取利润后，再注入到新的科技研发和人才培养中去，继续为资本获取利润和生产剩余价值服务。在这种情况下，即使是发明和运用数字技术的"数字雇员"也会被自己发明和生产的数字产品、数字服务所控制，他们表面上是操控智能设备和数字平台的建构者，实际上却是被智能设备和数字平台等数字技术所裹挟的"劳工贵族"。他们需要长时间神经紧绷地面对各种层出不穷的数据和信息，以至盯着屏幕的双眼日渐模糊，不间断点击鼠标的手指弯曲变形，深夜里极度疲惫的大脑还在运作。不仅如此，数字技术还打破了过去传统的时空界限，使得劳动与休息的边界逐渐模糊起来。人们可以在家中、咖啡厅、书店甚至是地铁或高铁上利用手机和笔记本电脑等工具随时随地办公，并通过大数据、信息系统和数字平台等数字技术随时获取和交流数据信息，劳动不再拘泥于固定的时间和地点，数字资本借助数字技术和数字平台开始以更加隐蔽的方式加深对劳动的剥削和奴役，并迅速积累和扩张。

由此，数字资本以数字技术的可操作性，将所有人和物拴在资本的链条上。伴随着数字资本不断扩张，"数字利维坦"逐渐形成并加深，数字技术逐渐成为控制人类社会生产和日常生活的主体，成为一种异己的、敌对的、统治人的力量，人反而成为被机器统治的奴隶。人的劳动在生产实践中可以被替代，人类本身也被简化为数据信息或数字符号。即今天，人们的数据就是人们的一部分。[①]每个人被物化、数字化，失去了自身的特质和个性，既可以被记录、衡量、评价和操纵，也可以像"机器"一样被修理和管制。如马克思所描述的："技术的胜利，……似乎结果是使物质力量成为有智慧的生命，而人的生命则化为愚钝的物质力量。"[②]

二、"数字利维坦"风险对人的主体性的影响

当人们用"利维坦"来形容数字技术时，通常意味着数字技术成为脱缰的野马，手握缰绳的主体本应操控它，但人反而演变为数字技术与数据的"奴隶"，"需求、愿望、生活标准、闲暇活动被同化，政治也被同化。"[③]数字技术异化的数据至上、算法宰制、平台垄断等，弱化了人的主体地位，消磨了人的自觉自主性，妨害了人的自为性，使人类面临着被"数字利维坦"湮没的主体性危机。

（一）数据至上，弱化人的主体地位

恩格斯曾指出："个人的或国家的一切交往，都被溶化在商业交往中，这就等于说，财产、物升格为世界的统治者。"[④]这一论断同样适用于今天的数字社会。数字技术为人类生活创造出前所未有的可量化维度，"一切皆可量化"成为数字时代人们普遍尊崇的信条。人被打包成数据的集合，人与人的交往转换为数据交往。人们在沉醉于数字技术强大的收集、分析和预测能力及由此而创造的丰厚经济利益和社会效用的同时，也在不断把自身的思想、情绪、心理、情感、态度、行为、道德等都还原为数据，从而变成可分析与可解构的对象。由此，数据成为世界的统治者，"流量"成为衡量"万物的尺度"。从前，人们相信专家、权威，如一个作品的判断往往需要参考专业人士的意见，而在数字时代，情形显然发生了改变，专业人士的意见和权威依然在特定领域奏效，但

① Colin Koopman.How We Became Our Data：A Genealogy of the Informational Person[M].Chicago：The University of Chicago Press，2019：30.
② 中共中央马克思、恩格斯、列宁、斯大林著作编译局.马克思恩格斯文集（第2卷）[M].北京：人民出版社，2009：580.
③ [美]赫伯特·马尔库塞.单向度的人：发达工业社会意识形态研究[M].刘继，译.上海：上海译文出版社，2016：27.
④ 中共中央马克思、恩格斯、列宁、斯大林著作编译局.马克思恩格斯选集（第1卷）[M].北京：人民出版社，1995：35.

是在更广泛的网络世界，人们开始依据"数字"元素断定一件作品的优劣，如"播放数"和"点击数"。至此，数字的标准开始取代人的标准而成为对事物进行评判的依据。在大数据所呈现的规律性认识面前，人们不再信任权威机构与专家系统，而是信赖以数字技术与数字信息为支撑的个体式解读。从本质上看，这种现象就在于人们对数字技术的盲目崇拜，使得自身的批判意识和反思精神消散殆尽，以至于人们越来越依赖数字。

人们开始从"相信数据"转变为"崇拜数据"，从"运用数据"最终陷入"数据旋涡"之中。这种数据崇拜观念或"数字拜物教"意识，是"数字利维坦"在意识形态层面的具体表现。它作为一种意识形态能够成为渗透生产生活各领域的世界观、价值观和方法论，从而统治人的观念、控制人的行为，是一种与人的自由意志相悖的异化力量，使人日益依附数据而丧失其独立的主体地位。在"数字拜物教"的信徒看来，其判断自身健康情况的依据不是具体的身体感受，而是呈现在各种可穿戴设备上的数字信息，如脉搏跳动次数、血压、睡眠时间长短等。这样一来，健康数据就成为断定一个人是否健康的标准，个人对身体的主体意识则被无情忽略。

人们受到"数字"的诱惑，在数字世界中获得虚假的满足感，忘记了真实的自己和生活，由"现实的人"变为数据化的虚体人[①]，人的实践活动虚体化为数据交往。在数字时代，人们社会生活的各方面都被吸纳进由数字技术构造的智能体系之中，人们事实上已经无法离开这个体系，一旦离开，人们就必然陷入孤岛状态，内在精神世界也会随之坍塌。一言以蔽之，数字化为当今时代的一起本体论事件，似乎"我们的生命只有附着在这个数据平台上才能获得意义，甚至才能被看见。"[②]拒绝数字体系就会沦落成为时代的"异类"，这是主体异化，人的主体地位受到根本冲击的突出体现。尼古拉斯·尼葛洛庞帝直接指出："计算不再只和计算机有关，它决定我们的生存。"[③]为了获得更多的剩余价值，数字平台会采用更具迷惑性的数字应用场景设置来吸引用户，诱导用户延长在线时间。

以抖音短视频平台为例，抖音短视频平台通过简单直观的设计要素，对短视频进行一定的技术加工，促使人们在观看视频的过程中获得快感，提升用户的沉浸式体验，最终形成上瘾体验。人们每天越来越沉迷于利用碎片化的时间来刷视频、刷微博等，数字

① 虚体是数字网络最基本的存在单元，在数字网络中，只能通过虚体来参与到数字化的交往中，但是虚体与实体之间并不存在严格的对应关系，虚体概念打破了人与非人的界限，自然个体可以成为虚体，非人的程序也可以作为虚体参与到数字化界面的交往。蓝江.一般数据、虚体、数字资本[M].江苏人民出版社，2022：106.

② 蓝江.数字异化与一般数据：数字资本主义批判序曲[J].山东社会科学，2017（8）：5-13.

③ [美]尼葛洛庞帝.数字化生存[M].胡泳，范海燕，译.海口：海南出版社，1997：15.

资本对于人们的精神压榨在不经意之间无限拓展。人成为受资本控制的提线木偶，卷入数字异化的旋涡之中，难以实现自由而全面的发展。未来学家阿尔文·托夫勒就指出："未来生产和生活方式的核心是网络，谁控制了网络，控制了网上资源，谁就是未来世界的主人。"①沉迷于数字魔力制造的幻境中的人们，甘愿受数据的支配与控制，其独有的社会本性也在无休止的各类应用程序中被消磨殆尽，最终会成为数字世界中的一枚"数字符号"，听凭数据的摆布，人类的主体性地位将受到根本性冲击。

（二）算法宰制，消弭人的自主性、自觉性

当前，在数字治理体系中，智能算法具有举足轻重的地位，是数字赋能机制的集中体现和技术载体。随着强人工智能的发展，人类可以创造出比自身更了解自己的算法。算法像一只无形的手，于无声处完成了对于各类社会资源、公众行为，甚至是社会秩序的重构；通过一系列的分析算法，数字治理平台能够将原本碎片化的原始数据进行自主的处理和分析，从而替代了原本由现实的人进行选择、判断与预测的权利。从这个意义上说，算法有一定的能动性，具备强大的支配力、控制力和影响力，算法权力由此而生。它知道人们的欲望，操纵人们的情绪，甚至替人们做决定。正如"我们多数人每天都使用算法，我们每天统治算法并且我们每天也被算法统治。"②随着数字技术的日新月异，数字平台能够获取的数据信息越来越丰富、越来越全面，这样平台就可以通过算法的设计来彰显其行为逻辑和权力意志，如一些企业往往利用大数据来分析和预测市场需求状况，诱导消费者消费等。算法杀熟、算法歧视、算法合谋、算法推荐等都是算法权力外溢的"利维坦"风险，个人的自主性、自觉性完全被算法所限制和捆绑，创造性与超越性被消磨。

"现实的人的生活样态明确地呈示了人与生活诸要素的同一程度，侧面体现着人发挥自主性的充分与否。"③而在网络空间，算法权力占绝对权威，网络空间架构与规则都由算法决定。用户在互联网上能发布什么或不能发布什么，或者用户能看到什么或不能看到什么，都是由算法来决定与规制。这就在不知不觉中剥夺了每个人进行自主选择的机会。

---

① [美]阿尔温·托夫勒.权利的转移[M].刘红，译.北京：中共中央党校出版社，1991：269.
② JonathanRoberge&RobertSeyfert, WhatareAlgorithmicCulture?InRobertSeyfert&JonathanRoberge（eds.），AlgorithmicCultures：EssaysonMeaning, Performance&NewTechnologies[M].London：Routledge，2016：18.
③ 田旭明.数字社会的主要伦理风险及其应对[J].中州学刊，2022，（2）：87-93.

算法对人的自主性的消弭，往往内嵌于数字平台的技术设计之中，以一种"公平且自由"的隐蔽形式表现出来。如以"外卖骑手"为代表的平台零工，其被置于一套以劳动数据为核心，网罗准点率、晚点率、投诉率等诸要素集合的多样化评价体系。①经由这个严密且意向性明确的数字之网，人们被划为不同等级。吉莱斯皮将这种受到差序格局式管理的劳动人口称为"算数型工人"②。在算法介入下，劳工组织机构管制愈加细致入微，劳动过程被划分得更加精准，"算数型工人"发挥自主性的空间遭受蚕食。以某外卖送餐平台为例，由于算法技术的"分割"，平台零工不再具备身体机能上的完整性，他们的机体存在是以局部性、机械性，而非完整性、自主性存在的。③平台零工被划分成从"普通骑士"到"神骑士"七个不同的"骑士等级"。④这样一来，平台利用算法设计出极具激励性和诱导性的奖惩机制，利用这套机制平台能够对网约工人实施最严苛的人身管理，最终使得工人的劳动演变成机械性劳作，与此同时工人的自主性也被进一步消解。

从表层指向看，人们似乎能够从数字世界获取任意自己想要了解的信息，去构建虚拟空间，然而事实却是，数字平台已经通过智能算法预设和规定了个体所能接触内容的边界。因此人类就有可能生活在数字威权和数据依赖中，桎梏其自由意志。例如，在大数据精准营销过程中，消费者丧失了自主选择消费对象的能力，因为商家通过无孔不入的数字营销，对消费者的偏好进行分析、推荐潜在商品、引导消费心理，使消费者完全陷入被动选择之中。当"算法替代人类智慧成为至高权威，世界就不再是人们能够自主地做出正确选择的时代剧场。社会日渐被视为是一个数据洪流，每一自然有机个体或系统都只不过是一套生化算法罢了。"⑤算法推荐与决策不仅削弱人的主体性，也降低人们深度思考问题、分析问题以及解决问题的兴趣和能力，弱化人的自觉性。正如马克思所指出的："工人变成了机器的单纯的附属品，要求他做的只是极其简单、极其单调和

① 李营辉.被算法裹挟的"裸奔人"：新就业形态下网约工群体劳动权益调查[J].中国青年研究，2022，（7）：12-19，39.
② 'The Relevance of Algorithms'[A]，Gillespie，T.，Boczkowski，P.J.，Foot，K.A.，(Eds.)Media Technologies：Essays on Communication，Materiality，and Society[C]，Cambridge[M].MA：MRT Press，2014：167-194.
③ 邹琨，程柏华.马克思主义视域下的技术权力与规制[J].自然辩证法通讯，2020，42（2）：103-109.
④ 孙萍."算法逻辑"下的数字劳动：一项对平台经济下外卖送餐员的研究[J].思想战线，2019，45（6）：50-57.
⑤ [以]尤瓦尔·赫拉利.今日简史：人类命运大议题[M].林俊宏，译.北京：中信出版集团股份有限公司，2018：2.

极容易学会的操作。"①例如，手机的输入法常常使人们忘记字词的具体写法，定位和导航系统常常使人们丧失对方位的判断和对位置的记忆，网络搜索常常使人们忘记知识的具体内容，这些都会使人们逐渐丧失学习和思考的能力。数字依赖使人们获取理论知识和运用理论知识的能力逐渐下降，丧失了人的自觉性和创造性，失去深度思考和分析的能力。

在大数据营销中，从购物平台的商品展示页排版到数字媒体的营销资讯轰炸，无不显示着数字算法对消费者需求的主宰，将商家的销售意志转换为消费者的"真实需要"。数字算法为这种诱惑性消费的非理性行为套上了"合理性"的外衣，但这种需求本质上就是马尔库塞笔下的虚假需求，"基于信息的目标营销和数据挖掘将激化对消费者欲望的操纵和诱导"。②窃取了用户目的性活动数据的大数据算法总能非常贴心地"告知网络用户"，这些商品是他们喜欢的、偏爱的、值得拥有以及有能力购买的，仿佛它比你更了解你自己。数字资本则通过虚假的物质需求享受消耗人们生产之外的大量时间和精力，由此削弱了人们精神的独立思考能力。马尔库塞对真实需要与虚假需要的区分充分揭穿了这一点："无论个人怎样与这些需要相一致并感觉到自己从中得到满足，这些需要始终还是它们一开始那样——要求压制的势力占统治地位的社会的产物。"③概而言之，数字空间所呈现出的自由自在幻象，与现实世界的规范和制约形成强烈的反差。人们沉溺于网络世界，淹没于无穷的信息当中，根本没有办法去甄别、筛选真正需要的信息，更不消说对信息进行自主利用。人们只能被动地接受各类咨询，成为数字算法宰制的对象，这样主体自身的真正需要和价值追求被进一步遮蔽，丧失了对客体对象进行评价的能力，更不用说去创设改造客体的条件。人的理性认知、理性判断和理性评价逐渐被数据消磨，个体不再有创造性与超越性，蜕化为"数字利维坦"下的臣民。

（三）平台垄断，妨害人的自为性

人的自为性意味着人的任何活动总是带有目的性或者按照人的某种需要进行的，为此，人们应该共享先进数字技术带来的数字红利以满足自身需要，从而使自己得到更好

---

① 中共中央马克思、恩格斯、列宁、斯大林著作编译局.马克思恩格斯文集：第 2 卷[M].北京：人民出版社，2009：38.

② MARK ANDREJEVIC.Surveillance and alienation in the online economy[J].Surveillance&society，2011，8（3）：278-287.

③ [美]赫伯特·马尔库塞.单向度的人：发达工业社会意识形态研究[M].刘继，译.上海：上海译文出版社，2014.

的发展。然而，当代资本主义正加速迈进数据垄断资本主义的新阶段。[①]其所呈现出的数据垄断态势与共享价值背道而驰，从而对主体的自为性产生巨大冲击。

首先，从物质层面来看，数字资本在技术的掩护下无偿地取走网络用户的劳动成果，网络本身的共享性被逐渐掩盖，蜕化成数字平台资本家实现垄断与攫取财富的工具。例如，社交网络服务网站免费或以极低成本对收集到的用户的数据信息重新进行分析、处理，从而"引导"资本主义再生产，实现资本增殖，而用户自己却从这些数据中得不到任何收益。不仅如此，数字资本平台企业利用数据优势达成双轮垄断，巩固垄断地位，独享数字红利。数字平台是数字经济的主要生产组织形式，以数据为驱动的数字平台占据了大量消费者数字信息，它们借助所占据的数据资源优势（包括数据收集优势、数据处理和应用优势），奠定了自身在数字时代的垄断地位。数字劳工、大数据杀熟等现象皆是数字资本这种垄断地位的后果和现实表现。然而，数据垄断还会引起社会"马太效应"的产生，使得处于数字社会弱势地位的群体更加边缘化，所分配的数字资源更加贫乏，直至沦落成为"数字奴隶"或"数字穷人"。

其次，从精神层面来看，平台资本的数据垄断可能产生"价值观寡头"现象，从而催生社会极化，增大社会贫富差距，使共享更难实现。马克思说过："一个阶级是社会上占统治地位的物质力量，同时也是社会上占统治地位的精神力量。支配着物质生产资料的阶级，同时也支配着精神生产资料。"[②]由此可以推断，当数字平台的垄断地位愈发牢固时，就会使得社会"精英化"趋势更加显著，少数精英群体完全主导社会的物质生产过程，并由此奠定其社会意识形态操控者的地位，即产生"文化价值寡头"现象。譬如，有美国学者调查分析发现，喜欢看福克斯新闻的观众在政治选举中更青睐共和党。[③]这充分表明新闻媒体会有意识地对受众进行价值观塑造。最典型的就是算法推送带来的"信息茧房"效应，这样就将自身桎梏在"信息茧房"之中。[④]进一步制约了主体自为性的实现。

数字平台可以根据用户的喜好对用户进行信息精准投放，用户感受到了比以往更为人性化的服务或者更熟知数据平台中的种种功能后，会在该平台上找到共鸣，从而将自己的生命嵌入到平台之中，成为平台的"忠实用户"。这样不但让个体在潜移默化中沦

① 黄再胜.数据的资本化与当代资本主义价值运动新特点[J].马克思主义研究，2020（6）：124-135.
② 中共中央马克思、恩格斯、列宁、斯大林著作编译局.马克思恩格斯选集：第 1 卷[M].北京：人民出版社，2012：178.
③ Martin G J&Yurukoglu A.Bias in cable news：persuasion and polarization[J].The American Economic Review，2017，107（9）：2565-2599.
④ [美]凯斯·桑斯坦.网络共和国[M].黄维明，译.上海：上海人民出版社，2003：36.

为智能算法的奴役对象，而且个体的"主动选择性"还会在偏好算法的作用下进一步固化。可以说，数字平台的推荐算法越是先进、精确，所形成的"信息茧房"就越发牢不可破。这样一种单向度的信息供给方式将在不知不觉中阉割个体的精神世界，不仅使社会的精神价值面临单一化、趋利化，还可能形成群体隔离，正如卡斯泰尔所指出的，在一个社会、区域或国家中，那些与网络经济不相干的区段是"第四世界"，它们的经济相对落后，文化价值不被"信息资本主义"所认同。最后，掌握数字平台的精英阶层越来越富足和自由，而大量"数字穷人"则越来越窘困和边缘化。可见，任由"数字利维坦"发展，将不可避免地造成社会群体间的撕裂，加剧社会极化与贫富分化的风险，甚至诱导群体极化，成为滋生与蔓延极端主义的温床。

由此可知，作为最先进生产力代表的数字技术具有革命性与超前性，但其本身无法关注社会发展的内在价值和精神实质，对技术异化引起的人的主体性遮蔽危机显得无能为力。而作为政治上层建筑的治理体制机制与作为思想上层建筑的治理理念等都具有相对的稳定性和滞后性。所以，数字技术的出现导致技术进步超越了现有社会结构，原先由人控制技术的局面变成了技术对人的控制与奴役，形成了"数字利维坦"。当前，数字技术已成为整个社会的底层构架，因此"数字利维坦"的影响也是全域性、全方位的，渗透政治、经济、文化生活的各个角落，成为数字治理价值异化的客观社会背景。

综上所述，数字治理以数据、算法、平台为核心要素，推动国家治理由粗放型向精细化、封闭型向开放型、风险隐蔽向风险防范、经验决策向智慧决策转型。其赋能国家治理现代化和人的自由全面发展，绘制了一幅美好的治理图景：科学、精准的决策投放，成熟、稳健的社会应急系统，完善、高效的社会保障机制，民主、透明的议事生态，和谐、共治的政民关系。在数字化浪潮中，以政府为数字治理的主导者，企业、社会组织、普通群众协同共治，逐步实现着"百姓昭明，协和万邦，黎民于变时雍"[①]的政治理想。但数字技术的"数字利维坦"风险，使数字治理在赋能国家治理现代化和人民美好生活的过程中，总是面临机遇与挑战并存的双重境遇，导致了数字治理价值异化现象。

[①] 李长喜.重民本[M].北京：人民出版社，2016：21.

第四章 数字治理价值异化的现实表征

正如马克思所说："在我们这个时代，每一种事物好像都包含有自己的反面。"[①]犹如硬币的两面，在利用数字技术实现国家治理颠覆性变革的同时，数字技术也像一把达摩克利斯之剑，强大的力量背后潜藏着技术异化而奴役人、控制人的"利维坦"风险。随着数字技术成为整个社会的底层构架，"数字利维坦"渗透到政治、经济、文化生活的全域，数字治理价值异化正是"数字利维坦"风险在治理领域的体现。本研究将纷繁复杂的数字治理价值异化现象概括为新安全难题、新自由难题、新公平难题、新民主难题，详细探讨数字治理实践中"人的主体性"遮蔽的现实状况，为后续数字治理价值异化的成因分析与破解之道的探寻奠定现实依据。为了区别于前数字时代的传统风险，故称为"新难题"。

第一节 数字治理的新安全难题

安全是人类最重要和最基本的需求，是实现人的主体性的基础。安全得不到保障，一切价值需求都无从谈起，数字治理亦难"安身立命"。所以，安全是数字治理的防火墙，也是数字治理的基本价值。数字治理潜藏的主体安全难题主要包括主体隐私暴露、数字身份丢失和技术万能运用等引发的主体安全危机。

一、主体隐私的暴露风险

数字时代，隐私问题成为人类社会最突出的安全风险。对于个体而言，个人隐私权

[①] 中共中央马克思、恩格斯、列宁、斯大林著作编译局.马克思恩格斯全集（第12卷）[M].北京：人民出版社，1962：4.

既关乎生存，又是维系自身人格尊严的要素，它标志着个体之间天然的分界线，因而是人的主体性意识形成和确立的必要条件。在数字时代，由于数字化的全面渗透，个体社会生活的方方面面都难免触及数字网络，这就必然会生成大量个人化的数据信息，而这就为数字时代个人隐私安全风险埋下了致因。今天，无所不在的数据收集技术和专业多样的数据处理技术，使新型互联网诈骗事件屡见不鲜。这就引申出数字治理背景下的一个典型悖论：没有海量数据，就不会有智能化、精细化、高效化的数字治理，但同时也隐藏着以个人隐私信息泄露为代价的安全难题。

在数字治理领域，随着数字时代的到来，人类治理模式和思维也愈发显现出一系列新的时代特征，如数字化、智能化和精确化等，这就使得数字技术一跃成为国家政治治理体系中的重要一环，数据和智能算法也随之成为重要的治理要素。现下，政府可以借助海量、多维度的数据信息对个体进行画像，使得越来越多的数据挖掘趋于前端化，可以直接应用于各种公共服务，由此具体到"数字治理"各个层级体系，数字治理有助于精准对接公共服务供需。例如，当某地发生重大危机事件时，通过大数据追踪技术，可以第一时间追踪特定对象的移动轨迹和交叉人群，这样就为政府制定有针对性的措施提供了科学依据，也恰恰是数字技术显现出的优质治理效能，进一步凸显了数据资源的重要性。于是，从商业到文化、从科技到教育、从政府到社会等各个领域，都出现了过度数据化的倾向。[①]无所不在的数据采集与分析使得人民群众暴露在不安全的情境中，隐私和安全日益受到挑战。

随着数字智能终端的迅速普及和数字技术的飞速迭代，个体的许多隐私信息都被数字重点记录和保存，如最浅显的个人行踪轨迹、品位偏好等。当人们单独看其中一条信息时也许不会上升到主体隐私权的层面，但是当大量相关信息被集合在一起，并经过智能算法的结构化处理后，就会呈现出更多令人意想不到的隐私信息，甚至足以揭示个体的社会身份、生活规律等，此时主体隐私风险就开始骤增。在数字大网面前，每个个体在事实上都难以拒绝隐私数据被采集。这也让"以匿名化为基本方式""以告知与许可为基本原则"等隐私原则和规定显得十分苍白。一旦个人信息被上传至互联网，就面临着无数种被泄露的风险，这些隐私会长期被保存在互联网云端，从而成为个体"刺青式"的存在。这让个人隐私保护成为全球性的互联网治理风险。[②]政府与数字公司借助对数

---

① [英]霍布斯.利维坦[M].黎思复，译.北京：商务印书馆，2019：15.
② 殷乐，于晓敏.被遗忘权：网络空间的隐私保护与治理：基于全球部分国家的立法与实践分析[J].新闻与写作，2017（1）：14-17.

据资源的垄断、占有和深层的处理、开发，搭建起前所未有的数字治理网络，促使个人不得不开放个人隐私数据信息。"技术极易被国家俘获用于社会控制和政治权力再生产，随之成为社会治理的重要工具。"①尽管从技术角度讲，数据的管理与集控有助于国家公权力机关加强社会管理，但同时也容易衍生出数据集权主义的风险。②这是因为，技术无法为权力的规范运用筑牢可靠藩篱，后者的实现更加依靠公平正义的制度体系，因此，一旦权力得不到规范的运用就极易引起数据安全风险。

在"棱镜门"事件之前，相关的数据安全事件早已层出不穷，但是由于当时影响的受众有限而未能引起广泛关注。随着数字技术的进步，数字平台对于收集和处理数据信息的能力已经进化到令人咋舌的地步，在这样的技术面前，每个个体都仿佛是数字空间的透明存在，数字信息安全保护越来越像一道伪命题。

同时，数字治理过程中还存在着数据收集违背"最小范围"原则，数据收集主体超出法定主体范畴等。以我国疫情防控期间某些地区的数据收集为例，一些小区物业和社区在办理出入证时，除基本的姓名、性别、联系方式、居住地址等关键信息外，还要求提供诸如学历、身高甚至家属信息等，显然这些额外的信息收集超出了正常应急管理所需，违背了"最小范围"原则，而且加大了隐私泄露风险，可能导致住址、身份和行程等个人信息被广泛传播，从而给个人造成安全隐患。除此之外，为了及时记录人员的流动轨迹，各个商超、药店等非政府授权机构也大肆收集客户个人信息，然而，当他们收集来这些数据后，疏于对这些敏感个人信息的管理和保护，甚至出现贩卖数据的现象。因此，数字治理中因数据的过度采集等所造成的个人隐私安全风险不仅使个人处于被动地位，也使人的人格尊严受到侵害，人的主体地位和主体意识被削弱和动摇。

二、数字身份的安全隐患

数字治理作为一种新的治理形态与模式，在为政府治理带来治理精准度提高、治理流程优化、治理能力与效能大幅提升的同时，也衍生出一系列安全问题，即"如果我们的任何判断、决策都必须完全依赖于数据，就有可能走向唯数据主义。"③由于数字治

---

① 王小芳，王磊."技术利维坦"：人工智能嵌入社会治理的潜在风险与政府应对[J].电子政，2019（05）：86-93.
② 王仲羊.刑事诉讼中的个人信息保护：以科技定位侦查为视角[J].理论月刊，2020（12）：111-121.
③ [英]维克托·迈尔·舍恩伯格，肯尼思·库克耶.大数据时代：生活、工作与思维的大变革[M].盛杨燕，周涛，译.杭州：浙江人民出版社，2013：195.

理的运行模式和逻辑从根本上离不开数据和算法的参与，以及数字平台的主导，因此很容易形成"唯数据主义"，导致"无数字不治理""只见数据不见人"的主体地位丧失风险。

正如舍恩伯格指出："那些尝到大数据益处的人，可能会把大数据运用到它不适用的领域。"①在数字时代，人们日常行为和判断所依赖的经验因素全都实现了数字化，所以人只有通过数据才能了解自己和他人。如前所述，人的信息全部数字化，形成虚体人。一旦这些记录丢失，人就失去了各种自由乃至生存的权利和依据。人们的个人记录储存在电脑里，人们使用的货币是电子货币，人们的交易也通过网络来实现，甚至，人们的人际交往更多依靠新媒体来进行，人们可能有很多朋友，可是又素昧平生。倘若有一天，你不幸遗失了网络社会的 ID，就没办法再通过网络获取生活所必需的物资，也不能和他人进行沟通和交流……你作为生物意义上的人仍然存在着，但是社会属性却已被极大消解，这就是数字时代给人们制造的一个魅影重叠的混沌社会。

作为一种技术导向的治理手段，数字治理对数据与算法的过度依赖所造成的只认数据不认人的技术冷漠现象，会给人民群众日常生活带来安全风险。最为典型的便是印度政府推行"全民生物身份识别卡"（以下简称"Aadhaar"）。这一计划在 2009 年启动，每一个印度人都会拥有一个 12 位数字的"生物身份证"。旨在通过指纹、虹膜等生物信息采集和辅以照片、出生证明等人口统计数据，创立具有唯一性的数字身份证。这一举措的初衷在于，政府通过将其联网并与相应税收、福利、证照等系统挂钩，从而在人口统计、福利分发、求学就医、普惠金融等社会管理方面更加透明化、高效化。

但在日益数字化的社会中，无论是印度政府还是企业都在敦促人们，在每个方面都要提交自己的 Aadhaar，如领取养老金、报税、登记婚姻，以及使用手机服务和银行账户等。Aadhaar 连接着各种个人的敏感信息，使得印度人容易受到数据挖掘和身份被盗窃的攻击，一旦大规模信息泄露，将会给印度民众和社会安全造成严重的冲击。另外，Aadhaar 将人的社会身份与"二维码"进行捆绑，"码"成了人的唯一身份证明和名片，成了人与人之间进行区别和交往的基本依据。据外媒报道，2017 年 10 月，一名印度男子在贾坎德邦因饥饿而死，原因是去购买补贴口粮的家庭成员无法通过数字身份上的指纹验证。2018 年 7 月，一个 11 岁的印度女孩因错过了将口粮卡和身份号码绑定的最后期限，导致她的家庭口粮卡被取消，被迫挨饿。2017 年 12 月，一名妇女和一名 11 个月

---

① [英]维克托·迈尔·舍恩伯格，肯尼思·库克耶.大数据时代：生活、工作与思维的大变革[M].盛杨燕，周涛，译.杭州：浙江人民出版社，2013：208.

大的婴儿因缺少 Aadhaar 而被拒绝在医院接受治疗，随后死亡。这些报道令人唏嘘，从理论上讲，Aadhaar 在改善公共服务，降低行政成本方面有巨大优势。但这犹如一场效率与安全的博弈，效率优先暗含着以牺牲普通群众的基本权利为代价。

现实的人被二维码取代，使得个体在日常生活中，虚体（数字身份）成为另一种本体性存在。一个人能否同他人交流、从事某项活动，很多场景中都离不开数字二维码。这就意味着，人的真实肉身已经让位于虚拟的数字符号。如此一来，原本服务于人的现实生活、为人提供便捷的虚体身份却反过来成为人之生存的障碍，即数字异化为主体，现实的人沦落为数字的附庸，造成了数字治理过程中人的主体地位的沦丧。

三、数字技术的超域运用

"唯数据主义"在实际操作中，使数字治理被寄予厚望。数字治理仿佛成了能够疏通一切问题的万能钥匙，诸如生态问题、社会发展失衡问题、城市无序扩张问题等，都本能性地寻求数字治理解决方案。但由于数字治理对复杂的社会问题用了简化的方式，清洗掉了大量数字治理模型之外的变量，如人文因素和其他结构化数据，加之数字治理模式本身也尚处在未定型阶段，以及数据可能存在时效性、一致性和关联性问题。所以，数字技术的超域运用可能引发数字治理的"生产率悖论"，即数字技术并没带来治理效能的明显提高，反而会妨害人民的正常生活。[①]首先，数据尤其是原始数据资源，并不像想象中那样的有结构性。一些原始数据由于人为因素，比如数据作假，而存在质量问题。数据无法真实反映对象的状态和情况，这样就会使得对于数据的分析处理结果也带有极大的误导性。这些因为数据真实性欠缺而导致的"脏数据"，客观上就会降低对现实情况分析和预测的准确度。美国高德纳公司曾调查世界财富 1 000 强企业，发现其中25%的数据存在缺陷，而且这些缺陷通常容易被忽视。[②]人们依据错误数据会导致在现实生活中做出各种错误的判断。

其次，社会现象本身就是一个动态变化、错综复杂的综合体，因而具有随机性和难测性。一些新的问题的出现，其背后可能蕴含着复杂的制度性、结构性致因，而这些方面绝不是单纯地靠数字技术的应用就能轻易解决的。许多偶发因素带来的社会治理过程

[①] Brynjolfsson E.The productivity paradox of information technology[J].Communications of the ACM，1993（12）：66-77.

[②] Swartz.Gartner warns firms of "dirty data" [J].Information Management，2007，41（3）：31.

的高度不确定性，以及数字技术的失灵导致的治理结果偏离是当下数字治理实践中的常态。这表明，数字治理的具体应用场景和复杂现实之间还是存在差距的，比如某地一旦发生重大突发事件，以工具理性为核心价值导向的数字治理就很有可能给出片面的应对之策，进而影响人民群众正常的生产生活。

最后，数字技术本身是人的本质力量的外化，因此同人的现实本性一样，不存在完美无缺的技术物，都是在不断演进中逐步完善的。这就意味着，每一次新的技术革命在弥补原有缺憾的同时，也一定会带来新的问题和漏洞，而这其中就潜藏着危机与隐患。当数字技术遇到高度复杂的现实世界，仅仅依靠原始数据之间表面的相关性替代事物之间真实的因果关系，雾里看花，不深入洞察事物的本质，就会造成技术的失灵现象。另外，因为大数据、人工智能、元宇宙、算法等迭代速度与社会规则速度之间的明显差异，在治理空间向虚拟化拓展过程中，技术支持的场景化可能完全不受规则约束，或当下几乎没有制度规则能够限制与约束数字技术的创新与运用，所以在规则缺场的部分，技术创新与应用的价值取向和准则在很大程度上由"技术精英"所操控，这就出现了技术失范现象的发生。因此，"技术精英"们会尝试在规则约束之外自行拟定技术创新的方向与应用的领域，这就会引发数字技术的超域运用风险。

第二节 数字治理的新自由难题

人的主体性以"自由"为首要，人的自觉性、自主性、自为性都是从主客体关系的维度对个人自由的阐释。数字治理作为一场新的治理革命，它带来了高效的治理效能，促进了人的自由全面发展，但其"数字利维坦"也带来了个体自由的削弱、自主意识的弱化、创新意识消退等主体性危机。

一、数字监控的圆形监狱

如今，人类真正进入了信息爆炸的时代，智能设备满天飞、网络信息无处不在，利用智能芯片，任何事物都可以变身为数据采集设备，一年所产生的数据量比以往小数据时代数千年所产生的数据总和还要多。人们的个人隐私信息，如社交信息、购物信息、出行信息甚至审美和政治观念等，都被无处不在的数字网络和智能终端获取并保存，进而被数字平台分析和以各种形式加以利用，"大数据就像大章鱼一样，通过它千千万万的触手——手机和其他智能设备，获取了我们无数的私人数据。"①大规模的智能设备广泛而悄无声息地吸纳着公众的私人信息，再通过这些被详细记录下来的原始数据，绘制出每个个体的现实生活图景。当下公共空间无处不在的摄像头、手机终端的实时位置数据等，让数字技术能够对大众实施全天候、全场域的监控。正如边沁提出的"圆形监狱"那样，处于其间的人们无所遁形。在前文所提及的美国"棱镜门"事件便是最典型的"圆形监狱"即"第三只眼"的代表。在棱镜计划里，美国政府几乎可以实现对任何国家政府部门、商业组织或个人的隐蔽监视。

政府作为事实上个人数据信息的最大占有者，可以借助各种正式渠道获取个人生活和工作等隐私数据，同时也拥有社会人口、环境指数、经济指数等宏观数据。数字技术还能够将私人隐私数据转化成社会治理的数据参照，这使得通过网络社会的行为规范去引导人们的现实生活成为可能。例如，"现代社会能够通过一套具有警示性、动态控制性、侦查性特征的'隐秘监视'系统，以达到帮助实现社会治理的目的。"②起初，这种监控主要依托无处不在的摄像头，主要用于震慑犯罪行为以及对事故现场进行取证，个体在公共空间的行为仍具有匿名性。然而，伴随着人脸算法和高清镜头等软硬件的不断升级，个体再也无法隐匿其身份，其行为变得越来越透明。对于政府而言，数字技术的广泛运用无疑能够加强行政权力约束、强化政府治理效能。例如，通过大数据追踪技术就能够实现对行政权力的运行过程的"留痕式"全记录，就可以极大降低廉政风险；在线审批系统的应用能够有效限制审批人员的自由行为，规范这部分权力的运行。

当政府拥有社会成员的核心数据信息后，就可以构建起整个社会的数字治理"高速公路"，使数据触达社会治理的细枝末节。这样一来，每一个个体都将被串联在数字之网上，每个人既是数据终点，又是数据起点和数据之网的扭结点，形成个体之间的强连接状态。政府就能以此优势和公共权力对社会和个人进行监控，私人空间被压缩，个体自由受限。舍恩伯格曾警告："大数据虽是做出合理决策的利器，若使用不当，它可能

---

① [法]马克尔·杜甘，克里斯托夫·拉贝.赤裸裸的人：大数据、隐私和窥视[M].杜燕，译.上海：上海科学技术出版社，2017：7.
② 顾理平，王飔濛.社会治理与公民隐私权的冲突：从超级全景监狱理论看公共视频监控[J].中国传媒大学学报，2017（6）：34-38.

会异化为损害民众利益的工具。"①换言之，政府主体在达成个人的数字化监管过程中，必须利用各种手段采集和保存大量个体隐私信息，这就极容易使个人信息权利得不到保障。

通常情况下，个体对于数字企业或政府收集自身数据的意图并不清晰，甚至对数字监控的存在也所知甚少。即便有所悖逆，也会在这种全覆盖的软硬件体系面前选择妥协和作罢，仿佛乔治·奥威尔在《1984》中描绘的那般，数据成了监视的"老大哥"，普通群众在强大的"数据收集机器"面前几乎没有任何应对之策，所有个人信息必然转化成为社会数据化的客体，造成社会全知性的可能，形成对所有个体进行监视的"数字圆形监狱"。尤其在隐私权方面，个体就如同和政府签订了一份"浮士德契约"，即"我享受大数据技术带来的服务便利，但是我却无可避免地要让渡我的隐私权"。不仅如此，在这样的数字之网下，人们每时每刻都处于一种被监视的状态，在这种状态下人们会产生自我暗示心理，这使得人们即使在独处之际也要规行矩步，最终形成"自我暗示监控"。这种心理将直接造成人的自由意识的沦丧。因此，原本出于维护社会秩序之初衷的数字监控体系在实现正外部性的同时却也成为个人自由意志以及选择权利伸张的现实阻碍，造成了人格尊严受损等主体性危机。

二、自主意识的数字操控

当前很多地方政府使用的智能政务系统都是靠平台企业提供的，平台企业独占着数据与算法优势。如前所述，数据和算法带有强烈的引导性，涉及内在的意识形态渗透。智能算法对个体的精准画像很多时候并非全部依照所掌握的主体数据信息进行，也需要考量第三方利益与价值取向的影响。通过对数据的"预处理"，大数据能表达主观性的声音，即大数据技术可以被有意识地"设置和言说"，即人们常说的议题设置，这让个体在不知不觉间陷入数字平台所规划的运行逻辑中，在数字平台所规划的运行逻辑中从事思考，于是个体最后只能产生与议题设置相向的意向，在无声中消解了个人的自主意识。

数字控制加剧了对个体意识和行动的控制，最典型的就是操纵选民意志的现象。2018 年 3 月，Meta 公司因为"剑桥分析"事件而爆发空前的公共危机。这一用户隐私

① [英]维克托·迈尔·舍恩伯格，肯尼思·库克耶.大数据时代：生活、工作与思维的大变革[M].盛杨燕，周涛，译.杭州：浙江人民出版社，2013：195.

信息泄露事件表明，绝大多数选民所谓的自由选举权，其实是可以被预先定向操控的。剑桥公司通过对所占有的近九千万用户数据的系统解析，分别从政治价值观、行为价值观、性格基底等维度，对其所属政治派别进行有针对性的选举资讯推送，诱导他们选择支持既定的总统候选人。平台凭借用户的点赞规律就足以推断一个选民的政治倾向，并进一步知道如何通过定向信息推送去影响那些摇摆选民，让他们做出符合自己预期的投票选择。这一事件的关注点是，剑桥公司通过非法手段占有大量个人隐私数据并用以左右美国大选结果。在这种情况下，大量选民就仿佛成了数字平台公司操纵的提线木偶，往大了说，甚至整个国家的政治格局将由其任意决定。因为每个选民似乎是在做出自由选择，实际上他们的选择已经被数据和算法控制，成为被数据所穿透的工具人，个人的自由意志、自由选择权被剥夺了。

因此，数据和算法不再只发挥工具的作用，个人的态度和行为将存在被操纵的可能。人类稍有不慎，就可能成为算法的奴役。正如芒福德所指出的："以单一技术为特征的现代技术的意识形态基础是一种机械化的世界观，这种机械化的世界观已经深入到现代人类的心灵，变成一种基本的价值观念和思维方式。"[①]这种机械决定论使得智能算法犹如加强版的丛林法则，将人降格为智能算法统治和奴役的对象，从而完全丧失自主意识和自由意识。由于算法的逻辑是基于设计者的价值观念与现实利益等因素的，因此算法在生成的过程中必然存在暗箱操作的可能。数字企业完全能够轻易地利用所设计的算法来左右政府治理的走向和结果，使算法技术权力化，从而造就了一种高度复杂的"权力巨机器"。在其中，个体就仿若一颗颗无差别的螺钉，服从机械的铁律，迎合要求，逐渐丧失自主意识。

三、治理主体的能动性消退

数字治理的基本价值目标之一是提供更精准优质的公共服务，这也是每个个体能够实现自由发展的基本保障。然而，当智能技术与治理活动的耦合程度越来越深，政府在以数字技术造福人民的同时，也不可避免地产生了算法依赖，从而导致其创新性、主动性消退的现象。

在数字治理过程中，海量的数据信息处理不可能由人来完成，而是交由自动化的数

① 乔瑞金，牟焕森，管晓刚.技术哲学导论[M].北京：高等教育出版社，2009：75.

据处理流程，自动化的数据决策使得人失去了主动配置数字空间资源的大部分权力。数字技术对于治理过程的渗透和改造，对政府治理人员的认知和行为模式也产生了颠覆性的冲击，以政府治理人员为代表的治理主体容易对算法形成高度依赖，进而导致治理者在数据海洋中迷失自我，自身的行政积极性与主动性受到严重影响。首先，问政于民的认识自觉衰减。数字治理往往由于过分强调技术的刚性嵌入，这就使得政府治理人员不得不把更多精力聚焦在数字治理平台，反而忽视了对于其服务对象和使用主体的切实关注。除此之外，政府工作人员在实行数字治理过程中，往往会显现出技术思维的特征，如以工程师语言作为其数字服务的说明和注脚，从而使服务对象难解其意，导致人民群众难以掌握相关操作流程。

尽管理论上数字治理是数字技术和传统治理模式逐步融合的过程，但从现实情况来看，治理数字化过程中仍旧难以避免"一刀切"情况出现。在这种背景下，许多线下服务模式与传统服务渠道被简单粗暴地裁切掉，这也使得很多政府治理人员远离了传统的充满"人情味"的服务模式，以冰冷且抽象的显示屏和麦克风替代了过去活生生的面孔。通过各式各样的会话服务窗口、数字业务界面，数字治理也把人民群众对政府治理人员的信任置换成对抽象的数字技术的信任，以"数字身份"取代了自身行政主体的地位。

在复杂的算法面前，绝大多数非信息专业的政府服务人员对数字算法的逻辑机理了解是很表层的，更加不具备从原始数据资源组建机器学习模型的算法设计能力，因此只能被动地、亦步亦趋地依循数字平台提供商给出的操作说明处理业务，在系统程序的自动控制下完成政策执行。这种机械式的工作流程，会让治理主体逐渐陷入无法深度系统思考的旋涡当中，创新意识的发展受到严重阻碍。创新意识的生成需要对头脑中的知识、信息进行新的思维加工和组合，生成新的思想、观点、理论或运用新颖的思维方式来解决问题，这就要求用完整的时间进行系统分析与整理。然而，数字治理使治理主体只关注眼前的碎片化信息，进行碎片化的判断与决策。数字治理的碎片化特征像楔子一样不断地割裂治理主体完整的思考过程，阻碍主体创新意识的发展。在这种极简化的数字治理形态下，治理人员处理问题的方式必然是机械、简单、直接而又缺乏建构性和想象力的，这也会使得治理人员产生工作的乏味感和倦怠情绪，最终导致思维固化、视野窄化，沦为附庸于技术的"业务文盲"，堪似数字治理"局中的局外人"。

此外，政府治理人员对数字和技术治理的过分迷信和机械化执行，往往忽视群众的价值思维和文化习惯，各种冰冷机械的治理程序，还会使得那些本地化的、非正式的乡约或基层治理规则彻底失灵，基层治理人员的主观能动性也受到严重打击，导致政策自由度被压缩，难以因地制宜地展开治理行为。在数字技术面前，人应保持对于技术的主体选择性，而非失去这种选择。但数字技术加持下的政府，像一部庞大和精密的机器，逐渐失去了治理的创新性、灵活性和敏捷性。

第三节 数字治理的新公平难题

虽然"自由"是通常意义上人之主体性的核心向度，但马克思也指出，个体的自由依赖于与他人的统一性关系，这就意味着，只有在"自由人的联合体"中，真正的自由个性才得以施展。这涵摄着将个人的自由问题转移到和谐关系的问题，内在预设了将价值追求由"个体之自由"转为"关系之和谐"的现实指向。就这一"和谐关系"而言，其首要内涵便是公平正义，唯有在公平正义的社会氛围里，每个人的自由全面发展才具有现实基础。就此而言，数字治理表面上给人营造出一种几乎所有社会主体都能共同参与的"平等性"，而事实却是由于数字技术的使用性障碍、技术成果的不公平占有和分配产生的数字鸿沟[①]，在数字治理过程中浮现了诸如算法歧视、公共数字服务的非均等性及"数字弃民"等正义难题，这就极大地制约了主体自为性的顺利实现。

一、数字治理的算法歧视

算法治理是数字治理的关键与核心。算法作为底层逻辑架构，对其输入数据与输出结果都可能导致算法歧视问题，且主要体现为信息资源的不均衡。"数字鸿沟是一种'技术鸿沟'，即先进技术的成果不能为人公正分享，于是造成'富者越富，穷者越穷'的情况。"[②]在数据鸿沟的持续作用下，社会不同群体间的信息获得差距越拉越大，"所有技术变革都创造了这些群休，从技术变革中获得的和失去的，即胜利者和失败者"，

[①] 美国国家远程通信和信息管理局 1995 年发表的《被互联网遗忘的角落——一项关于美国城乡信息穷人的调查报告》，首次定义"数字鸿沟"现象是以互联网为代表的新兴信息通信技术在普及和应用方面的不平衡现象。

[②] 邱仁宗，黄雯，翟晓梅.大数据技术的伦理问题[J].科学与社会，2014（1）：36-48.

数字技术也一样。①即现实社会的非正义拓展到虚拟空间，进而造成了一种虚拟的不平等。具体来看，互联网上所呈现的信息是十分庞杂的，而对这些庞杂信息进行检索与咨询的技能往往是信息贫困者难以具备的，可见基于教育经历、经济基础和社会阶层等的所谓的个性化数字治理，无不在加重着社会非正义现实。例如，对于广大农民或其他城镇低收入人群来说，互联网还没有从单纯的娱乐休闲方式转换成多元化服务的实现平台。他们也因此更容易被算法推荐的内容迷惑，从而使自身陷入所谓的"信息茧房"里，将大量宝贵的时间和精力消耗在无意义的低质量网络内容上，对个体生活品质造成负面影响。

在政府实施数字治理的过程中，"技术精英"们会根据自己所处利益集团的需要，操控算法程序，有针对性和目的性地收集各类数据资源，同时还将自己的诉求包装成数字治理系统的需要向政府提出，最终结果就是，数字治理网络表面上为社会各个阶层都提供了充分表达政治治理诉求的渠道，但事实上"数字穷人"的吁求信息常常会被算法自动忽略，使得数字治理过程的算法数据输入难以真实、客观地体现所有社会阶层和群体的意志，而这种初始偏见还会在数字卷积算法作用下不断强化，最终生成差异性的、倾向性的治理决策，从而使决策无法彰显"数字穷人"的利益诉求。

综上所述，数字鸿沟所酝酿成的"马太效应"，将不同主体间的信息占据差异持续放大，从而使得社会分化程度随之提高。最终，那些数字精英阶层享受了绝大部分的数字技术红利，而其他诸如"数字弃民"则只能沦为被剥削和宰制的处境，造成社会公平正义问题愈演愈烈。

二、公共数字服务的非均等性

数字治理中的"数字鸿沟"还体现为基本公共服务的非均等性供给。数字治理的目的是不同区域、不同社会主体可以按照其需求，公平、普遍地享受公共数字服务，即公共数字服务的普遍正义性与可及性。然而在现实中，公共数字服务其实具有非正义性和非普惠性，且这一问题在社会弱势群体那里日益严重，阻碍了人民的数字红利共享，严重地遮蔽了主体的自为性。

首先，从群体上看，数字治理中的差异化服务主要体现在纵向代际鸿沟与横向地区

---

① Helen V.Milner.The Digital Divide：The Role of Political Institutions in Technology Diffusion[J].Comparative Political Studies，2006，39（2）：176.

鸿沟上。以我国为例，据第 49 次中国互联网络发展状况统计报告，整体网民中，城镇数量为 7.14 亿，占比 70.6%；农村数量为 2.97 亿，占比 29.4%。[①]而从区域看，互联网发展指数排前六位的依次是：北京、广东、上海、山东、江苏、浙江。[②]不难看出，这个位次排名与经济体量规模排名基本一致。中西部经济相对落后省份与上述东部发达地区在互联网发展指数层面存在巨大差距。这样一来，数字技术在不同区域的发展程度上的参差，不仅加大了先进地区相较于落后地区的数字优势，更进一步强化了各个地区在数字治理服务可达性方面的不公平性。

其次，从代际层面看，随着社会人口结构的持续老龄化，数字治理中的差异化服务中数字横向代际鸿沟正在变成数字鸿沟的重要特征与形式。从年龄分段看，我国 60 岁及以上年龄的网民在总体网民数量中占比 12.2%，占同年龄段老年人总量的 46.72%。[③]与之相对应，年轻人对于互联网的使用更加普遍及熟练。而从本质上看，横向城乡鸿沟和纵向代际鸿沟，其实是数字技术同社会经济发展互动中的"马太效应"使然，把现实社会的不平等映射和复制到数字虚拟空间。事实也是如此，在互联网端弱势的群体绝大多数也是在现实社会里处于弱势地位的人群。这也进一步揭示出数字失能群体的人群组成情况，即贫困或偏远地区的群体，或部分城市女性群体、老年群体以及低收入、低教育群体。

最后，数字治理中的差异化服务从数字使用效率与地位来看，有一个不容忽视的事实，那就是随着数据资源和信息资源逐步替代资本、土地等传统生产资源而成为新的重要的社会和经济资源，数字鸿沟也衍生出两种截然不同的社会图景：一是那些拥有熟练网络使用能力、能够利用数字网络进行购物和社交等重要社会活动的"数字富人"，他们不断享受着数字技术的时代红利。二是数字化失能群体的生活与生存则成了一个问题。数字时代的资源、财富和权力正日益集中到极少数数字精英群体那里，马克思所揭露的劳苦雇佣工人——在数字时代可以相应地名之以"数字穷人"，他们因为缺乏相应的数字技术能力而处于数字鸿沟的弱势一端。当今世界，少数数字巨头，如谷歌、微软等手握数据管辖权，垄断着数字空间的基础资源，从而享有数字世界规则制定的主导权，而对数"量"的追崇远甚于对数"质"的关注。对数字资源和信息的管控能力已然变成

① 中国互联网络信息中心.第 49 次中国互联网络发展状况统计报告[R/OL].（2022-02-25）[2023-08-07]. https://www.cnnic.cn/NMediaFile/2023/0807/MAIN1691372884990HDTP1QOST8.pdf.
② 中国网络空间研究院.中国互联网发展报告[R].北京：电子工业出版社，2022：18.
③ 中国互联网络信息中心.第 48 次中国互联网络发展状况统计报告[R/OL].（2021-9-15）[2022-04-01]. https://www.cnnic.cn/NMediaFile/old_attach/P020210915523670981527.pdf.

社会群体分层的关键指标。

三、弱势群体的边缘化

现实生活场域里的每一个人，在教育程度、个体天赋等属性方面都存在着客观的差异，而这些差异将会在数字技术的作用下被无限放大。例如，由于数字技能的缺失，一些老年人或其他特殊群体将会被更进一步地边缘化，沦落为"数字弃民"或"余数生命"。而对于那些"技术精英"来说，数字治理反而会放大他们在社会存在的现实优势。在推进数字治理的进程中，"数字弃民"非但不能享受到同等的技术福利，还必须将自己的一部分利益拱手相让。例如，很多地方政府为了刺激本地消费，会利用"云平台"向本地居民推出价值不菲的文化旅游消费"大礼包"，然而那些不懂得使用微信小程序的人就得不到这部分福利。截至 2022 年底，我国互联网普及率高达 73%，但与此同时，还有将近 3 亿人没有接触互联网。[①]如今，数字技术成为社会运行的底层构架，未能熟练掌握数字技能的群体不但被排除在数字红利之外，同时也被迫从社会生活场景中退出。

一方面，由于数字技术能够提供各种生活服务、政务服务，因此，数字失能将使个体日常生活能力被极大削弱。另一方面，数字技术的快速发展和应用还对传统生活方式造成排挤，不断挤压传统生活方式的存在空间，这就使得那些更依附传统生活方式的人也被无情地抛弃。当数字化生存变成人类唯一的生存方式，数字化失能就意味着个体在社会生活各方面都会遭受巨大阻碍。例如，"老年人无健康码遭公交司机拒载""出租车网上接单，线下难打车"等现象屡见不鲜。总之，数字技术的社会化普及非但没能惠及低收入家庭、偏远地区居民等社会弱势群体，反而致使其正常社会生活的失能。因此，对于数字弱势群体来说，数字治理不仅没有给他们提供方便，反而会加大他们在生活中的阻碍。就像现在各地广泛推行的"非接触式"办税服务，其实对那些不懂电脑和网络基本技能的群体来说，事情反而变得更加复杂了。这样，许多数字弱势群体在数字治理形态下被自动排除在公共服务之外。尽管各地也在同时呼吁保留一定规模的传统公共服务方式，使之与数字公共服务并存，但还是免不了在很多情境下"一刀切"或"优先化"的排挤现象，这其实就是数字优势群体对弱势群体的"公共资源掠夺"。在这种条件下，数字弱势群体丧失了对生存方式进行选择的自主性。随着数字化进程的推进，这种系统

① 中国互联网络信息中心.第 48 次中国互联网络发展状况统计报告[R/OL].（2021-9-15）[2022-04-01].https://www.cnnic.cn/NMediaFile/old_attach/P020210915523670981527.pdf.

性排斥无疑会越来越深重，"数字弃民"们不得不面临着被时代和社会抛弃的窘境与风险。

在数字治理中，"数字弃民"不但难以平等享有数字红利，还难以将自己的情绪偏好和利益诉求等在网上进行充分表达，这使得他们被排除在决策者的视野之外。那些依据不具有代表性的数据所实行的政府决策，将难以避免地造成对"数字弃民"的漠视。从理想状态上说，数字治理本该惠及各个社会阶层和群体，实现数字公共服务的普惠性与可达性。然而由于数字技术的不均衡占有，大量优质高效的数字公共产品和服务不能触达大众，逐渐异化为"技术精英"群体所独占的公共福利。"技术精英"群体对弱势群体的"劫掠效应"和"挤出效应"显然同公平正义的社会价值取向相背离，也和主体自为性的实现相冲突。质言之，数字治理的公平难题使弱势群体在治理技术变革的浪潮中既无法表达出利益诉求，也无法享受到技术红利与服务，变成"隐身"群体，从而再无主体地位或主体性可言。

第四节 数字治理的新民主难题

民主是人的主体性确立的内在要求与现实表现，是破除特权，实现自由平等的保障。民主在不同时空的实践模式是多元的，但其总能够在对时代问题的回应中为自己开辟通向未来的路径。数字技术不仅变革了人类的思维模式，而且革新了政治存在的形态以及民主的实践形式。

"大智云区"等数字技术的广泛应用将为数字民主的实现奠定坚实技术支撑，人民群众可以在数字技术搭建的治理平台上充分表达各类诉求和意见、建议，包括对整个民主实施过程展开监督与评价，提升人民群众对于国家政治生活和治理活动的参与度以及参与热情。但数字技术能推动民主，亦能削弱民主。数字技术一方面可以便利人民，成为人们参与政治协商、促进民主进程的助推器，另一方面，也可能被特定政治利益集团所裹挟成为服务与少数群体的非对称性的政治力量。一言蔽之，"只有技术被真诚地服务于民主，并且我们对技术对民主的复杂影响保持足够清醒时，技术的益处才会展现。"[①]数

① Benjamin, The Uncertainty of Digital Politics: Democracy's Uneasy Relationship with Infor-mation Technology[J].Harvard International Review, 2001, 23（1）: 42.

字技术在治理领域表现出数字赋权的不均衡性、屏幕官僚、影子官僚等主体性危机。

一、民意表达的技术控制

数字技术的应用，一方面能够为人民参与政治民主创造更为便捷的参与渠道，提高其参与政治生活的程度与水平，使社会底层群体的意志能够被听见。另一方面，这些民主实现过程又是由数字技术规定，从这个意义上来说，每个个体的民意表达都是被技术所控制的，每个人都是被民主的。

数字技术作为一种资源和工具，虽然可以向政府与社会双向赋权，同时强化对他们的双向约束。但赋权与约束之间往往不是完全对称的，这加大了数据独裁的风险。社会治理本质在于社会管理与社会秩序维护是社会治理的核心价值目标，政府作为数字治理的关键主体，占据着最大的公共权力资源和其他资源，这奠定了政府在运用数字技术过程中的强势地位，如政府能够利用国家治理体系中的优势地位来获取大量个人信息并以此对个人进行监管。恰恰相反，"相对于国家行政系统在国家监控体系中对信息技术的强势运用，人民群众权利保障机制中的网络技术维权完全处于弱势。"①即数字技术对人民的权利保障赋权是有限的。当前，普通群众对数字技术的使用往往不是出于民主监督和权利表达，而是出于满足日常生活的多元化需求，如智能教育、智能驾驶、智慧家居等。在现实生活中，"大数据源于常态生活，但已步入非常态领域……因而形不成以权利结构制约权力的机制。"②在数字技术的赋权中，由于治理的技术依赖，算法在很多情境中代替了民众意愿的生成过程，政策的问题被转换为数字的问题，民众的意志被简化成平均数，人民群众需求的特殊性和灵活性被抹杀。与此同时，数字治理极易给治理者造成错觉，即政府作为数字治理的核心主体可以及时准确感知并满足广大群众的现实需求，这样就不再需要倡导个人以政治参与的方式表达自身诉求。尽管政府借助数字治理平台把网络问政等民主手段吸纳进自身体系之中，以此来提升自身决策的科学化、民主化水平，但政府往往有意无意地通过算法把国家意志融合进数字治理平台中，个人作为数字治理平台的使用者只能墨守平台规则。数字治理这种吸纳民意的实现方式，实质是一种被动的政治归拢，即个体想要运用数字治理平台，就必须以遵守其政治性规则为首要前提。鉴于此，行政吸纳之所以具有有限性，根本原因就在于算法作为数字治理

① 肖滨.信息技术在国家治理中的双面性与非均衡性[J].学术研究, 2009（11）：34.
② 何明升.智慧生活：个体自主性与公共秩序性的新平衡[J].探索与争鸣, 2018（05）：22.

时代的数字化政治性规则，其本质就是国家意志。于是，政府借助数字化手段改造社会现实，在数字治理的算法滤镜中只可能窥见自身意志的影子。"那些确实最终被听见的人群，更加真实地反映了广大公众吗？"[①]在这种情况下，人民需求能否被真实地表达尚存疑问。只有人民当家做主的国家，才能实现民意吸纳的真实性。

质言之，通过对数字技术的垄断性占有，"技术精英"们在政治民主实践场域中，表面上营造出一副开放性假象，实际上却从事着变相提高政治参与门槛之实，从而导致了技术隔区，使国家政治实践面临着民主价值缺失的风险。这样一来，人们就可能陷入更为深重的、严密的技术专制囚笼，从而使民意的正常表达变得不再可能。

二、屏幕官僚的形式主义

"屏幕官僚"，也被称为"智能官僚主义"，主要指那些机关工作人员借助网络办公形式的掩护，淡化为人民服务意识的形式主义现象。其主要表现有技术设障、过度强调工作留痕以及"电子衙门"等。这种形式主义的本质其实是，公职人员同人民群众关系的错置甚至颠倒。在这一过程中，技术成为治理的目的，而人成为"炫技"的手段。

屏幕官僚并非是在现有政府治理体系之外的另一套官僚体系，而是"内嵌"于现有政府治理体系之中的，其既辐射以科层为特征的纵向治理构架，又涵摄以分权为特征的横向治理构架。在现实数字治理过程中，屏幕官僚最集中出现的环节或场域就是行政审批或规制方面，因这些领域往往牵涉较多程序性审批与部门利益，这就使得在运用数字手段构建治理操作流程时，常常把非必要的审批节点当成必要环节，从而催生了数字技术背景下的新型官僚主义。屏幕官僚主义只重形式，不重内容，妨碍了数字民主的实现。

在数字治理实践中，屏幕官僚的主要表现形式是，过分追求高大上的外在形象工程与面子工程，最终导致数字治理平台成为一种摆设。例如，各级政府的门户网站作为数字治理中重要的信息公开渠道，也是群众与政府之间互动的纽带与桥梁。然而"屏幕官僚主义"使得政府门户网站逐渐成为僵尸网站，许多政府服务热线长期无人接听，或者根本打不进去；有的政府网站选择性发布政务信息，大多热衷展现领导干部的活动行程信息，与百姓民生相关的内容却乏善可陈；网站中对于政策文件的表达话语也往往是群众难以理解的专业术语。

---

① [美] 马修·辛德曼.数字民主的迷思[M].唐杰，译.北京：中国政法大学出版社，2016：10.

另外，在现有的政绩考核制度激励下，很多地方政府仅仅把数字治理平台的建设和应用视作单纯的考核任务与政绩工程，只会一味地砸钱投入硬件设备建设，造成了"重硬件轻软件、重建设轻应用"的畸形发展态势，出现了以数字治理平台的硬件规格、参数指标等来标志治理绩效的怪现状。此外，由于很多地方缺乏宏观统筹和资源配套跟不上的问题，导致数据治理平台的重复建设和低效运行现象时有发生。还有的地方治理平台建设只关注"怎么建设数字政府"，而忽视了人民群众在利用平台过程中的用户体验，重视平台前期建设而轻视后期平台运行与维护。最终造成数字治理平台"难落地、不好用"，群众"不会用、不愿用"的窘境，使得数字治理的强大威力难以充分释放。更有甚者，一些基层干部把主要的精力投入到花样繁多的文字材料的"媒体留痕"上，各种应用程序的推广非但没有便利人民群众的生活，反而还加重了他们的学习成本和负担。

个别地方甚至把数字治理体系建设视作一项"面子工程"或"政绩工程"，完全脱离人民群众的实际需要，成了为数字化而数字化。屏幕官僚的最大负面效应就是，很多地方在推动数字治理过程中缺乏应有的问题意识和导向，常常以一些凭空想象的假问题与假需求作为数字治理体系建设的现实前提，最后使得数字治理活动沦为了"数字炫技"，而没有对实际的治理问题的解决提供有效助力。甚至还有些地方，在运用数字技术强行嵌入治理活动过程中也产生了一系列问题，把原本提升效率的数字治理弄成了"数字折腾"。显然，这样的数字治理纯粹是为了满足政府的政绩等功利需要，而与"便民"初衷无关，数字化最终成为一种装饰。因此，当数字化成为目的本身，人民群众的实际需要沦为"数字炫技"的工具，在这种背景下，个体既无法成为自由而全面发展的人，也难以全面占据自己的主体性。

三、影子官僚的算法宰制

影子官僚的基本内涵是，数字平台企业通过与政府合作、政府购买等方式介入政府公共管理过程，并以此影响政府治理决策行为，最终实现自身利益最大化。随着人类进入数字技术时代，公共治理部门为了改进治理绩效、增进政绩，以政府购买的方式构建数字治理体系，而这个具体的构建过程通常是由各大数字平台企业所承担，因此，这些大型数字平台企业就有可能化身成为影子官。随着数字治理的深入，政府对于数字技术的依赖日渐增强，正因如此，这些数字平台企业就有机会凭借其技术研发和应用能力深度参与到数字治理平台建设中，成为政府治理数字化的关键技术支撑。此时，数字资本就会依其本性运用独占的技术优势，干预政府数字治理的构建和运行，实现自身利益的最大化。这就是算法影子官僚独特的权力实现模式。

首先，算法影子官僚具备专业性优势。当下，每个政府职能部门都寄希望于通过先进的数字技术来提升本部门的运转效率和治理效能，这就必然展现出对数字算法技术的依赖甚至崇拜。而数字技术平台企业无疑是拥有最成熟和最丰富算法技术的社会主体，于是，政府治理主体只能被动地接受算法的宰制。这样一来，对于数字算法技术的不对称性占有就赋予了影子官僚以数字技术权力，以及制定数字时代一些社会规则的权力。因此，在某种程度上，算法影子官僚的本质其实是，那些本来由政府部门占据的决策和治理权力被转移到了数字技术平台企业那里。

其次，算法影子官僚具有逐利性。由于数字技术平台本质上是以追求利润最大化为宗旨的企业，其运作导向遵循商业经济逻辑。[①]众所周知，数字算法技术的突破离不开规模巨大的技术资本投入。且由于数字技术是当前科技领域的前沿阵地，对其进行资本投入本身就具有很大的不确定性，其所面临的市场环境也异常严峻。这就决定了，数字技术平台企业比其他商业主体会更加追求利润率，更加凸显所谓的"经济人"本性和投入产出比。所以，算法应用的过程与结果是否正义，存在系统性风险与否，都不在其核心关切之列。技术资本要想实现自身增殖需要，最直接高效的途径便是同公权力合作。这意味着，算法影子官僚将借助其现实载体——数字技术平台企业，深度嵌入政府治理过程，千方百计地寻觅攫取超额公共财政资金的机会。

最后，算法影子官僚具有隐蔽性。从命名上就能看出，算法影子官僚就像影子一样潜藏在真实政府的背后，隐蔽地操纵着政府数字治理过程。由于技术、效率和理性等符号外衣的加持，使得算法影子官僚更加能够俘获并支配政府的数字治理行为。一方面，当越来越多的政府部门逐步尝试将智能算法技术用以提升本部门治理效能，优化服务质量和群众体验的同时，却也本能地忽视了智能算法背后的数字资本所潜藏的支配现实以及实现增殖的欲望。另一方面，当前绝大多政府治理人员对于智能算法技术的理解十分的表层，缺乏对其技术机理的专业把握，这也造成了智能算法的潜在风险。相反，鉴于智能算法在日常数字治理过程中的巨大技术优势，如其自主决策能力大大减轻了政府的治理压力，就使得政府部门对于智能算法及其影子官僚的依赖性与日俱增。可以说，正是由于智能算法技术理性的遮蔽，算法影子官僚才披上了隐性的外衣，而运用它的政府

---

① 张爱军，李圆.人工智能时代的算法权力：逻辑、风险及规制[J].大学学报（哲学社会科学版），2019（6）：18-24.

治理主体以及人民群众，则几乎完全意识不到其潜藏的支配风险。

　　算法影子官僚将政府治理人员日益塑造成为屏幕官僚。由于智能算法的引入，算法影子官僚将原本由政府部门、技术专家与人民群众共同参与、共同协商的治理执行过程，转换成了由数字技术平台企业在服务器上秘密进行的算法处理过程，把复杂而重大的决策责任让渡于所谓"最优化"的冰冷算法模型和数据。即以资本逻辑为导向的算法影子官僚在这些流程背后起着真正的支配作用。这潜在的巨大风险是在算法影子官僚的操控下，政府日益空心化，政府公职人员逐渐丧失治理主体地位，被排挤为数字治理的"局外人"，而算法影子官僚通过算法权力影响行政决策，为自己牟取私利，从而消解了数字治理的公共价值，彻底遮蔽了人的主体性。

　　承前所述，作为数字时代的治理新范式、新形态，数字治理深刻重构了国家治理的逻辑与组织形态，然而假如数字技术在国家治理中的使用没有实现人之主体性的增强，反而让人沦陷于由"数字利维坦"编织的技术牢笼，导致自由泯灭，那么这样的数字治理就是缺乏价值理性的。

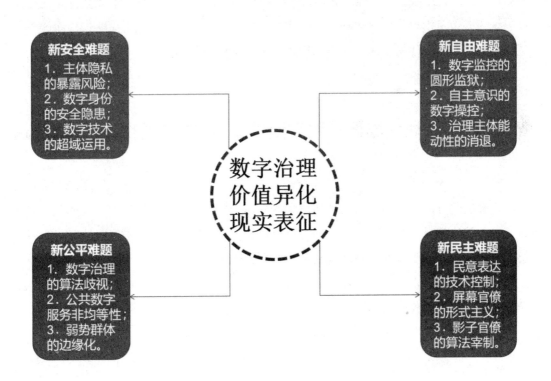

图 4-1　数字治理价值异化的现实表征

第五章 数字治理价值异化的成因分析

要破解数字治理价值异化的困境，必须首先追问与探究其致因。直接原因在于，数字治理中工具理性对价值理性的僭越，从而产生对人的主体性的遮蔽。但正如马克思指出："'思想'一旦离开'利益'，就一定会使自己出丑。"①即思想领域的问题，根源还在于经济领域。故而，数字治理价值异化的根本原因在于资本逻辑驱动下，技术资本在参与数字治理过程中对公权力的侵蚀，从而凭借数字治理为资本增殖服务，最终使数字治理背离了人本价值。另外，作为生产力的数字技术具有革命性与超前性，而作为政治上层建筑的治理体制机制与作为思想上层建筑的治理理念等具有相对的稳定性和滞后性。因此，当前包括治理观念、组织结构和体制机制在内的数字治理结构的不完善性也是造成数字治理价值异化的重要现实原因。故而，本研究将从思想认识层面、资本逻辑层面再到上层建筑层面，深入探究数字治理价值异化的原因。

第一节 思想认识层面：数字治理工具理性对价值理性的僭越

人类所进行的一切实践活动必然包含着主体的价值选择。数字治理亦是如此，不仅有其追求的价值目标，也有其采用的特定手段和工具。所以，不仅要考量"工具理性"层面的策略，还需要考虑治理价值取向的"价值理性"层面的根本性问题。只有坚持以正确的价值理性为指导，才能实现善治的目标。否则，无论数字技术运用得怎样驾轻就熟，都难以生成良善的国家治理效能，甚至还会导致"数据暴政"的"劣治"。

---

① 中共中央马克思、恩格斯、列宁、斯大林著作编译局.马克思恩格斯全集（第 1 卷）[M].北京：人民出版社，1956：82.

一、数字治理工具理性的形成

由于近现代数学和物理学的爆炸性发展，理性精神构成了人类解放性和批判性的本质力量。因此，在西方近现代认识论体系中，数理逻辑逐渐成为人的理性逻辑的唯一主导形式。[①]在数理逻辑支配下，人的理性变得愈发实证化和形式化，逐渐演变成工具理性。而数字时代的到来，使人类的工具理性更加凸显，数字技术逐渐成为治理主体的替代者。

马克斯·韦伯（Max Weber）率先提出了"工具理性"的概念，他将"合理性"（理性）视作工具理性之核心，从而把整个现代西方社会的进步和发展都理解为一种特殊形式的理性精神的逐步展开。他提出目的合乎理性，人通过对外界事物的情况和其他人举止的期待，并利用这种期待作为'条件'或者作为'手段'，以期实现自己合乎理性所争取和考虑的作为成果的目的。霍克海默（Max Horkheimer）将工具理性称为主观理性，马尔库塞则称之为技术理性。无论哪种称谓，简言之，工具理性主要是指人们重视通过某种手段和工具达到实践目的。显然，工具理性把科学当作自己的护身符和基础，科学强调逻辑和事实的统一，使得工具理性忽略对情感、意义等内涵的关注，专注重视某一行为的效率与结果，更注重实在的事实和物。历史表明，虽然科学技术的发展以及工具理性的凸显大幅改造了人类社会的现实状貌，但当人们过度迷恋工具理性以及由此创造的物质世界时，工具理性本身也便跻身为一种统治性的力量，开始支配和奴役个体。当人们的价值理性在工具理性的消磨下不断退场之时，人们就会越来越追逐那些短期效益，而忽视对于根本性价值的反思。在工业社会向智能社会发展的进程中，数字技术以其强大的外部效应，使得工具理性越来越强势，因而破坏了与价值理性之间的相对平衡状态。

作为当今人类最先进科技成果的代表，数字技术的应用不仅是导致工具理性膨胀的直接诱因，又是加速这一历史趋势和进程的根本动力。从技术实质上看，数字技术就是将各种信息转化成电子计算机能够识别的二进制数字，从而进行存储、运算、传输等过程的科学技术。这个将信息转换成数字的过程显然很依赖各种数理的变换，即将物理信号进行数字处理的控制技术。[②]由此可见，数字技术必定遵循严格的数理逻辑。这样一来，数字技术所构建的虚拟镜像世界，俨然就变成数理逻辑对于现实世界的数理形式之

① 不管是欧陆的唯理论哲学还是英国的经验论哲学，数学及其数理逻辑都被当作"知识之母"。
② 李冰.数字技术与科技进步[J].数学的实践与认识，2002（3）：519-523.

表达。数字技术借助强大的技术威力，全方位铸就了一个能被量化的现代社会，并将其从"乘式发展"升级为"幂式进步"。在此过程中，人们试图"将一切事物数据化"，甚至将人的思想、情感和行为等都量化为可分析、可操控的数据形式。数字技术因而被赋予了特殊的"魅"，"数字"成为人们崇拜的新上帝、新"物"神，人们对其产生了物质与精神的双重依赖。

数字技术的工具理性成为人们克服人类的有限性和世界的无限性之矛盾的精神支撑，从而对社会产生了一种隐形控制力量。借助先进的数字技术，大数据带来的一切信息不仅能反映客观事物的本来面貌，还能言说与预测。数字世界的指路功能帮助人类克服面对未知世界的迷茫感，实现了对自身确定性的追求。因此，人们沉溺于借助数字技术获得的对事物的掌控感，习惯于数字所带来的一切，并且成为一种在无意识中深深扎根大脑的思维方式。在数字技术支配下，人们不仅不会怀疑数字化的一切，甚至将"数字是怎样影响我们"等问题都抛至脑后。就像没有人会怀疑眼睛和耳朵对我们的作用一样，数字技术僭越为人们思维的指挥棒，人的主体性在指挥棒作用下逐渐消解。由此，人类理性愈发具有工具化倾向，人们开始过度地追求目的性，更加注重效用、效率。社会"成为一个形式化的理性社会，人只是这种形式理性的执行者。"[1]这种工具理性对于数字时代的国家治理而言，意味着将社会现实中的每一个人都抽象为一个个"数据集合"的数字身份，从而以数据分析和智能算法为基础，对主体进行标准化、规范化、精准化的数字化管理，利用不断输出的大数据信息进行治理。随着国家权力运行与社会治理日益依靠数据、算法，治理主体逐渐丧失了价值判断能力。因而，尽管在国家治理活动中工具理性承担着不可替代的重要作用，但一旦这种意识倾向发展到了极致，以工具理性为主导的数字治理，就有可能会将人类社会带入一个人本治理价值流失的困境中。

二、数字治理价值理性的消弭

数字治理是治理主体以先进数字信息技术为治理手段，来完成特定治理任务的行为和维系特定治理秩序的过程。工具理性是内含于数字治理的"天然属性"，其表现为国家在运用数字化技术进行治理的过程中依靠大数据的量、算法的智能促进治理的效率最大化。数字治理与传统治理相比，有其先进的治理形态，发挥传统治理无法比拟的强大

[1] 仰海峰.法兰克福学派工具理性批判的三大主题[J].南京大学学报（哲学·人文科学·社会科学版），2009（4）：26-34.

治理效能。由于工具理性的效用性及功利性，数字技术将人的理性限制在解决效用问题的维度上，轻忽了对于人的主体性的彰显。随着数字技术的威力进一步释放，工具理性支配力也随之变得更加强大，对价值理性的压制也更为彻底。在由治理技术到技术治理的转变过程中，技术获得了自主性，变成了目的本身，而人异化为治理手段。如前文提到的政府数字平台建设，政务应用软件的使用等，似乎为数字化而数字化，而其结果是否满足了人们真正需要，是否促进了社会公平正义，是否有利于人的发展等价值问题都被消解了。

算法治理所显现出的一系列技术优势，诸如信息处理、政策生成等过程的高效性，导致各个主体对其依赖性不断提升，甚至情愿让渡出自身对敏感数字信息的占有权以获得相应的算法便利。在数字治理过程中，算法是国家治理的技术逻辑底座，因此人们就极容易沦为算法的附庸，导致其政治意愿表达与政治行为施展都受到特定算法的束缚。而当前，许多国家和社会在规范和约束算法权力方面尚处在探索阶段，那么相应约束机制的缺场，就使得原本由人民让渡出去的国家治理权力异化为规制和压抑人民的"算法利维坦"。算法逐渐演变成一种强制性和独立性的技术力量，在"算法利维坦"的绝对威压之下，人沦为数字的附属物，政治意识与行为受数字技术的约束，最终导致数字治理中人的主体性遮蔽，价值理性消弭。

技术僭越将导致基于人的理性自治的传统治理转向算法治理，而政府治理人员则将丧失治理议题设置、问题甄别、方案拟订与效能评估等自主能力。尽管表面上看仍然是政府治理人员通过数字技术直接控制公共管理过程，但事实上，其间几乎所有的环节与流程都是由智能算法预先规定好的。这意味着，政府人员无法在智能算法中对特定的治理场景给出更具体的价值判断。算法治理以效率与效益为运行原则，这与数字治理价值以人的自由全面发展与自我实现为核心相冲突。算法权力的运行把社会治理效率放在首位，用技术的标准化和程序化将所有人划归为数据准则下的合规人与非合规人，原本基于价值理性的公平正义、自由民主等价值理性对国家治理的规约弱化了，导致数字治理价值实现所要求的政治自律出现危机。同时，绝对的算法治理还会加速政治和道德的背离。算法权力的运行逻辑从根本上是和人类社会治理的终极价值追求以及政治道德相互抵牾的，这意味着，数字算法把人类政治治理彻底带入了一个新的历史阶段，人的'统治'为'中立'的科学'治理'所取代。这样一来，遵循大数据而自动进行算法决策会演变为国家治理的固有程序，而决策所依据的科学的合理性与程序的规范性，俨然变成了为决策者治理行为进行事后责任开脱的合理路径。这极大强化了数字治理决策者的工具理性，导致决策主体只看重治理的工具手段是否符合程序规范，而将决策本身所追求的价值理性高高地悬置了，技术理性因此吞噬了政治的价值理性。

综上所述，数字社会技术理性的加速膨胀所产生的数据、算法对治理的僭越，不仅使治理主体对数字技术日益产生技术依赖、信息依赖以及决策依赖，削弱人的主体性；还使治理主体容易陷入数字技术带来的"梦幻效果"之中，而不会深入思考算法治理背后的价值问题。治理实践中，治理主体热衷于通过技术手段提高治理效能，而忽略人民利益与诉求的满足，进而与促进人的自由全面发展的人本价值追求渐行渐远。

第二节 资本逻辑层面：技术资本对公权力的侵蚀

在马克思主义价值哲学视域中，只有每个人获得自由而全面的发展，才是"美好生活"，才是数字治理的终极价值目标。但是，在数字时代，数字资本逐渐成为社会主导性的资本样态，它以实现自身最大化增殖为宗旨，凭借自身数字资源优势，通过信息控制、技术嵌入与决策依赖等方式对公权力进行侵蚀，以自身利益与诉求影响政府治理的决策与实施，从而为其谋利。技术资本的资本逻辑和"美好生活"图景相冲突，使数字治理背离了"以人为本"的核心价值。

一、数字技术：资本逻辑的新宿主

如果说理性并非一定蜕化成为工具理性，那为何说"每一种技术或科学的馈赠都有其黑暗面，数字化生存也不例外"。[1]正如前文所述，"数字利维坦"不是源于数字技术本身，而是源于数字资本的介入。一方面，资本逻辑能够主宰和支配数字技术的具体运用，使数字技术依附于数字资本。另一方面，技术的创新和发展必须符合资本增殖之需要，换言之，资本是推动技术发展与创新的助推器。在这种资本和技术相互交织的时代背景下，那些"大智云区"等数字技术绝非纯粹的效率工具，而是在资本原则下进行资本增殖的智能化操作。基于数字技术的数字治理同样摆脱不了被资本俘获与控制的处

[1] [美]尼葛洛庞帝.数字化生存[M].胡泳，范海燕，译.海口：海南出版社，1997：229.

境，在资本逻辑的裹挟下，一切都成为其实现增殖的手段，人被物化为"比特的东西"，丧失其主体地位。

从思想发展规律的角度看，只有借助科学技术的发展，人类的理性力量才能够不断得以释放，因为科学技术不断发展才能消解蒙昧意识，张扬理性的精神。从这个意义上看，人类理性的培育其实同科学技术的普及、发展具有历史同一性，而推动这一历史过程的根本动力则恰恰是不断壮大的数字资本，数字技术的工具理性正是源于数字资本增殖的需要。当人沦为科学技术的附属物后，所谓人类理性，也随之降格成一种工具性的存在，服务于资本增殖。正是基于这一点，工具理性连同科学意识一跃成为资本主义所推崇的意识形态。[①]在资本逻辑的推波助澜下，数学和物理被当成了方法论和实证领域的工具，科学技术也变成资本之附庸。[②]科技的发展，首先能够提升资本利润率，同时将剩余价值转化为不变资本；其次，还会积累巨量剩余资本。这正是资本主义应对经济周期性危机的撒手锏，即不断加快科技创新，以此将经济剩余消化。

那么上述这种境况看似有益于人类文明尤其是物质文明的进步，但实际上却是资本意志强制下，"对于科学技术的滥用，在资本积累逻辑的驱使下，数学、物理学等科学变成了一种直接性的生产力。"[③]在数字时代，数字技术支撑起了即时性的资本平台，将资本积累的效率提升到无以复加的高度。事实上，第三次和第四次科技革命的产生是信息技术推动的结果，这两次科技革命浪潮同时也是垄断资本为了化解自身积累剩余而发起的。这是由于，那些被垄断数字资本掌控的数字平台企业才是今天技术研发与创新的主力军，只有高度垄断的社会资本才能当作智能数字化和网络信息化技术革命的必要条件。当下，许多大型数字企业都把数字技术研发部门当作公司劳动分工中的重要独立分支，就是为了加快数字资本主义商品生产的迭代速度和频次，即"专业化、自动化、智能化趋势不可避免，科技发明变成了被系统组织起来的资本主义的某项专门事业。"[④]从领域上看，数字技术对数字资本积累的促进作用，不仅体现在经济领域，还体现在文化和意识领域。由于数字技术的操弄，个体的思想、观念、意识以及行为逻辑全部为数字资本所解构，换言之，数字技术要异化为一种资产阶级的意识形态统治工具。借由数字技术的工具中介，数字资本得以完成对社会文化和意识形态领域全面渗透，正如马尔库

---

① 仰海峰.法兰克福学派工具理性批判的三大主题[J].南京大学学报（哲学·人文科学·社会科学版），2009（4）：26-34.
② [德]厄尔奈斯特·曼德尔.晚期资本主义[M].马清文，译.哈尔滨：黑龙江人民出版社，1983：302.
③ [德]厄尔奈斯特·曼德尔.晚期资本主义[M].马清文，译.哈尔滨：黑龙江人民出版社，1983：242.
④ [德]厄尔奈斯特·曼德尔.晚期资本主义[M].马清文，译.哈尔滨：黑龙江人民出版社，1983：302-303.

塞指出的，"技术'中立性'的传统概念不再能够得以维持。……这种技术社会是一个统治系统，……在技术的媒介作用中，文化、政治和经济都并入到一种无所不在的制度中。"①由此可见，数字技术的发展和扩张完全内嵌于资本的统治框架之中，经济、政治、文化等原本社会领域的现实问题都被归结成一种技术领域的问题。如此一来，数字技术就大幅提升了技术决定论的观念认同，"甚至可以渗透到非政治化的广大居民的意识中，并且可以使合法性的力量得到发展"。②

二、技术资本侵蚀公权力的生成逻辑

马克思指出："资本是对劳动及其产品的支配权力。"③换句话说，资本这样一种现实性权力，对公权力具有本能性的俘获力。而到了数字资本阶段，资本形态呈现多元并存的形势，且资本对于政府治理（本质上即公权力的实现）的影响也更加多样与深化。数字资本凭借其独有的技术天赋，成为进一步引发资本增殖的资本力量。④它把那些看似中立的技术要素全部市场化进而资本化，使之产生了异化社会劳动的现实效应。⑤在数字时代，技术要素的边际贡献率远远高于劳动力、土地等传统生产要素。⑥所以，技术资本在数字时代掌握着更高的话语主导权。可以说，在技术空前便利的数字时代，技术的"无处不在"和"无所不能"，却因资本逻辑的存在而令人们"无所不从"。一言蔽之，资本使得数字技术权力化问题愈益凸显。而数字技术的权力化构成了技术资本侵蚀公权力的根本生成逻辑。

（一）技术权力化的产生

开启技术权力化批判的是马克思关于机器权力的探讨。此后，马尔库塞的"单向度的社会"、霍克海默和阿多诺的"启蒙的集权诉求"、哈贝马斯的"作为意识形态的技

---

① [美]赫伯特·马尔库塞.单向度的人：发达工业社会意识形态研究[M].刘继，译.上海：上海译文出版社，2014：6-7.
② [德]哈贝马斯.作为"意识形态"的技术与科学[M].李黎，郭官义，译.南京：学林出版社，1999：63.
③ 中共中央马克思、恩格斯、列宁、斯大林著作编译局.马克思恩格斯全集（第3卷）[M].北京：人民出版社，2002：238.
④ 徐伟轩，吴海江.资本主义的新星丛：技术资本主义特性及其理论意义[J].当代世界与社会主义，2019（6）：123-129.
⑤ [瑞典]福克斯，[加]莫斯可.马克思归来（上）[M].传播驿站工作坊，译.上海：华东师范大学出版社，2016：124-126.
⑥ 罗福凯，杨本国.美欧技术资本理论研究进展：1915—2015年[J].中国科技论坛，2018（6）：179-188.

术"、芬伯格的"技术代码"等，都涉及技术权力问题。自古以来，"技术体系"就作为一种不可抗拒的力量推动着人类社会的历时性演进。所谓"技术体系"，不是单指一种社会形态或一个时代人类的技术水平和能力，而是强调科技同公权力的关系状态。在这里，"技术同意识形态、经济、军事和政治等社会权力互联互浸，并围绕社会利益分配而形成两者之间的结构性关系。"①就像历史唯物主义所以强调的，技术的每一次变革都会推动人类劳动生产方式的革新，引起以生产资料所有制为核心的原有生产关系发生变迁，带来政治上层建筑的变革，从而打破原有的社会权力关系，并在各种社会权力围绕新技术操控权而进行的斗争和博弈中，形成新的权力关系。任何治理主体都处于特定历史阶段的"技术—权力"关系框架下。

首先，技术权力化的形成源于技术运用的社会领域转向。人类早期科学技术水平较为低下，仅达到为满足生存需要提供条件的工具层面。而自工业革命以来，技术对经济的影响日益扩大和加深，人类的生产力水平因技术的发展而得到大幅度提升，以至科学技术红利渗透到社会生活的各个层面，大到国家的发展规划，小到人民的生活点滴，都依赖技术的发展，从而逐渐形成了人类现代化技术体系的权力关系结构雏形。随着科学技术的进化更迭，以改造和支配自然界为纯粹目标的狭隘的科技观，必然在对科学技术的运用中转向、蔓延至社会层面。换言之，科技从原本表征人与自然关系的范畴，转化为人与人的社会关系，当技术由对自然事物的控制或支配转入社会场域，介入到人与人之间的社会关系层面，就会对他人产生支配或控制的力量。

其次，技术权力化不是技术系统的自驱动结果，其与技术系统的归属密不可分，即取决于技术操控者的社会阶级基础与经济地位。所以，不同的社会形态衍生出不同的技术权力化表现形态。马克思认为，技术作为人的本质力量对象化的产物，其不存在拥有自主意志的技术权力，即任何形态的技术权力都不是技术体系内生的结果，而是植根于权力主体的社会经济关系。并且马克思强调，技术作为人工物对他人的支配性作用与决定性力量，只有在资本逻辑中才能实现，其体现为"死劳动"对"活劳动"的支配与控制。在这里，作为生产资料，技术指的是物化了的过去的劳动，在资本主义生产资料私有制下，谁拥有资本，谁就拥有支配"活劳动"的社会权力。即谁占有过去的"死劳动"就能支配与控制当下的"活劳动"，从而技术所展现出来的是在资本主义生产方式下的社会权力关系。即在资本主义"市民社会"中，"社会权力"就是"物质生活关系的力

---

① [英]迈克尔·曼.社会权力的起源（第 1 卷）[M].刘北成，李少军，译.上海：上海人民出版社，2015：28-36.

量"，"即作为政治权力之前提和基础的权力"。①质言之，技术力量在资本主义中展现为"社会权力"，而这种"社会权力"是技术在资本的社会关系网络中才能展现的力量。正如罗森伯格（Rosenberg）指出，技术本身绝不具备政治中立性，它广泛渗透于社会关系之中，不断重塑着个体同自然界以及其他个体之间的关联模式，重组资本主义工业生产的技术过程，并最终变革那些社会上层制度结构。

（二）数字技术权力化的作用机制

如前所述，技术系统可以实现技术所有者或操控者的目的，展现出一种强制性的力量。数字技术亦是如此，数字技术凭借其强大的数据分析与处理能力，与国家政治权力相结合，形成新的技术权力，形塑新的治理权力结构。技术赋权带来技术权力化风险，具体表现为"技术的权力惯性"，即"技术脱离国家权力自行统治"。这最终会导致人民在技术赋权过程中被排挤。

"技术的权力惯性"是以数字技术权力的"自驱动"为根本逻辑，数字平台企业凭借技术垄断，获得数字化行政权力。从表象看，数字技术的广泛使用，使人民群众可以通过信息获取、传递参与国家治理，获得公共事务的知情权和监督权，促进人民群众积极参与公共事务。但实质上，这种参与具有非均衡性。根据第49次《中国互联网络发展状况统计报告》，中国网民规模为10.32亿人，仍有近4亿人口无法获得数据权利②，且因知识积累、生活经验等差别，部分数据资源掌握在具有较高知识水平的群体手中。技术精英以及优势平台企业对数字技术的垄断，使得政府愈发依赖技术精英和核心企业。

平台企业的核心竞争力主要体现在两方面：一是地方政府在信息技术方面普遍存在技术赤字，因此不得不依赖数字平台，这就在无形之中增强了数字平台对政府治理辖域内经济社会事务的辐射力。二是互联网巨头们依靠自身平台所具有的强大算力优势，对数据资源形成资源垄断，并且通过庞大的数据池形成虹吸效应，吸纳更多的外部数据进入，从而积累并铸成超大平台企业及其高度垄断体系，如此一来，这些头部垄断企业就能以技术的形式对相关区域经济等事务施加深度影响。由此，这些企业能在应用场景、公共数据等领域获得排他性的特许使用权。数字平台企业往往不满足于单向的、简单的

---

① 王德峰.社会权力的性质与起源：一个历史唯物主义的分析[J].哲学研究，2008（07）：18-23，128.
② 中国互联网络信息中心.第49次中国互联网络发展状况统计报告[R/OL].（2022-02-25）[2023-08-07].https://www.cnnic.cn/NMediaFile/2023/0807/MAIN1691372884990HDTP1QOST8.pdf.

咨询政治，而更愿意充当规则的共同制定者，积极采取行动对经济社会运行法则施加影响，甚至直接介入政府规则的制定和政策工具的设计领域。

由此，凭借强大话语权，技术精英和数字平台企业能弱化人民参与，甚至能形成左右政府决策的技术权力，公共治理规则的创造者将不再是人民群众，而会是数字权力支配的少数人。罗伯特·达尔（Robert A. Dahl）就曾指出，企业拥有的强大所有权和控制力，将使得人们在掌握技术和信息等方面存在不平等，影响着人民参与的能力与平等性。

（三）数字技术权力化造成技术资本对公权力的侵蚀

通过上述论证不难理解，由于数字技术的权力化，拥有成熟算法技术和应用前景的数字平台企业备受政府青睐。数字平台企业凭借其丰富的技术应用场景在政府公共事务中也能发挥举足轻重的作用。由此，数字平台企业顺理成章地介入了数字政府治理和数字社会建设的诸多环节，并开始能够通过左右政府治理的结构状态和政策走向而满足自身的利益诉求。随着政府对技术的依赖性越来越强，掌握先进技术的数字平台企业作为技术资本的主体深深嵌入数字治理中，跻身政府施行数字治理的重要技术构成，这必然会同时引致社会对政府部门同数字平台企业之间的关系的隐隐担忧，即数字平台企业会不会为了自身利益而去侵蚀公权力。尤其在 2021 年初，谷歌以暂停搜索服务要挟澳大利亚政府的事件，更是向世人敲响了数字资本对政治权力侵蚀的警钟。"依赖"与"侵蚀"似乎成为数字政府与技术资本关系的真实写照。

技术资本对公权力的侵蚀源于两者的双向互动关系。具体如下：

首先，资本对公权力天然就十分青睐。追求利润最大化是资本原则始终如一的目标，而公权力往往能够加速资本的增殖速度。第一，公权力在社会生活中占据重要的地位，它能够通过政府部门的治理行为影响资本市场的运作，从而能够为特定资本利益集团攫取超额利润。于是，各个资本集团为了自身利益，总是伺机寻求和公权力的结合，使自身跻身特权者之列，以便在资本市场中进行"寻租"。第二，公权力可以帮助资本获得更多的外部资源以便于其增殖。尽管当下资本运作的基本态势是以开放化和自由化为主导，但是资本利益集团的行为仍旧需要公权力进行调度和调节。为了占据更多的外部公共性，资本利益集团将围猎的目光转向公权力，希冀通过与政府部门实现深度嵌入，服务于自身增殖。基于这一点，资本为了实现持续增殖的目标，从寻求公权力到依附公权力最后转向渴望占有公权力，进而对公权力进行垄断。在这方面，技术资本无异于传统资本，也符合这样的关系塑造规律。在这种背景下，人们对手握海量数据资源以及算法权力的数字资本集团和公权力勾连的可能，很难不充满担忧。

其次，治理对数字技术的需要。作为客观存在，技术自身并不能主动参与国家治理，需通过政府将其吸纳进入治理体系。政府作为国家治理的主导力量，其使命是提供公共服务以满足人民群众的需求。在此过程中，政府需要不断地吸纳新兴技术，将技术运用内化为政策完善与能力提升的核心要素，并推动技术不断发展。政府竭尽全力地在自身的日常运行中接入新技术，实现治理活动同前沿技术的有机整合。第一，数字技术助推政府治理变革。同数字社会的突飞猛进相伴随的是，政府在实施治理过程中对数字信息处理能力的需求日益凸显。而"大政府"模式往往存在效率低下和机构臃肿问题，这使得政府难以承担更为繁重的治理压力，这就对政府治理模式的重构提出了现实要求。数字技术旋即展现出其强大的高效性和工具理性价值，这正是迎合了政府优化治理结构、变革治理理念的需要。第二，数字技术能够提升政府治理的群众基础。回应社会公共关切是政府的根本宗旨，正如恩格斯所言："政治统治到处都是以执行某种社会职能为基础，而且政治统治只有在它执行了它的这种社会职能时才能持续下去。"[①]而在当今时代，政府如何才能履行好这一本质职能，从而精准、高效地回应社会公共需求？这就需要数字技术的赋能助力。一方面，智能技术能够拓宽政府活动范围；另一方面，智能技术可以优化政府治理流程。数字技术同政治活动之间的深度勾连，正呈现出一种新的更激进的方式，这也推动着政府与技术之间的良性互动。

总而言之，政府出于提升自身公共治理与服务能力的本质需求，会借助数字技术的力量来推进自身治理能力的现代化。这种现实需求，不仅推动了数字技术的权力化进程，还随之造成技术资本对于公权力的捕获和侵蚀，这就是数字治理价值异化的深层致因。

三、技术资本侵蚀公权力的具体路径

技术资本的出现加重了"技术"的治理砝码，引起"技术"与"权力"的关系失衡。这种失衡使技术资本主要通过表层的信息控制、技术依赖到深层的权力转移三条具体路径，由浅及深地对数字公权力产生侵蚀作用。由此，数字平台企业凭借其数据资源整合能力及技术优势成为数字治理的"准权力机关"，通过算法"黑箱"操作，影响行政决策，为自身谋利，消解治理主体的独立人格，妨害人民的公共利益。

① 中共中央马克思、恩格斯、列宁、斯大林著作编译局.马克思恩格斯文集（第9卷）[M].北京：人民出版社，2009：187.

（一）信息控制：影响数字治理信息的来源与传播

数字技术在数字治理的信息处理中形成信息控制。当前，在数字化浪潮推动下，各地政府都在政务信息化和数字化方面大展拳脚，试图通过将各个政务部门的工作信息集合，把自身打造成一个包罗万象的综合政务治理平台。而在此过程中，数字技术无疑充当了至关重要的角色：一方面，是由于政府在搜集和吸纳各类政务治理信息时，必须借助数字技术工具方能实现；另一方面，当各类信息汇集起来后，对这些数据化的信息进行各种形式的分析和处理，依旧需要数字技术的助力。在这种情况下，数字企业就会"乘虚而入"，因为政府部门能够从事专业数据信息处理的人员毕竟是极少数的，所以只能求助于数字科技企业。这就使得数字企业能够轻而易举地接触到海量的私人信息。

与此同时，数字科技企业在与政府合作中以实现利润最大化为宗旨，这就会驱使其凭借影子官僚之便，大规模集聚并利用海量个人信息来对网络用户进行预测与引导，塑造与调整用户的行为，最终演变成数字治理过程中重要的技术风险源头，并影响着人民数据权利的实现。总而言之，当数字科技企业占据了大量信息资源后，就会有意识地发挥自身技术特长，开发出各种攫取超额利润的渠道和方式，而在这个过程中，公民个体的隐私数据泄露等信息安全风险必然会随之增加，这本质上就是技术资本对于公权力进行侵蚀的结果。

（二）技术依赖：内嵌于数字治理的建设与运行

众所周知，手握先进数字信息技术的数字科技企业，凭借自身的技术优势与数字资源，顺理成章地介入数字政府的治理活动中。这些企业可以搭建起大数据、区块链等数字时代的基础技术底座，相当于搭建起数字化社会的基础设施。例如，在英国，数据战略委员会、公共数据集团等，就是协助完善、规划政府数据的主要组织机构。[①]由此，数字技术企业依靠所掌握的大量先进技术嵌入到政府数字治理运行过程中，而这些企业背后的数字资本为获得资本增殖，会催生技术的失范与越界运用。例如，在政策的信息公布与实施阶段，这些先进的数字技术承担了重要的信息传播功能，在此过程中，各类技术资本主体往往通过花样繁多的技术手段对政策进行"再加工"，从而借助手中的技术权力影响该政策的实施范围与途径，使政策偏离了原有的治理初衷。

当下，政务平台是数字政府得以运转的技术支撑，这一技术支撑是由数字政府中的

[①] 李重照，黄璜.英国政府数据治理的政策与治理结构[J].电子政务，2019（1）：20-31.

技术部门所提供的。① 由此，政府的技术部门成了技术资本对公权力进行侵蚀的桥头堡。技术资本能通过技术内嵌的路径，进入数字政府的技术部门，影响数字政府的平台建设。这样一来，政府的技术部门就将失去对政务治理平台的专门控制权，那些借助技术内嵌方式介入的数字资本将成为另一个隐性的操纵者，影子官僚由此产生。

（三）权力转移：数字技术成为数字治理的主要施政工具

表面上，政府和数字平台企业之间仅是单纯的技术合作关系，但技术的权力化使数字技术企业在不知不觉间化身成为手握治理决策权的"准权力机关"。治理决策的制定与实施执行越来越依赖于数字技术企业提供的数据与算法，因此，数字技术被深嵌于公权力运行体系，成了政府数字治理的主要施政工具。事实上，我国当下政府数字治理决策依据的很多数据，也正是由淘宝，京东、微信、QQ 等互联网头部企业的各种数据库系统提供。这些技术企业都曾与公安、质检、财政等治理部门开展数字技术合作。不仅如此，一些特殊技术直接服务于相关治理部门，成为影子官僚，足以体现当下的数字政府决策对技术的依赖程度。

当前，数字技术已然全面介入数字治理政策施行的整个流程中，成为数字治理政策目标能够顺利实现的决定性要素。尤其在今天数字化进程快速发展，社会治理难度与风险与日俱增的背景下，政府治理不得不更加依赖数字技术工具与手段，从而确保政府治理意志的全方位、高质量通达。这种政府对数字技术企业的技术依附格局，客观上为技术资本俘获公权力，侵蚀政府治理过程提供了便利。前文所述及的澳大利亚政府被谷歌"逼宫"事件便是鲜活例证。技术资本凭借其自身的资源整合能力，通过舆论塑造与引导技术，能够对各类决策实施"加工"，以此实现其特定的利益诉求。故此，技术资本侵蚀下的公权力就非常容易沦为数字资本攫取超额利润的工具，而造成人民集体利益的消解。

综上所述，纵观人类文明的发展历史，科学技术的进步始终发挥着关键驱动作用。数字时代的来临，更是使先进的信息技术日益走到时代舞台的中央。作为数字技术运行基础的算法越来越嵌入国家治理领域，形塑数字时代"数字治理"新形式。但在技术资本的侵蚀下，凭借强大的技术优势及数据整合能力，数字平台逐渐拥有一定的"准行政权力"，并开始在数字政府建设中扮演越来越重要的角色。数字技术资本化所形成的技

---

① 丁羿.科层制政府的数字化转型与科层制危机的纾解[J].南京大学学报（哲学·人文科学·社会科学版），2020（6）：112-120.

术资本具备强大的侵蚀能力，通过"数字方式"的外表展现，将自己披上技术的"羊皮"，以算法、数据、机制等隐匿手段去谋利，使得数字治理价值偏离以人为本的轨道。并通过对决策的算法"黑箱"操作，影响行政决策，为自身谋利，消解治理主体的独立人格，妨害人民的公共利益。如果不适时加以防治，数字政府则可能由数字治理的建设者和主导者蜕变为技术资本的傀儡。因此，如何有效规制技术资本在参与治理过程中的"数据垄断"行为和对公权力的侵蚀，防止数字资本对人民利益的肆意收割，成为数字治理必须着力思考的时代命题。

第三节 上层建筑层面：数字治理结构的不完善性

数字治理不仅是技术问题，更是治理问题。它不仅仅是技术手段的运用，更是与之匹配的思想认识、组织结构和体制机制等多方面的整体性变化与基础支撑。本研究把包括数字治理理念、法律法规、体制机制等在内的要素集合称为治理结构。而当前数字治理结构的不完善性，与数字技术嵌入国家治理之间形成的张力正是数字治理价值异化的现实原因。作为生产力的最新代表，数字技术发展具有革命性与超前性，而作为政治上层建筑与思想上层建筑的治理体制机制与治理理念等，具有相对的稳定性和滞后性。当技术创新突破原有国家治理框架时，技术创新的无限性突破与治理结构变革的滞后性必定带来技术的负面影响，从而造成治理价值的异化。换言之，只靠技术的单兵突进和刚性嵌入，而缺少治理理念的更新、制度的变革、组织的转型、法治的规范，数字治理不仅不能充分提高治理效能，还可能带来一系列的负面影响。

一、数字治理理念缺位

科学哲学家托马斯·库恩（Thomas Samuel Kuhn），首次将科学的演进历程命名为"范式革命"，其中"范式"本质上就是人们认识世界的参照和坐标，兼具有认识论与存在论的意涵。而作为数字时代治理新范式的数字治理，也对治理主体提出了新的要求，需要治理主体以"数字"的方式把握。然而，事实往往是我们面对硅基时代的比特世界时，却还秉持碳基时代的"原子思维"。比如，书本想象纸张是其本质的一部分，电信公司想象距离越远应该收费越高，国家想象它们的物理疆域是最重要的战略资源。

在数字治理领域也是如此。在传统治理中，治理理念一般围绕"法律""道德""制度"三者设计。数字时代，人类社会愈发呈现出网络化生存样态。数字治理由一种技术发展为治理的形态，但治理理念的变革相对滞后，还尚未真正将技术路径作为一种理念层面的战略思维进行考量。特别是人的信息数据实践成为人的重要实践形式，开放性、平等性、协同性是其显性特征，这要求治理理念与之相适应，即建立数字共享思维。但由于数字治理理念尚未转换，身处科层体制中的行政主体，往往只关注上级领导的指令，即只对制度逻辑感兴趣，而"自下而上、合作共享、双边互动、民主参与"等治理理念却没能在第一时间嵌入到数字治理体系中去，就使得政府中各部门共享数据的主观意愿不强，更缺少"对数据进行治理"的动力，所以就非常容易产生重复建设、标准参差等治理协同困境。还有的地方政府只是一味地被动执行上级要求推进数字治理建设的命令，于是只重点关注那些看得见的数字硬件设施和平台建设，却忽略了相关数据整合共享方面的工作。最终导致将本部门的核心数据进行扣押，只选择一些无关紧要的数据进行共享公开，使得数据流出现"聚而不通"的窘状以及形成"信息孤岛"。

"信息孤岛"指的就是政府部门间的数据和信息相互孤立、不共享互换，以及信息与业务流程和应用相互脱节。部门对数据资源的分割和垄断，如横亘在数字治理发展中的一道道数字壁垒，由于信息不互通，无法实现信息共享，形成了阻碍人民群众办事的"无形之门"，影响了治理效能、消解了数字红利。这些治理中的本位主义、条块分割、部门壁垒等与数字治理要求的整合性、系统性、协同性之间产生极大冲突与矛盾。究其根源，是背后隐藏的传统的唯政绩中心主义，其结果是在数字技术越来越先进、数字基础设施越来越完善的情况下，数字治理的政民互动、公民参与等"深层"指标却越发黯然。

故而，强化和端正数字治理理念迫在眉睫。国家必须从顶层设计上着手，为数字技术与治理实践的科学融合提供有效推动力，最重要的是，明确数字治理的核心价值。因此，梳理规范有序、导向明确、协调一致的数字治理价值体系刻不容缓，将价值理念融入数字技术研究、人工智能研发等活动全过程，这就能从技术源头上规避数字治理过程中的诸多技术风险问题。特别是在人民群众普遍关心的隐私保护、数据产权等诸多问题上，更要加强科学数字治理理念与价值的灌输，必要的部分还应以法律的形式明确下来。

二、数字治理法律法规缺乏

法律法规体系为数字治理提供指引，划定边界与红线。数字时代，新技术、新产业、新应用不断涌现，传统的法律法规越来越不能适应新的实践需要，且新法规的制定明显滞后于数字技术创新。以我国为例，尽管数字治理的实践在我国已经有了较长时间的发展，然而，与之相关的法律法规体系尚处于制定与不断完善的起步阶段。现有的一些制度性文件主要以部门规章和地方性行政法规为主，缺乏体系性和严谨性。虽然有一些国家层面的相关规范性文件，比如，《国家政务信息化项目建设管理办法》《促进大数据发展行动纲要》等，在一定程度上完善了数字治理领域的制度体系。但是，还远不足以满足实际发展需要，因而对数字治理实践在我国的深入推进构成了现实阻碍。

第一，在数字治理实践中，许多地方政府的本位思维根深蒂固，纷纷以自我为中心，导致政府内部各部门横向以及纵向之间信息壁垒又高又厚，各地区政务服务平台之间兼容性低下，各区域数据库的编码制式五花八门，"信息孤岛""信息烟囱"现象屡见不鲜。究其深层次原因，就是现有数据立法明显不足。数据的采集、共享、运营、维护；数字化项目的管理、考核、评价；数字平台公私合作责任、边界等规定皆不健全。政府数字化改革的快速发展，使法律法规的完善滞后于数字技术的应用，从而导致地方各级政府在推进数字治理时出现无法可依的"制度空场"。

第二，个人数据信息权益保护和人民群众参与数字治理的法律制度不足。尽管诸如《民法典》《政务信息资源共享管理暂行办法》等法律法规对个人信息保护有部分规定，但在实践中却并未得到应有重视。人民群众参与数字治理的活动尚缺乏具体法律法规的指导，群众缺乏数字治理项目建设、功能改进、效能评估等方面的话语权。人民参与的缺位，导致数字治理过程缺乏纠偏渠道，既消解了群众的治理主体地位，又使得治理过程因为缺乏群众积极性与创造性而不能充分发挥其治理效能。

第三，对算法嵌入治理过程缺乏制度规制，从而严重阻碍了数字治理的快速发展。在当前数字治理实践领域，最紧要的矛盾就集中在对算法及其漏洞的治理上面。众所周知，算法技术是数字治理过程的关键技术因素，而在实际运行中，算法的开发和设定，在满足基本功能层面之外，还会受到算法开发技术人员的价值观影响。也就是说，数字技术人员的价值偏见很可能借助他的数字劳动而传导至算法程序之中，如果此时算法接收到的数据也存在价值倾向性，那么，所生成的政策参照结果很可能会背离实际。造成决策者意图被扭曲和理性原则缺位。设若这些算法"黑箱"问题不得到制度维度的有效规制，那就会造成相应的歧视、偏见等风险。最典型的案例就是，英国达勒姆警察局所研制的"危害风险评估系统"，以各个区域的邮政编码列为风险预测的因子，从而对富人和穷人出台不同的政策，这就是赤裸裸的算法歧视。

三、数字治理协同共治机制缺场

在数字治理中，互联网将物、人和组织等关键要素串联了起来，催生出数字治理最大的特征之一，那就是协同共治，即社会不同部门、主体，如政府、非政府组织、私营部门以及个人等都可以参与到治理活动中来。在数字时代，由于技术的赋能，各个治理主体之间能够完成即时的信息交换与互动，通过数字平台实现随时联通和自由对话，这就从实际层面提升了治理决策的民主化和科学化程度，所以数字技术实现了数字治理的协同共治。质言之，数字治理要求由政府主控的管理转向多主体参与的治理，由传统纵向科层制体系转向横向为主的扁平化体系，建立政府机构间数据共享的合作联动机制。

然而，在当前的数字治理实践中，主导和核心主体仍是各级地方政府与数字科技企业，其他主体的参与度普遍较低，个人在数字治理中的参与感不强，可见，就目前来说，人民群众治理主体是缺位的。造成这种局面的原因，主要有两方面：一是由于数字治理本身的高技术门槛，政府部门不得不依赖数字科技企业，这样就使得数字企业部门在数字治理过程中的主导性过度彰显；二是由于地方政府与非政府组织等社会主体之间在信息获取、参与途径等方面不对等，使私营部门或个人主体对于数字治理的参与积极性不高，从而导致多主体间的协同治理效能不高。可见，互联网巨头企业借助行政准权力形成垄断，挤压中小型新技术企业的生存空间，破坏政务技术市场的运行生态。[①] 面对这种局面，尽管一些地方政府开始摸索相应的措施，如"管办分离""政企共建"等做法，去缓解协同治理中的困境。然而，还是杯水车薪。在数字治理的权力结构中，政府天然就占据着数据主导权，数字企业垄断了算法设计以及技术保障方面的权力，这些"硬核"优势，足以构成对其他治理主体"降维打击"的能力。在此情形下，人民群众往往被迫沦为"沉默的大多数"。由于这种缺位，即人民群众主体地位的缺失，数字治理就变成了政府部门与数字企业之间的"二人转"，而将作为终端主要用户的人民群众却被排除

① 郑春勇，朱永莉.论政企合作型技术治理及其在重大疫情防控中的应用：基于中国实践的一个框架性研究[J].经济社会体制比较，2021（2）：57-66.

在治理体系之外，未建立用户深度参与、开放、互动的生态系统。在个别地方，数字企业所提供的技术服务与产品，甚至只对政府部门负责，而无视真正的服务对象——人民群众。

此外，造成数字治理协同治理机制运行不畅的原因还在于，数字技术所创设的扁平化组织体系与既有的传统科层治理架构之间的张力。例如，由于条块分割和属地管理，一个基层干部对接上级多个部门的畸形状态依然存在，再加上具体数字治理工作的琐碎繁杂，使数字治理的"碎片化"趋向越发明显。为今之计，必须以最大的政治魄力和科学的应对之策推进大部制改革步伐，彻底打破各部门之间的协作壁垒，将部门的特殊利益整合为系统的普遍利益，加快对传统治理路径的超越和替代，实现各种治理权力的"云整合"，形成"以'集成与共享'为核心的数字治理模式，这是协同治理的根本解决办法。

综上所述，数字治理价值异化的症结在于：主观上，"数据至上"的"数字利维坦"风险造成了数字治理工具理性对价值理性的僭越，从而遮蔽人的主体性；经济根源上，技术资本依靠算法权力俘获公权力为自身谋利，从而消解了行政治理主体的主体地位与治理的公共性，使数字治理背离了人本价值。而现实上，数字治理相关制度、体制、机制等发展的相对滞后性造成了数字治理过程中技术的"脱驭"，从而加剧了数字治理的"利维坦"风险。唯物史观认为，整个人类的数字化实践活动实质上是人类利用数字技术手段，以数据、算法等核心要素去改造现实世界的历史过程。在此过程中，虽然数字技术展现出前所未有的智慧性和自主性，但其本质依旧是一种人类把握现实世界的一种特殊的工具。因此，数字技术永远不能遮蔽人的主体性的存在，人才是目的本身。正如康德所说的："决不把人这个主体单纯用作手段，若非同时把它用作目的。"[1]他认为，在全部造物中，人们想要的和能够支配的一切都只能作为手段来运用；只有人以及人在内所有的有理性的存在物方为自在之目的本身。故此，数字治理中先进技术运用及其高效、精准、科学、智能等效能最终都要回归于人本身，即有利于提升人的主体性，促进人自身的自由全面发展。一言蔽之，数字治理价值异化的破解在于实现人的主体性的复归。

---

[1] [德]康德.实践理性批判[M].韩水法，译.北京：商务印书馆，2003：95.

第六章 数字治理价值异化的破解方案

马克思指出："自我异化的扬弃同自我异化走的是一条道路。"①数字治理价值异化的破解正是在于复归价值"应当"，即在数字治理中复归人的主体性。海德格尔说过："你如何开端，你就将如何保持。"②这意味着，本研究将在马克思主义价值哲学视域下，去探讨数字治理价值异化的消解。具体来看，就是要从破解之理、破解之法、破解之路三个层次系统性展开。第一，在最根本的破解之理层面，实现数字治理中人的主体性复归，其关键就在于确立人民价值主体地位；第二，基于这一破解原理，研究进一步从价值主体、价值目标以及价值标准三个维度，提出建构"人民主体数字治理价值体系"的破解之法，即通过"人民主体数字治理价值体系"的建构确立人民价值主体地位；第三，在上述破解之法指引下，研究从政治保证、制度基础、机制依托、技术支持四个现实方面，系统阐发如何实现人民主体数字治理价值的具体路径。以上三个破解层次逐层递进、相互因应，共同组成了数字治理价值异化的破解方案。

第一节 破解之理：人的主体性复归
与人民价值主体建构内在同一

在马克思看来，人的主体性以共同体路径为实现逻辑。正如他所指出的："人的本质是人的真正的共同体。"换句话说，唯有当个体处于真正的共同体之下，其主体性才能够得到真正的显现。而"人民主体"正是真正共同体所对应的主体形态。在这个意义上，人民主体自身的解放与个体解放、人的主体性的复归是同一过程，具有历史同构性。

---

① [德]马克思.1844年经济学哲学手稿[M].中共中央马克思、恩格斯、列宁、斯大林著作编译局，译. 北京：人民出版社，2000：78.

② [德]马丁·海德格尔.海德格尔选集（下）[M].孙周兴，译.上海：上海三联书店，1996：1011.

一、人的主体性以共同体路径为实现逻辑

在马克思看来，人的主体性即是"现实的个人"本质力量的实践展现。所谓"现实的个人"，就是处于特定历史阶段以及社会关系中的从事物质生产实践的人。在此意义上，人的主体性就包括两重意蕴：一是存在于主客体相互作用中；二存在于不同主体之间。即人的主体性的实现也具有双重向度：一是个体的内在向度；二是处于一定的社会关系中的外在向度。即社会性或共同体是主体性实现的逻辑路径。

正因如此，马克思总是在"关系"中看待人、在"共同体"中研究人。他对人的解放的理想状态有两种表述——"人的自由全面发展"和"自由人联合体"，虽然包含着"社会—个人"的双重向度，但二者实际是同一过程，即通过社会与个人双重向度的解放实现人的真正的解放。马克思指出，每个人的自由发展是一切人自由发展的条件。然而，每个人的自由发展其实是有具体前提和历史条件限制的，而不能恣意而为。按照唯物史观的观点，其中最重要的社会历史条件就是生产力的发展程度，以及由此而结成的社会生产关系。这一社会生产关系同样构成了"真正共同体"存在的现实前提："只有在共同体中，个人才能获得全面发展其才能的手段，也就是说，只有在共同体中才可能有个人自由。"[①]因此，在马克思看来，共同体活动是人的社会性本质的实践依托，只有在共同体中现实个人才能全面获得和占有自身的本质。不难看出，马克思对人的主体性的实现的路径规划，是使共同体路径占据优先地位。

基于共同体关系是每个人实现自由自主活动的必要条件，马克思认为，在不同的共同体关系中，个体生产其物质生活及相关的东西便会呈现出不同的个体生命解放力量，所以他并没有将一切共同体都视为能够实现人对自身本质全面获得和占有的合理存在。因此，马克思从社会关系的历史演变分析人的主体性的发展，继而依据人和自然界的共融以及人自身的和解来勾勒未来社会图景。在马克思看来，理想社会最核心的内涵就是"自由人的联合体"，是在对私有财产的积极扬弃的基础上，形成合理社会关系的共同体。它为个人超越自身和外在的各种局限性，充分展现自由自主的生命力量，提供了一切条件与保障。

因此，人的主体性的实现不在于摆脱人之各种关系而独立，而在于通过这些"共同品质"的社会关系而达成。个体唯有在同他者的和谐共融与互动中，方可实现"自由人

---

① 中共中央马克思、恩格斯、列宁、斯大林著作编译局.马克思恩格斯选集（第1卷）[M].北京：人民出版社，1995：119.

的联合"，进而才能塑建自我的"自由个性"。由此可见，人之主体性的彰显，作为马克思的核心价值归宿，其实现恰恰不是在个人范围内完成的。在马克思看来，实现人对自身本质的全面获得和占有，涵盖着将人的本质的复归，人的自由问题转移到合理社会关系的逻辑必然，"人与自然、人与人矛盾的真正解决"内在预设了将价值追求由"个体之自由"转为"关系之和谐"的共同体视角。

由上述论证不难窥见，马克思关于人的主体性观点从根本上有别于西方的自由主义或个人主义。后者关注的"个人自由"其实不过是一种脱离具体社会现实的超历史性的抽象自由，是一种存在于自由权利观念中的自由。而真正的自由，则完全相反，绝非遗世独立的，而是生成于主体间的，具有主体间性的"交互式"自由，只有在与他者的开放性关系中自由才能生成。这种社会性路径或共同体视角意味着主体性的实现不是在以"个人为中心"的自由主义中完成的，而是在"真正共同体"中实现的。

二、人民主体是建构"真正共同体"的必然要求

承上所述，只有在共同体中，人的本质才得以彰显，主体性才能实现，个体与共同体互为目的和条件。而人民主体正是人类实现真正共同体的必然要求，即"真正共同体"的价值主体，不是孤立的原子式的个人，而是人民群众，是"现实个人"的"个体性"和"社会性"的有机统一。个人的自由全面发展不仅是人民主体的现实选择，亦是其真正实现的根本标志。因此，人民主体是实现个人主体性复归的必然选择，其有这样的能力，也有这样的需求。

（一）人民主体与"现实个人"本质的一致性

马克思明确指出，历史唯物主义的考察，"不是没有前提的。……它的前提是人"[①]，并且只能是"现实的人"。"现实的人"即是将个体性与社会性在实践中具体统一的人，正是这样的人，形成了人民主体。人民主体性地位的体现，就在于"现实的人"在社会实践中的创造性。通过对人民主体同"现实的人"之间本质关联的探究，可以得出关于人民主体的以下推论：

第一，人民主体具有客观实在性。从内涵来讲，人民主体的客观实在性具有两方面

---

① 中共中央马克思、恩格斯、列宁、斯大林著作编译局.马克思恩格斯选集（第1卷）[M].北京：人民出版社，1995：73.

意涵：一方面，体现为人民主体作为一种感性类存在物的本质属性；另一方面，体现为人民主体所从事的改造自然界的物质生产活动。尤其后者，体现出人民主体为了生存与发展的需要，在物质生产活动中，不断优化工具与劳动技能，在收获更丰富和优质物质劳动产品的同时，也更新了社会生产关系，推动了人类历史螺旋式前进。可见，人民主体的社会历史实践本质上造就了人民主体的客观实在性，并且在物质生产领域以及政治生活领域都有相应的体现。因此，"人民"不是无数个体的机械组合或简单相加，而是在一定的社会历史背景和社会关系中形成的具有共同价值准则的共同体。并且人民主体的客观现实性，也为其所欲构建的价值共同体奠定了现实性基础。

第二，人民主体具有自觉能动性。自觉能动性是人民主体的另一基本特质，并且人民主体的这一特质有着极为特别的体现方式。人民主体的自觉能动性集中体现在其改造自然界以及人类社会的历史实践中。在马克思那里，实践不是抽象的思维运动，而是改造现实对象的"对象性的活动"。由此可见，实践活动本身即蕴含着否定性与超越性，那么这也同时成为人民主体之能动性的核心意涵。而这种"否定"的思维意象，就是人民主体的思想维度所特有的："思想等等是主观的东西，做或行动是主观见之于客观的东西，都是人类特殊的能动性。"[①]人民主体的自觉能动性不仅在实践中表现为改造客观世界的行为和活动，而且在观念世界反映为人民意志。这里的人民意志本质上是一种社会意识，不同于黑格尔思想体系下的"自我意识"，人民意志所表征的社会意识是一种上升为一般性的群体意识，而绝非无数个体意志的机械累加。就此而论，人民意志就集中体现了人民主体之能动性在促进历史发展中的观念意识。在此意义上，作为唯物史观核心原则的"人民史观"就可表述为，人民主体在改造现存世界的过程中将人民意志现实化的过程。

第三，人民主体具有社会性。前文在人民主体的现实性中已经论及，人民主体不是单个抽象的个体，而是处在一定社会关系中的现实个体。这里的社会关系不仅是人民主体的基本存在样态，同时也赋予其显著的社会性内涵。这就意味着，人民主体必须在一定历史阶段下的各式各样的社会关系中才能实现对自身的确证。人民在经济关系中展现自身改造经济现实的活动，在政治关系中展示自身改造政治存在的活动。不仅如此，即便最抽象的思维活动，亦是在特定的社会关系笼罩下开展的，"因为人的本质是人的真正的社会联系，所以人在积极实现自己本质的过程中，创造、生产人的社会联系，社会

[①] 毛泽东.毛泽东选集（第2卷）[M].北京：人民出版社，1991：477.

本质。"[①]这里人的本质与人民主体是内在同一的。所以说，人民主体同样依靠社会关系来维系存在与发展。具体而言，就是通过普遍的人际交往来支持这种社会关系。当然这里的人际交往同样是多层次多内涵的，其中最基础层次的交往便是人们的物质关系交往。而随着物质交往的逐渐深化，人们开始进行意识形态、文化观念或政治体制层面的交往。在这种全方位的交往格局的塑造下，人民主体得以历史性地形成。概言之，人民主体生成于人类复杂多维的社会关系场景中，并通过对该关系的塑造实现着自身改造。

（二）人民主体以人的自由全面发展为价值目标

由上述论证可知，人民主体具有同现实个人同一的本质内涵。相应地，二者必然也有着一致的终极价值追求，那便是实现自身的真正解放。而且按照马克思的观点，这种解放必然是建立在物质财富极大丰富基础之上的，而不是抽象的观念上的解放，即"建立在个人全面发展和他们共同的、社会的生产能力成为从属于他们的社会财富这一基础上的自由个性"[②]的实现。就此而言，实现"自由个性"的全面发展不仅是人民主体所要达到的理想境界，亦是人类社会的理想状态。总之，"自由自主性"是人作为主体性的目的和归宿。人民主体的最终目的就是致力于将人从各种关系的羁绊中解放出来，通过自身的劳动实现自由自主。所以，人民主体在自身实践中实现个体解放。只有在共同体中，人的本质才得以彰显，主体性才能实现，个体与共同体互为目的和条件。可见，真正共同体的实现也需要以人民主体的形成为历史前提，因为只有人民主体同时具有实现真正共同体的能力以及现实需要。在实现真正共同体的过程中，人民主体不断把自然史转化为人类史。马克思曾说："人类史同自然史的区别在于，人类史是我们自己创造的，而自然史不是我们自己创造的。"[③]在这里，自然史不是由人类创造的，是一个自在的必然王国，而人类史则指向自由王国。这就是说，真正共同体的构建过程也是人民主体不断打破必然王国而跨入自由王国的历史。故此，人民价值主体的确立为数字治理实现人的主体性，促进人的自由全面发展提供了可能。

---

① 中共中央马克思、恩格斯、列宁、斯大林著作编译局.马克思恩格斯全集（第42卷）[M].北京：人民出版社，1979：24.
② 中共中央马克思、恩格斯、列宁、斯大林著作编译局.马克思恩格斯文集（第8卷）[M].北京：人民出版社，2009：52.
③ 中共中央马克思、恩格斯、列宁、斯大林著作编译局.马克思恩格斯文集（第5卷）[M].北京：人民出版社，2009：429.

第二节 破解之法：建构人民主体数字治理价值体系

承上所述，人的主体性复归以人民价值主体确立为载体，即数字治理中确立人民的价值主体地位与人的主体性复归是同一问题的两面，故通过建构"以人民为中心"的数字治理价值体系，实现人的主体性复归，促进人的自由全面发展。在马克思主义价值论理论框架中，价值主体是价值坐标系的核心与原点，价值目标、价值标准等价值向度都是在此原点上延伸开来的。因此，本研究以价值主体、价值目标、价值标准与价值手段为向度，探究人民主体数字治理价值体系的建构。

一、价值主体：实现人民价值创造主体、评价主体、享有主体的三维合一

如前文所述，关于人的主体性，马克思指出其实质就是指人作为价值活动主体在对客体的作用过程中所表现出来的自觉性、自主性和自为性。基于马克思对人的主体性的三维规定，本研究认为数字治理的人民价值主体蕴含着这三个维度的统一，即价值创造主体、价值评价主体、价值享有主体的三维合一。

（一）人的自觉性规定了人民是数字治理的价值创造主体

人的自觉性即自觉能动性是人的主体性最显著的表现，是人塑造自然关系及社会关系的能力表征。人的自觉性内在规定了人民群众不是实现某种历史任务的工具而是历史的创造者。习近平明确指出："人民是历史的创造者，是决定党和国家前途命运的根本力量。"[1]并进一步强调，"现代化的本质是人的现代化"[2]这意味着人的现代化是国家治理现代化的核心价值追求。同理，人的自我实现也理应成为国家治理数字化的终极价值遵循。即人民作为数字治理的价值实践主体，必定是数字治理的首要因素。只有数字治理通过人民群众的创造性劳动，充分发挥人民的数字化能力的价值和效力，以及人作

---

[1] 习近平.决胜全面建成小康社会 夺取新时代中国特色社会主义伟大胜利：在中国共产党第十九次全国代表大会上的报告[N].人民日报，2017-10-28（1）.
[2] 中共中央文献研究室.习近平关于社会主义经济建设论述摘编[M].北京：中央文献出版社，2017：164.

为实践主体推进国家数字治理的价值和潜力，国家数字治理才有可行空间和前行通道。

作为数字治理的重要参与者与支撑者，人民群众需要广泛且深度地参与到国家数字治理中。第一，政府作为数字治理的主导者，要发挥好政府的引导和激励作用。通过有意识的协作与激励机制，才能把人民群众参与数字治理的积极性调动起来。具体而言，基层政府在数字治理过程中，应该采取灵活多样的方式，比如，有奖知识竞答、线上问政直播等方式引导人民群众积极参与到治理协商与公共事务管理中，激发其对政府治理活动实施监督和建言的热情。从本质上说，是人民赋予了政府的治理和管辖的权力，政府实施数字治理的合法性与权力都是源于人民，因此，政府的数字治理不仅要单纯提升行政效率，还应着力满足人民群众的各种诉求。人民群众拥有基层一线数据资源，需要将这些信息反馈给其他治理主体，以便于政府的科学决策，所以人民的参与积极性决定了数字治理的成败。如在抗击新冠肺炎疫情中，健康码的实施就离不开人民的参与和支持，正是人民及时如实填报各类个人信息，健康码才能发挥其真正的威力，否则健康码就无法反映人员的真实流动情况。这就是一个鲜活的全民参与数字治理的时代范本。第二，作为数字治理过程的重要参与主体，人民也需要主动去和政府部门、企业部门等主体进行沟通交流，善于利用数字时代的便利平台和渠道优势充分反映自己的意愿和诉求。人民群众可以充分利用政务微博、政务微信、政务应用软件、小程序及政务热线等各类平台表达意愿诉求。

（二）人的自主性规定了人民是数字治理的价值评价主体

人的自主性是其主体性最根本的内涵，反映了主体对实践要素的支配与占有。人民作为数字治理权力的持有者，一切权力属于人民，即人民享有评价与监督的权力。应由人民对数字治理的运行进行监督，并由人民对数字治理绩效与成果好坏进行判断与评价。正如习近平强调的："要把人民拥护不拥护、赞成不赞成、高兴不高兴、答应不答应作为衡量一切工作得失的根本标准。"[1]自主性体现人民对权益配置的要求。这种权益配置的人民性意味着人民有权选择符合自己意愿的治理方式，政府需要以人民的评价为基础，制定或调整其治理模式。人民作为价值评价主体，是以人民自己的感受为出发点与落脚点，让人民群众自己说话；而不是以政府为中心，让政府站在其自身立场代替人民思考问题，政府判断人民的价值感受。所以，人民作为数字治理的评价主体，要保障其有充分的选择权和监督权。

---

[1] 习近平.在庆祝中国共产党成立95周年大会上的讲话[N].人民日报，2016-7-2（1）.

第一，在运用数字技术之前要倾听广大人民群众意见，获得人民群众同意，而不能强加使用，违背人民意愿或者代替人民做主；在对数字治理的评价上，人民才是最终决定者，由人民评估治理效果以及未来是否继续采用；在通过一段时间的民意调研和试点后，再进行制度的制定，以刚性的制度设计来实现对数字技术运用与发展的限制和监督。这是因为，技术的运用及其可能引致的风险往往不能被尽数预测，必须经由一定时间的实践后才能逐步暴露出来。所以，当数字技术应用于治理实践后，必须通过一段时间的试运行，才能根据人民群众反馈的意见，制定和推出多种形式的规则、规章等对其加以约束与规范。第二，在数字治理过程中建立完善多渠道的监督机制，更好地发挥人民使用数字治理的边际效应，确保技术不越轨、不作恶，真正为民所用、受民监督。通过设置与完善群众意见反馈版块，制定反馈意见回复率和办结率统计体系、人民群众满意度等指标体系，例如，让办事群众在政务服务民声民意"直通车"平台对服务窗口进行评价，充分听取群众建议意见，及时回应群众期盼，真正做到受群众监督，由群众评判。数字技术的运行必须"受民监管"。总之，尽管严格监管监督与技术创新活动之间可能存在一定的负向张力，但从整体来看，要实现技术的持续创新与良性创新绝对离不开严格的人民监督。

（三）人的自为性规定了人民是数字治理的价值享有主体

人的自为性是人民主体性的最终实现，集中体现了主体活动的为人取向。自为性在数字治理中意味着将人民群众看成我国治理能力现代化建设中的利益与权利的享有主体。换句话说，人民群众也是数字治理的价值享有主体，意味着数字治理要把满足人民对美好生活的向往作为出发点和落脚点，以改善民生，增进人民福祉，使人民共享数字治理红利为核心价值。

党的十八大以来，习近平多次强调数字治理的"人民性"，始终坚持数字为民的理念，将数字治理落到民生服务和社会治理层面。如"要坚持'以人民为中心'的发展思想，推进'互联网+教育''互联网+医疗''互联网+文化'等，让百姓少跑腿、数据多跑路，不断提升公共服务均等化、普惠化、便捷化水平"等重要论述都充分体现了"以人民为中心"的价值逻辑与造福人民的美好愿景，凸显了人民价值享有的主体地位。具体而言，数字治理中应以人民群众的真实需要为治理的结果导向，并据此增强公共服务与产品的有效供给能力，落脚于解决"人民日益增长的美好生活需要和不平衡不充分的发展之间的矛盾"。

数字治理的人民共享具体包含两方面。一方面是提高人民对数据的共享度，让数据取之于民，用之于民，回到人民群众中去真正成为数据的主人。总而言之，政府在数字治理中应秉持"以人民为中心"的价值理念，建立"将人民自身数据的所有权、使用权、控制权和处置权交还给人民自己的"的"数据新政"。数字共享中，人民根据自身需要，对政府的原始数据进行分析和利用。只有数据共享，才能够提升政府的数据治理能力，让人民成为数字治理的价值享有主体。

另一方面是增加数字技术红利的普惠性，让发展成果惠及绝大多数人民群众，从而使数字治理更真实、更可感，真正体现"以人民为中心"。第一，打造好"民有所呼、数有所应"的数字化服务场景，立足"人"的主体性，尊重个体差异与多层次需求与个人发展动态，着力打造需求精准响应、潜能有效激发的个性化管理和服务，形成"以人为本""精准高效"的数字治理架构。第二，夯实数字治理基座建设，提高数字技术在民生服务领域的应用能力和使用频率，充分发挥数字技术的引擎作用，探索其在医疗、卫生、社保、文教各领域的数字化管理模式。第三，将数字治理"以人民为中心"价值理念的践行全面融入基层治理，以社区化、信息化和网格化治理为依托，聚焦数字资源在基层治理层面的开发和应用，变"民生清单"为百姓"幸福账单"，让更多"数字红利"转化为人民共享的"民生红利"。

确立人民在数字治理中的价值主体地位，还要在数字治理全流程，积极规范和确立好数字技术应担当的本质辅助定位，技术只是赋能者，而不是决定者。数字治理正在以数字、代码和算法的形式表征着公职人员与数字用户的社会关系。但数字技术客观存在着反向弱化治理主体能动性与创造性的能力与可能性，并集中表现为治理主体对数字技术的过度依赖，这就会使得"数字官僚"现象丛生。事实上，数字技术从根本上来说无法替代政府人员而成为数字治理的主体，因为只有作为现实的人的公职人员才具有和用户建构真实社会关系的主体性。这就意味着，各级政府公职人员必须明确自身的核心定位与不可替代性，充分认识到数字治理绝非"无人治理"或全自动化的"云治理"。那些"一站式服务""一网通管"的目的不在于技术上的便利，而在于其背后的为人民服务的宗旨。因此，要以政府内部的数字化作为数字治理的现实前提，警惕技术官僚化问题，确保人民是数字治理的价值享有主体。

综上所述，自为性、自觉性、自主性这三重特性作为马克思主义价值论视域下人的主体性的重要形态，既各有侧重又密切关联。只有三者的有机结合，才是真实完整的主体性。人民主体的数字治理价值体系确立了人民价值享有主体、创造主体、评价主体的三维合一，最大限度地实现人民的数字利益，充分确保人民做主的权利，充分调动人民的积极主动性和创造性，使中国特色数字治理以人为中心，而不是以数字为中心；促进人的自由全面发展，而不是将人异化为技术治理的工具。

二、价值目标：以数字赋权与数字平权促进共同富裕

价值目标反映主体对自身生存之此在状态的反思与超越，它激励着价值主体的价值创造活动，是价值主体奋斗的动力之源。马克思主义价值论以"个人自由而全面发展"的共产主义社会为最终价值目标。从终极意义上看，实现自身自由解放乃数字治理的价值皈依。然而，从现实角度看，这一目标无疑过于宏大而较难与社会现实结合，因此必须制定合理的中介价值目标作为联通最终极价值目标与社会现实之间的桥梁。就我国当下来说，实现全体人民共同富裕便是现阶段数字治理的核心价值诉求与阶段性目标。在党的十九大报告中，习近平明确提出了"不断促进人的全面发展、全体人民共同富裕"[①]的重大命题。推进共同富裕的数字治理集中表现为人民对数字治理效率与公平两大价值维度的要求。质言之，实现共同富裕的数字治理既是数字治理实现人的自由全面发展的现阶段价值目标，也是公平正义的价值准则在数字治理领域的具体体现。

（一）共同富裕是数字治理实现人的自由全面发展的现阶段价值目标

首先，共同富裕一直是经典作家对未来理想社会擘画的一个主要价值向度。譬如，在《1857—1858年经济学手稿》中，马克思提出："当工人群众自己占有自己的剩余劳动时，社会生产力的发展将如此迅速，以致尽管生产将以所有人的富裕为目的。"[②]这里面就蕴含着共同富裕的价值因子。共同富裕之所以是实现人的自由全面发展所涵涉的价值目标，是因为马克思强调生产力与生产关系对于实现人的自由全面发展所具有的最终决定作用。"共同"意指全体成员共创共享，"富裕"则意味着能提供充足社会财富的发达生产力，因此"共同富裕"内蕴消灭私有制、实行公有制，是发展生产力与生产关系的高度统一。据此，马克思进一步明确了生产力的发展和人的全面发展的两大社会

① 习近平.决胜全面建成小康社会 夺取新时代中国特色社会主义伟大胜利：在中国共产党第十九次全国代表大会上的报告[M].北京：人民出版社，2017：19.
② 中共中央马克思、恩格斯、列宁、斯大林著作编译局.马克思恩格斯全集（第31卷）[M].北京：人民出版社，1995：104.

主义基本目标。通过推进共同富裕，最后实现人的自由而全面发展。

中国共产党人正是在理论建设与实践践履中不断向着共同富裕与人的自由全面发展的价值指向前行。党的十八大以来，习近平多次强调，共同富裕的真谛就是全体人民的富裕。党的二十大报告更进一步凸显了人民共同富的重要意义，并将其视作中国式现代化核心内涵，同时写入党章。至此，"共同富裕"成为系统性的制度性纲领，新时代中国经济"效率与公平并重"的发展原则愈发清晰。

数字治理作为新时代中国共产党人的治理模式与政策工具，同样最终是为了实现全体社会成员全面而自由的发展，现阶段以实现共同富裕为价值目标。共同富裕是"共同"和"富裕"的辩证统一，既包含对效率要求的"富裕"，也包含公平所指向的"共同"。"共同"是公平这一基本价值准则的体现，意指社会财富由全体人民共建共享，"富裕"则意味着发达的生产力能提供使全社会富足的财富。因此，面向共同富裕的数字治理始终面临着"蛋糕怎么做大"与"蛋糕如何配给"的效率与公平之间的价值博弈问题。而化解这对矛盾对立之关键就在于运用好数字技术，具体而言就是用好数字赋权与数字平权这两大利器。一方面，通过数字赋权可以激发人民创造力，将更科学地结合数字技术与治理活动，不断增量数字价值，从而实现"将蛋糕做大"的价值目标；另一方面，借助数字平权，我们能够以数字技术有效化解不同区域、群体之间的利益不均衡问题，并最终完成"分好蛋糕"的价值目标。就此而论，数字赋权与数字平权是实现真正全体人民共同富裕的两大抓手，亦是其题中之义，以及数字治理实现效率与公平、发展、共享辩证统一的必由之路。

（二）以数字赋权与数字平权的数字治理推进共同富裕

数字治理语境中，让全体人民公平共创共享数字发展红利是数字治理下共同富裕的应有命题。具体而言，借助数字赋权，政府治理主体能够尽可能最大化实现技术的治理效能，以创造更加丰富的物质财富，从而筑牢共同富裕的现实基础；经由数字平权，则能够拉近不同区域与群体之间因数字技术运用而造成的利益分配差异，促进共同富裕的普惠性。

第一，何谓数字治理中的数字赋权与数字平权。所谓赋权即权利的赋予。在数字治理场景下，数字赋权就是指借助各类数字技术工具，向不同群体赋予技能附加。在共同富裕价值目标引领下，数字赋权主要聚焦数字红利的共创与实现，是数字治理"做大蛋糕"的有效抓手。数字技术为人民群众了解公共事务、参与社会治理提供了更便利化、平等化的新渠道，使人民更有效地参与数字治理场景并助推共同富裕建设。数字技术支撑多元主体参与利益共创激励。如，杭州市瓜沥镇探索的基层多元共治新模式，建构区域政务分享平台，以区块链技术赋予个人数字身份，通过实名注册、任务实时上线、积分实时呈现等方式，激励群众自觉参与村务管理、公益活动、政务服务的共治共享。数字赋权可充分利用数字技术将数字治理的数字红利传递并共享于不同人群或区域。这样一来，数据驱动的数字治理赋权机制将不断巩固着共同富裕的治理基座。

数字平权即数字治理公共数字服务的普惠性与可达性。其中，普惠性主要是指，先进的数字技术加成能够普遍惠及治理区域内的全部对象，换言之，不同群体不应当被区别对待。而数字平权的可达性主要是指，确保那些弱势群体和社会特殊群体（比如残障人士），也能更直接地获得充分的数字公共服务。所以，数字平权包括静态的"平等"与动态的"公平"。静态的"平等"指数字人格、数字机会、数字权利等的平等；动态的"公平"，指数字治理过程中，数字资源的获取及使用结果的公平。简言之，数字平权基于"数字包容"理念，使数字治理更多更公平惠及人民。

第二，数字赋权与数字平权的辩证关系。一方面，在促进共同富裕实现过程中，数字赋权更体现出工具与手段的意义，而相对来说，数字平权更像是一种价值导向。数字赋权重在通过畅通数字政府、社会和市场间的互动关系，提升不同主体"跨域协同"的能力，从而为实现人民美好生活打牢现实基础。同时，通过技术赋能弱势群体治理参与能力，能够有效促进这些群体享受数字时代的技术红利，从而客观上促进数字化平权的实现。另一方面，数字赋权与数字平权统一于实现共同富裕的历史进程。共同富裕的价值指向要求数字治理实现发展性与包容性的有机统一。数字赋权的技术性与数字平权的共享性，既为数字治理提供了增量的动力机制，也为均衡发展提供了共享机制，保障了在总体富裕水平提升的基础上，共同享有经济社会、文化生态发展红利。总之，实践表明，数字赋权和数字平权二者在实现共同富裕的历史进程中相互促进，相互补充。

第三，以数字赋权与数字平权协同推进数字治理。其一，以数字赋权为"帆"，通过精准调节与智慧监管，赋能经济高质量发展；通过提升公共数字服务，赋能人民高品质生活，从而做大数字红利，夯实共同富裕的物质基础。助力经济高质量发展方面，市场经济的竞争规则往往导致两极分化，与共同富裕的目标背道而驰。所以，经济的高质量发展离不开社会主义市场经济的良性循环。这需要数字治理将数字技术应用于市场经济运行、服务和管理，构建起精准科学的经济调节体系和公平公正的市场监管体系。例如，通过市场经济治理数据资源库的建设，能够完善数字化监管体系，不断优化市场环境。赋能人民高品质生活方面，要拓宽数字应用场景、利用数字技术丰富数字公共服务。其二，以数字平权为"舵"把控方向，从弥合社会性"数字鸿沟"出发，借助数字化平台实现"平权供给"，建构公平、可信的数字化用户关系，推进数据开放的区域联盟、建立"反数据歧视""反算法霸权"的数字联盟等方面做好"数字包容普惠"促进共富。数字治理在造福于民的同时，也难以避免地会带来数字鸿沟等弊病阻碍着共同富裕的实现。对此，要着力遏制数字平台的垄断运营行为，增大数字平权的普惠性，筑牢其平等享有数据信息和技能的基础，以数字平权确保人民共享数字时代红利。事实上，由于"数据孤岛"等弊病的制约，数字治理在促进共同富裕中大受限制。因而，面对数据权威、算法霸权等现象，数字治理应从被动应对转向主动作为，破除数据共享障碍，优化资源和机会分配格局，为数字时代数字化平权提供保障。数字治理具体如何推进数据共享，如何规范算法等将在下一节详细讨论。

总之，数字技术已经开始与实现共同富裕的历史任务全方位对接，通往共同富裕的数字治理成为数字时代治理发展变革的价值目标，而以数字赋权与数字平权为抓手，将是实现中国式现代化共同富裕的必由之路。

三、价值标准：增进人民数字"安全感""获得感""幸福感"

马克思主义价值论以绝大多数人的根本利益为价值标准。习近平指出："党的一切工作，必须以最广大人民根本利益为最高标准。"[①]这意味着，数字治理要把实现好、维护好、发展好最广大人民根本利益作为数字治理的价值标准，有两层含义：第一，是以全体人民的根本利益作为价值判断的标尺，而非以少数人或小集团的利益作为价值判断的依据，即毛泽东所强调的："一切从人民的利益出发，而不是从个人或小集团的利益出发。"[②]第二，人民利益不是抽象的，而是具体的、历史的。正如习近平强调的："把增进人民福祉作为信息化发展的出发点和落脚点，让人民群众在信息化发展中有更多获得感、幸福感、安全感。"[③]这要求国家将数字治理当成一种实现人民美好生活的推动器，不断追求公共治理服务的科学化和高效化，让人民获得更多、更直接、更实在的安全感、获得感、幸福感，从而使数字治理变得可亲、可感、可近、可及。

① 习近平.在纪念毛泽东同志诞辰120周年座谈会上的讲话[N].人民日报，2013-12-27（2）.
② 毛泽东.毛泽东选集（第3卷）[M].北京：人民出版社，1991：1094.
③ 习近平.敏锐抓住信息化发展历史机遇 自主创新推进网络强国建设[N].人民日报，2018-4-22（1）.

（一）强化数字安全提升人民数字安全感

人民群众囿于对数据技术缺乏清晰的认知，面对当下行为预测、语音监测、图像识别等先进数字衍生技术构建了全景式数据监控的数字治理模式，让人民群众在数字治理中感觉被剥夺了安全感。因此消除安全风险的首要举措就是给人民还原一个真实而安全的数字环境，提升人民群众的安全感。

第一，以政府为主导统筹做好数字信息安全防范，形成多部门、多地区的协同联动信息安全监管机制。建立数字政府安全评估、权责落实和应急处置机制。同时在企业方面，还要加强数字企业规范管理，保障数据安全管理职责清晰。加大数字技术能力提升，统筹自媒体账号、政府门户网站、便民移动应用以及线下实体服务场所的建设，实现数据同步更新和动态共享。另外，人才培育也至关重要。要着力建设专业化、高水平的数字技术团队，广泛招募精通数字技术与行政治理的复合型人才。尤其在与第三方组织合作处理数据时，政府必须要执行严格的数据安全管理与监督流程，实现数据安全。

第二，完善数据使用的法律法规。法治是营造人民安全感的第一道防线。在数字治理中，要实现数据安全的健全保护，需从四个方面入手：其一，健全相关保护法律法规，以此为政府部门和企业部门等主体划清行为边界。其二，通过设置专门的数字安全保护机构，进一步强化对于数字应用以及信息安全的监督力度，更加有力地打击侵犯信息安全的不法行为。其三，建构大数据有序退出机制。大数据时代政府及平台企业掌握巨量数据，其存在的信息安全隐患不容小觑。当前，百度、谷歌等全球平台巨头都建设了数据限时销毁的大数据退出机制。在政府数字治理的过程中，相关治理主体也应积极建立有序畅通的大数据退出机制，定期销毁无用或不必要保留的数据，确保数据处于合法利用和有效保护的状态。其四，创建人民群众对政府数据使用的监督机制。人民群众有权对政府采集和使用个人数据的过程进行全过程的监督，更有权利知晓政府公共监控的边界，并以此判断自身数字隐私的范围。总之，人民群众有权对数字治理公职人员进行监督与督促。

第三，重视数字技术教育普及，做好舆论引导，打破认知屏障，解蔽数据神话。数字时代已经跻足而至，面对新生的未知事物，人民群众会怀有一种本能的疏离感与恐惧感，尤其对数字技术的抽象性与复杂性感到陌生和畏惧。这就需要政府相关部门对人民群众普及相关专业知识，逐步树立人民群众对数字技术尤其数字技术应用于治理活动的科学理性认识。除此之外，在个人层面也应主动敞开心胸，更新意识，以主动的姿态拥抱新技术，利用新技术的赋能改善自身生活。

除提升个体的数字化意识外，要重视社会舆论的引导作用。社会舆论对于个体认知的塑造起着极大作用。由于数据资源蕴含着丰厚的物质利益，所以在社会舆论中充斥着各式各样的数据神话，例如，"数据万能论""数据创造价值论"等。这就要求正确引导数字媒体舆论，把数字的能力还原给数据的真正主人——人民群众，从而把数字技术从天国带回人间。

（二）数字包容普惠提升人民数字获得感

受"不患寡而患不均"的传统文化影响，加之数字鸿沟的负面作用，大大消解了人民群众的获得感。就像前文论述的，数字治理导致弱势群体与社会脱嵌。在普及和推介数字治理的过程中，持传统观念的老年人群体依旧趋附于传统的生活方式，对于新技术的引入感到茫然无措；视听障碍的残障人士因生理等因素难以运用数字技能；低收入群体无力承担数字设备购买或互联网运营费用……数字治理中的不均衡和不公平问题，在受惠大众中横亘起一道因技术能力差异而形成的"数字鸿沟"，这道鸿沟不仅没有带来满足感，打击了数字治理的普惠性，而且使人民群众感受到无以名状的被剥夺感。

数字治理应以数字包容性发展，提升人民的获得感。第一，着力加强区域协调发展。东部发达地区要充分发挥数字应用的溢出效应。利用数字技术的共享性，促进生产要素的全域流动与配置，打破与消除不同区域间的市场壁垒，通过智慧城市辐射、数字产业化等带动落后地区；中部地区要突出特色发展与要素优势，通过建构适应数字贸易快速发展趋势的制度规则，强化优势特色的数字化转型发展，以此引起要素集聚；西部地区要充分利用"一带一路""西部大开发"等国家大战略的政策机遇，加强数字底座建设工作，发展特色数字学科群与创新平台，加强与周边国家跨境合作。城乡间，借助数字乡村和智慧社区建设，助力先进数字治理服务向基层与乡村拓展。第二，重点关注数字化落地的人文关怀。例如，依托社区老年大学等开设"银发讲堂"，就是一个很好的实践，通过这样的方式能够让老弱人群也尽快更好地体验数字化的便捷。同时在建设数字治理基础设施时，也要和建设一般基础设施（如道路）一样，充分考虑弱势群体的特殊需要，有针对性地完善适合于他们的数字互动服务模式。

（三）优化数字供给增进人民数字幸福感

科学技术的重要使命是促进人类迈向美好生活，获得幸福感。数字治理将先进信息技术当作实现人民美好生活需要的助推器，必须为人民群众带来真真切切的优质服务，满足人民对公共服务的现实需要，想人民之所想，急人民之所急，为人民提供更优质精细的公共服务和更多的便利，使数字技术真正"飞入寻常百姓家"，从而增进民生福祉，增进人民的幸福感。数字治理只有顺应了人民群众对数字化的期待，提供的产品或服务能使人民群众认可和满意，其持续健康发展才有内生动力。

第一，"服务型政府"的公共服务流程从"碎片化"走向"一站式"。通过建设基于政务数据整合的"无缝隙服务"，将政府的"串联式"业务流程转换为面向人民群众的"并联式"流程。① 从而简化办事程序提高办事效率，让人民群众直接从政府的数字治理中获得便利。以公积金服务为例，以往要办事群众奔走多个行政部门提供材料，现在基于数据共享的政务平台，推行"一网通办"，通过优化数字服务程序，减少申报材料，减少办事环节和审批程序，实现了政务服务从以"政府供给为中心"到"向以人民需求"为中心，有效增强了人民群众对公共数字治理的满意度和幸福感。当然，值得注意的是，"不见面审批""最多跑一次""一次都不跑""24小时自助业务"等形式的治理方式虽能够让人民感受到服务的便捷和高效，却也客观上隔离了政府治理人员与人民群众的线下互动交流，从而弱化了人民群众对政府服务体验的现实感。而这种体验感既是人民幸福感的重要内容，也是提升人民对政府亲切感和信任感的重要介质。

第二，为满足不同人群公共服务需求提供个性化服务。加快数字应用嵌入生活场景的设计框架，精准做好民生需求的大数据分析，通过有效整合不同政府部门之间的治理数据，再综合用户的注册信息、事项办理等记录信息，就能够实现对个性化需求的深度挖掘与提前预判，从而为每个人提供精准服务，充分体现"以人民需求为中心"的价值导向。

第三，打通社区生活"最后一公里"。数字治理中的幸福感是人民群众的主观感受，表现为"拿在手里，喜在心里"，是实际社会生活中人民群众对享受数字改革发展成果的主观满意度。对于人民群众来讲，其真正的幸福感其实是由日常生活中而来，尤其是最基层最直接的社区生活。这是人民群众最重要的生活场所，是数字治理的最后也是最重要的"一公里"。所以，数字治理要致力于全国各地智慧社区建设，让安全、智能、便利，悄无声息地延伸至每个社区的具体治理细节中去，努力为人民提供一个舒适、安全、便利生活环境，实现"最后一公里"的幸福感。因为这种幸福感，是实现人民美好

---

① [美]拉塞尔·M·林登.无缝隙政府：公共部门再造指南[M].汪大海，吴群芳，译.北京：中国人民大学出版社，2002：18.

生活的重要一环。

第三节 破解之路：政治、制度、机制、技术"四位一体"

马克思主义价值论的全部理论没有止步于同其他价值思想的批驳与论战，而是以"改变世界"的价值实践为目的。因此，数字治理价值问题的理解和解决也始终立足于具体社会生活的价值实践。即人民主体数字治理价值的具体实现路径，它是落实价值理念、实现价值目标达到理想彼岸的过河之桥或船。本研究从政治保证、制度基础、机制依托、技术支持这四个维度建构人民主体数字治理价值的实现路径，四者的有机统一是实现人民主体数字治理价值的根本途径。

一、政治保证：坚持和加强党的集中统一领导

在那场突如其来的新冠肺炎疫情中，我们已经能够清晰地看到，数字治理想要真正发挥其效用，为人民谋利，离不开中国共产党强有力的政治保障。欧美也有健康码，但效果却甚微。所以，实现"以人民为中心"治理价值离不开党的领导。党的初心使命，就是为中国人民谋幸福，为中华民族谋复兴。坚持党的领导，才能保障亿万人民当家做主。习近平指出："中国特色社会主义最本质的特征是中国共产党领导，中国特色社会主义制度的最大优势是中国共产党领导，党是最高政治领导力量。"[1]这也就是说，数字治理体系的灵魂就在于坚持党的领导，必须确立党在统筹规划与建设数字治理体系过程中的统帅作用。只有坚持党的领导才能从顶层设计与国家发展战略的高度，使"以人民为中心"的数字治理价值贯穿于数字治理全过程。数字治理是一项庞大的系统工程，涉及政治、经济、文化、社会发展全局，错综复杂、充满不确定性且一直动态变化着。

国家数字治理需要科学的顶层规划，必须立足战略高度，统筹当下现实与国家未来需求，同时兼顾不同领域、层次组成要素的协同性，确保规划方案的高站位、宽视域和

---

[1] 习近平.决胜全面建成小康社会 夺取新时代中国特色社会主义伟大胜利：在中国共产党第十九次全国代表大会上的报告[N].人民日报，2017-10-19（2）.

长远眼光。不仅如此，还应当发扬系统思维，从专业人才培育、关键技术突破、核心机制安排等方面共同发力，将数字技术与治理实践的结合推向更高层次。所以，数字治理要实现善政善治，不是只依靠先进的数字技术，最核心的是，需要依靠一个有强大领导力、组织力、凝聚力、动员力，具先进性和纯洁性的执政党作为政治保障。从最根本上来讲，就是强调"坚持和加强党的全面领导"。[①]从宏观上来说，就是要将"以人民为中心"的数字治理价值融贯于"五位一体"总体布局的统筹推进和"四个全面"战略布局的协调推进，并落脚于社会生产力的发展、国家治理体系与治理能力的现代化以及促进人的自由全面发展。总体来看，应通过加强党对数字治理的政治领导、思想领导与组织领导，有效遏制数字资本对公权力的侵蚀，确保我国数字治理始终坚持"以人民为中心"的价值导向与核心原则。

首先，加强党对数字治理的政治领导。党的政治领导一般具有形式多元性、范围广泛性以及决策权威性的基本特点，党的政治领导通常体现在党的决策制定与执行过程中，包括但不限于提出纲领性指导建议、讨论和决定重大事项、落实重大决策部署。由此可见，强化党的政治领导对于优化数字治理的宏观架构、锚定正确价值导向等至关重要。具体来说，党对我国数字治理的政治领导由表及里主要体现在三个层次：第一最表层就是相关政策方针的制定与出台；第二个层次就是决定数字治理的基本理念；第三个层次就是规定了数字治理的价值取向。

其次，加强党对数字治理的思想领导。在数字治理过程中加强党的思想领导，就是要将党的发展理念、基本主张以及价值追求等观念形态的内容通过特定的传播渠道，施加于国家数字治理全流程。从内涵上看，党的思想领导塑造了我国数字治理体系的"灵魂"。党的二十大报告明确要求，全党在政治立场、政治方向、政治原则上同党中央保持高度一致。这就是说，我国在数字治理过程中，必须实实在在地把党的指导思想融入治理过程的始终，从而确保"以人民为中心"的价值落实，引领数字治理始终沿着满足人民对美好生活的向往的正确方向与道路前进，有效防范技术资本对数字政府的侵蚀。

再次，加强党对数字治理的组织领导。党在管党治党和治国理政中担任多重角色，并且需要依据治理目的和过程不断调整自身在数字治理过程中的具体功能和角色定位，这样才能适应复杂的治理环境，灵活处置各项治理事务。党的组织领导权主要就体现在数字治理过程中，对各级党组织分工和角色的安排与确认上，确保所有党组织之间令行禁止、协调一致，汇聚成磅礴的组织协同力。因此，必须坚持党委总揽全局、协调各方

① 习近平.在庆祝中国共产党成立 100 周年大会上的讲话[N].人民日报，2021-7-2（2）.

的领导制度体系。充分发挥各级党组织在各项数字治理环节中的领导作用，着力把党的章程、宗旨、路线等融贯进数字治理过程，确保数字治理在政治立场、政治原则方面始终与党中央保持高度一致；准确把握数字化改革的思维理念、重点任务和方法路径，把党的基本理论和路线方针贯彻落实到数字治理的各环节、各领域；充分发挥党组织在组织领导数字治理中的统筹作用，通过积极构建和完善数字治理中的组织联动机制，实时掌握数字治理的落地进展情况，加强对数字治理实效的全流程考核、评估、管理和监督。

总之，只有坚持和加强党对数字治理的领导，才能坚持人民利益至上的原则，才能切实解决人民群众最关心的问题，满足人民的真实需要，从而激发人民参与数字治理的无限热情和磅礴力量；也只有坚持党的领导，才能依法加强对数字资本的监管，防止其野蛮生长，并更好地发挥其积极作用，使我国数字治理工作始终保持正确的方向。

二、制度基础：完善"以人民为中心"的数字治理法律法规体系

法治现代化乃现代国家治理之核心，也是国家治理现代化的重要标识。党的十八届四中全会明确指出："法律是治国之重器，良法是善治之前提。"[①]由此可见，彰显数字治理中人的主体性，消解价值异化，就必须筑牢数字治理的制度基础，即完善"以人民为中心"的法律法规体系。

第一，通过完善法律法规，为数字治理的规范化提供法治保障。从现实角度看，数字治理是人类治理发展史上一个新的里程碑，作为一种新生事物，数字治理在其发展演化过程中难免出现各种与现行法律法规相互脱嵌的情形。此时，就体现出法律法规作为政治上层建筑的相对滞后性。数字治理本质上是公权力在数字技术的辅助下实现自身的过程，而公权力作为权力的一种，同样有着无节制扩张的本能，现下又加上数字技术的推波助澜，就很容易突破理性之边界，对人民群众利益造成损害，对人的主体性造成僭越。对此，应以法律法规形式厘清数字治理的权利边界、明确责任主体，从而有效规范数字治理行为，保障数字治理顺利推广，推动国家治理法治化。令人欣慰的是，在2022年"两会"上，诸如数字产权、数字共享等与数字治理相关的议题和法律法规提案已经

---

① 中共中央关于全面推进依法治国若干重大问题的决定[N].人民日报，2014-10-29（1）.

成为代表、委员们议论与关注的重点。这也反映出社会层面对加快数字治理法制化进程的期待。

第二，完善对技术资本进行有效监管的法律法规。受制于技术资本的自我增殖逻辑，数字治理难免受到数字技术企业扩张与异化的负面影响，平台企业凭借掌控数据流量资源而形成的垄断行为与对公权力的侵蚀等等，带来"以人民为中心"治理价值的偏离。为了防止技术资本野蛮生长，必须以法律法规明晰技术资本参与数字治理的审查标准，为技术资本设置"红绿灯"，从合法性、有效性和合价值性三重维度规定数字资本的行为标准。恪守"无法律，则无行政"的基本理念，加强以法律规范政府与数字企业之间的合作关系。数字资本必须严格在法律法规划定的界域内发挥影响，绝不可凭借自身在资本和技术上的优势随意践踏法律权威，不得使用有损人民权利的技术手段。

针对技术资本，还必须构建科学合理的监管制度体系。即在国家相关法规约束下，有意识地规避企业运营风险，构建一套成熟稳定的现代科技创新与成果转化体系。只有在法律法规的保障下，数字技术相关的研发投入才能实现高质量的成果转化，从而惠及人民群众。对此，政府应首先明确自身的监管主体意识，不断优化依法监管体系，改进监管方式与手段，避免因缺乏科学监管机制，而最终影响数字治理的发展进程。其中，最重要的是对算法和数据的监管。针对数据权威、算法霸权等现象，应建立"反数据歧视""反算法霸权"的法律法规。实施算法备案，强化算法安全。通过立法明确算法的适用范围，反向追踪算法设计中先天存在的技术歧视风险，防止算法在数字治理过程中对民众合法权益的侵害。发挥法律约束的基础性作用，打破技术精英垄断，避免技术资本化。

第三，通过完善法律法规，保障人民的数字权利。在数字治理的过程中，法律规范和操作规则的缺位势必会使隐私信息安全等人民的数字权利受到侵害。因此，必须健全数据权立法保障体系，不断建立和完善与数据资源管理和使用有关的法律法规体系，以此保障并推进我国依法治国策略的实施。只有将人民个人数据权益，提升至国家保护义务的法律高度，通过立法规范数字治理过程中的虚拟服务，才能有效制约数字企业对公众信息的处理和滥用，使人民的数据权益免受数字企业的不当支配，构建人民群众同数字资本之间和谐对等的权利义务格局。人民数字权利的保障，还需要努力实现领导、执行和权力三位一体的数据联通机制。其中，应当将党、各级政府和人民群众分别视作数字治理法治体系中的领导主体、执行主体和权力主体，三者缺一不可，让立法充分反映人民意愿、增进人民福祉。此外，数字时代，亟须整合零散的法律法规，出台统一的大数据法规。鉴于数据采集标准的五花八门以及"信息孤岛"的存在，政府在收集数据、分析数据和使用数据过程中不乏数据失真、重复、不系统等现象，给人民数字权利的实现造成非常大的不便和资源浪费。因此，应尽快出台标准统一、针对性强、操控性强的大数据法规，明确大数据公开、分享的权利，强化使用大数据应当承担的法律责任，在保障个体数字权益的基础上塑造数字时代"人的凝聚力"，促进数字社会健康、有序发展。

第四，积极探索反映数字时代生产生活关系和行为规律的法制体系。数字时代，人类摆脱"天然"生存状态，开始自我塑造为"数字人类"，虚实同构成为人类最基本的数字生活样态。数字行为重塑着人类的生产生活关系，呈现并运行在数字经济、数字治理、数字公民的行动逻辑中。同时，数字交往的即时性、异步性极大地增强了社会的流动性与不确定性，数字社会变迁的速度愈来愈快，现在与未来叠加、虚拟与现实互生。在此背景下，数字治理法治建设需要跳出传统的惯例法通过总结过去，或者静态的自然法通过对稳定区间描述而推导未来的方法论，积极探索能够反映数字生产生活关系和行为规律，适应数字时代动态变化需求的法制建设，这需要前瞻性地构建适用于数字时代的法治建设范式，为数字治理的健康高效运行提供制度支持与保障，这不仅是简单的法律建设过程，也是一场涵盖法学理论、法律法规体系与司法实践的"法学革命"。

三、机制依托：构建数字治理协同共治治理体系

只有共治才能共享，人民主体数字治理价值的实现需要坚持政府主导、多方参与的原则，着力打造共治的"同心圆"格局，依法保障多元治理主体对社会治理的参与权、知情权、监督权等，激发其参与其中的创造性、主动性和积极性；创新数字协作模式，促进数字治理多元机制效能全面发挥。同时，有效消除非政府组织、私营企业和个人等主体参与数字治理面临的信息壁垒与技术藩篱，推进信息共享，切实保障各治理主体参与到数字治理过程，充分激发其创新活力，在促进各治理主体之间的良性互动中，推进数字治理的发展。

首先，从政府内部而言，优化组织结构，建设整体性政府，实现纵横向协作机制。整体性协同治理要求政府组织结构从"条块分割"走向"协同合作"，通过整合公共部门职能，促进各级政府之间、政府各部门之间的政策衔接和数据互联互通。第一，强化纵向权力结构整合。利用信息技术的及时性、共享性促进政府机构扁平化发展，改变自

上而下的条线"程序主义",防止多方责任主体的"九龙治水"领导方式。例如,在"浙政钉"工作台中,嵌入了政务办公、业务协同和学习咨询等各类数字多跨应用,不仅可以实现工作指令一键直达,还可以做到待办提醒、业务协同督办等,不断弱化行政机构设置所带来的部门界限,实现了治理从职能向任务的转变。第二,强化横向权力结构整合。建构整合市场监管、城市建设、交通运输、食品安全等各领域的综合数字平台,有机整合各职能部门执法资源,形成高效联动的综合执法队伍,由条线"单打独斗"走向"系统联动"。第三,整合各种数据资源,加快建设国家层面的治理数据库,推动数据资源共建共享,实现数据"一次采集、多方利用"。继续深化"放管服"改革,以包容性、可及性为准基,规范统一各职能部门的行政审批权限、要求等,取消不必要的审批流程与手续。第四,对各类社会数字资源重新"组网",确立规则公平的使用权限,做好对数字平台企业的数据监管。不断提升跨部门、跨层级、跨地区的协同治理能力。

其次,从多元治理主体来看,构建政府、社会组织、企业与个人共同参与、协同努力的数字治理格局。第一,以共建共享数据资源构建协同共治格局,处理好政府与其他多元治理主体之间的数字关系,明晰多方的权利与责任,逐渐实现在数字驱动下的政府由主导型角色向服务型角色转变,个人与社会组织由零散式、碎片化参与转向整体式参与的治理模式,从而有效激发社会多元主体的数据潜能。第二,通过建立公共数据统一共享交换平台,厘清数据管理和共享的边界和方式。依托数字化流程,利用数字技术的开放性,推进研发适应多元主体协同参与的数字治理平台,联通多类应用软件与政府业务平台的接口,将政府部门"单兵作战"治理转变为政府部门之间、政府与社会及个体之间的联动性治理,从而提升治理的科学决策性与高效协同性。第三,充分利用数字资源,促进政府治理同社会调节,居民自治良性互动。在医疗教育、交通生态等公共价值凸显的领域,强化政府、企业、各相关社会机构的数据共享和协同应用,提倡政府引导社会积极参与;在基层治理中,推动民情收集、民主协商、信息发布、邻里互助等事务的数字化运行,打造"群防群治"数字体系,促进共治格局的实现。

四、技术支持:发展数字化人民民主

人民民主既是实现人民主体数字治理价值的应有之义也是根本途径。党的二十大做出"发展全过程人民民主,保障人民当家做主"的战略安排部署。全过程人民民主作为一种民主新形态和国家治理新形式,也是中国特色数字治理的基本遵循,只有通过全过程人民民主,让人民广泛参与数字治理,才能真正创造与实现"以人民为中心"的数字治理价值。如何打破技术精英对数字技术的垄断,还人民数字民主的权利,降低技术引发的风险,还需要靠技术的发展完善来解决,因此,数字治理应凭借"大智移云物区"等数字技术,为实现数字民主提供了技术支撑。本研究具体从整合人民利益全局性、实现政治参与全民性、追踪民主过程全程性、促进民主制度全面性,讨论数字治理如何为实现全过程人民民主提供技术支持。

第一,整合人民利益全局性。数字技术可以利用数据和算法的力量精准地把握人民意志和现实诉求。其一,数字技术打破了传统民主协商与民主参与的物理时空限制,为人民提供了平等的协商主体地位以及表达渠道。这样一来,人民群众就能够更加直接地表达诉求,不需要让政治精英代表自己的意志,可以自主地通过党和政府的门户网站进入网络协商场域,平等地针对议案提出诉求与意见。其二,基于数字化的数据信息处理与综合化技术正变成推动数字民主的加速器,将无数个体由"小我"汇聚为民意的"大我"。数字技术能够把每个个体的具体意志有效整合进国家治理流程的各环节,并最终成为民意最大公约数的一个因子。在此基础上,广大人民的民主权利可以得到充分实现。此外,数字技术可以通过算法调整,实现对社会特殊人群或社会弱势群体的政策倾斜,提供满足其特殊需求的公共服务,从而增进社会公共服务的均等包容性,从而真正彰显数字民主的"全民性"。

第二,实现政治参与全民性。实现政治参与的"全面性",必须要解决如何在确保既有协商与决策成本不增加的前提下,最大限度地扩展人民群众参与数字治理的程序。在这方面,增强现实技术具有强大的技术效能。扩展现实即对各类空间模拟技术的统称,借助该技术能够为现实世界构造一个孪生的数字世界。通过扩展现实技术,民众只需要借助一定的数字硬件就能够不受时空限制地参与政治互动,从而增强人民群众对政治生活的热情与亲近感。虽然之前有过一些典型的互联网参与形式,但通常都是以文字或图片的形式进行交流互动,缺乏扩展现实技术所营造的"临场感"。现在借助扩展现实技术,人民群众可以身临其境地对数字治理成效进行点评,这无疑会促进人民对于国家治理的认可度。

第三,追踪民主过程的全程性。在前数字时代,要完整记录人民参与政治生活的全过程是几乎不可能的。而现今数字技术的出现,尤其是区块链技术的应用就为追踪民主过程的全程性提供了技术支持。其一,详细记录人民民主的全过程。数字治理最大的优势之一就是留痕管理,就是说治理全程都有相应的数据痕迹。那么,这一优势能够有效规范政府公职人员在治理过程中的行为，不仅有助于治理效率的提升，而且可以有效降低行政腐败现象的滋生。其二，在全记录基础上实施广泛监督。约翰·基恩指出，监督式民主作为民主的新形式，核心就在于对利益相关方的权力约束。区块链技术本身就是一种监督权的化身。通过全程记录，就能够轻易、快速地追溯问题的发生源，这就有助于形成一种广泛而深入的监督态势。换句话说，区块链技术大大消解了治理过程中权力的神秘性，大大压缩了权力的寻租空间。借助区块链的多中心记账特性，可以将数字治理全流程置于广泛监督的阳光下。如此一来，基层治理权力过分集中的弊病也会得到有效缓解。

第四，促进民主制度全面性。民主制度由民主选举、民主协商、民主决策、民主监督等多方面制度共同构成。民主选举和监督主要涉及过程公开性和记账准确性，协商制度则更多与人民群众的意志表达和整合有关，而民主决策则指向民主的质量与效能问题。换句话说，真正的民主既要有效汇聚民意，还要切实反映人民的集体意志。数字技术在这些方面的优势，前文已经讨论过，这里不再赘述。而在民主决策方面，数字治理的智能化特长就可以发挥重要的辅助作用。其一，数字治理有助于治理决策质量的提升。信息时效性差、全面性不足等传统因素是影响治理决策和管理质量的重要原因，也为治理埋下了诸多风险。而借助数字技术，许多治理风险就能得到有效规避。最典型的就是在传统人情社会中，很多治理决策的出台常常受制于复杂的人际利益关系而导致其科学性大打折扣。在管理和决策领域，智能辅助决策可以大幅提高效率，并有助于实现基于基准案例的决策标准化，进而可以大大提高治理现代化过程中的决策质量均等化。这就是数字治理的智能决策对提升治理决策治理的重要意义。

综上所述，"以人民为中心"的人民主体数字治理价值既是数字治理价值异化的破解之道，又是中国特色社会主义数字治理的根本优势所在。它确立了人民价值创造、价值评价、价值享有主体的三维合一，从而充分保障了人的主体性的实现与彰显。它使中国特色数字治理取得了价值合法性，中国特色数字治理也因此具有了强大的生机与活力。我们党从成立之日起就以人民幸福为价值旨归，带领中国人民通过人民民主专政成功杜绝了"国家利维坦"在中国的存在。历史总是惊人地相似，如今面对数字时代的新型"利维坦"，我们党将再次带领全国人民，以"以人民为中心"的价值理性引领工具理性，凝心聚力，真正汇聚起数字治理的强大效能，再创防止"利维坦"作恶的人间奇迹。

第七章 结论与展望

正如海德格尔所说的："技术本质居于座架中，指引着人们的订造方式，成为解蔽人类存在命运的唯一方式。"但他又认为，这是一种危险，"它不但存留于人类的本质之处，而且也存留于技术想要脱离人类统治的地方。这种危险是什么呢？它是要把人推到牺牲其自由本质的边缘，丧失人自身存在的意义与价值。"①当数字占据时代特征时，就加剧了这种危险性。数字技术作为当前先进生产力的代表，当其对生产、生活、政治等产生全方位影响，并快速改变着社会现实形态的时候；与其相适应的"数字方式"价值图景及其革新却表现出明显的"钝感性"与"延迟性"，以致工具理性与价值理性表现出种种"不和谐"。然而，诚如海德格尔所坚信的那样，哪里有危险，哪里便有救渡。面对数字治理价值异化给全球带来的风险与挑战，积极寻绎破解之道，为世界遏制"数字利维坦"之恶贡献中国智慧，是中国赢得数字时代话语权，抢占未来发展制高点的应有之义。基于此，本研究以马克思主义价值哲学为理论基础与分析工具，对数字治理价值异化问题的产生与破解进行了系统研究。

第一节 研究结论

本研究以全球性数字治理价值异化问题为切入点，在学理性阐释数字治理价值异化理论内涵的基础上，详细分析其现实表征及产生原因，并探寻破解之道，得出如下研究结论：

结论一：马克思的"异化"概念，不仅是对资本主义生产方式下雇佣劳动的一种事实性描述，更是对这一经验事实的价值判断。马克思在异化劳动理论中预设了人类劳动

① [德]马丁·海德格尔.演讲与论文集[M].孙周兴，译.北京：商务印书馆，2020：37.

的"价值前提"。即实现人的自由自觉活动，并以此"应然"状态为参照，考察资本主义生产关系中的现实劳动，从"价值批判"的维度全面剖析了"劳动过程异化""产品的异化""人的类本质异化"以及"人的社会关系异化"对人的主体性的全面否定，从而揭示出"价值异化"的具体内涵就是"对人的主体性的否定"。从这一意义上说，"异化"本质上是一个价值范畴。基于此，数字治理价值异化的实质是数字治理的"数字利维坦"对人的主体性的否定。

结论二：数字治理价值异化，是在数字技术与国家治理融合过程中"数字利维坦"风险所引致的结果。随着数字技术深度嵌入国家治理，人类社会迎来数字治理这一国家治理新范式，其通过技术赋能与技术赋权，一方面极大发挥着对国家治理现代化与人民美好生活的赋能效应；另一方面，推动建构多元协同的治理格局。但科学技术的双重性，使数字治理面临着技术脱驭的"数字利维坦"风险，具体包括：数据至上、算法宰制、平台垄断，遮蔽了治理触达人群的主体性，使本应为人的主体性提升创造和提供必要条件的数字治理反噬人类自身，从而引起数字治理价值异化。

结论三：数字治理作为数字时代国家治理的新范式，与传统治理的显著区别在于"数据+算法+平台"的数字化治理模式。数据、算法与平台三者相互关联、协同作用。第一，数据不能单独存在，它离不开算法，只有当它和算法共同用于决策时才能体现出治理价值；第二，算法是通过对数据的处理来解决问题的机制与规则，本质是对大数据信息的深度挖掘与运用；第三，算法对数据的分析与运用依托平台，平台是数据、算法得以发挥作用的中介。因此，数字治理被看作是"以数据为依据、以算法为核心、以平台为支撑"的全新治理形态，通过手段技术化、流程数字化以及组织扁平化对传统治理进行根本性变革，推动国家治理从静态推演走向动态追踪、从经验支配走向数据驱动、从局部治理走向整体性治理。

结论四：随着数字技术成为整个社会的底层构架，"数字利维坦"渗透政治、经济、文化生活的全域，数字治理价值异化正是"数字利维坦"风险在治理领域的体现。数字治理对"人的主体性的遮蔽"体现在四大难题：新安全难题、新自由难题、新公平难题、新民主难题。其中，新安全难题主要包括：主体隐私暴露风险、数字身份的安全隐患、数字技术的超域运用。新自由难题主要包括：数字监控的圆形监狱、自主意识的数字操控、治理主体的能动性弱化。新公平难题主要包括：数字治理的算法歧视、公共数字服务的非均衡性、弱势群体离心化为"数字弃民"。新民主难题主要包括：民意表达的技术规制、屏幕官僚的形式主义、影子官僚的算法宰制。

结论五：数字治理价值异化的致因体现在思想认识、资本逻辑以及上层建筑三个关联层面。直接原因在于，数字治理中工具理性对价值理性的僭越，进而对人的主体性造成遮蔽。但思想领域的问题，根源还在于经济领域。故而，数字治理价值异化的根本原因是在资本逻辑驱动下，技术资本在参与数字治理过程中通过"技术权力化"对公权力的侵蚀，为资本增殖服务，使数字治理背离了人本价值。另外，相比先进生产力代表的数字技术，上层建筑的变革具有滞后性，因此，当前包括数字治理理念、法律法规和体制机制等在内的数字治理结构的不完善性，也是数字治理价值异化产生的重要现实原因。

结论六：数字治理价值异化的破解，核心在于实现数字治理过程中人的主体性的复归。依据马克思关于"人的主体性以共同体路径为实现逻辑""人民主体是真正共同体内在要求"的主张，实现数字治理中人的主体性复归，其关键就在于确立人民价值主体地位，即建构"人民主体数字治理价值体系"。具体包括三个维度：价值主体维度，确立人民在数字治理中价值创造主体、价值评价主体，价值享有主体的三维合一；价值目标维度，以数字赋权与数字平权促进共同富裕；价值标准维度，增进人民数字"安全感""获得感""幸福感"。在破解之法的指引下，以坚持与加强党的集中统一领导为政治保证，以完善"以人民为中心"的数字治理法律法规为制度基础，以构建协同共治治理体系为机制依托，以发展数字化人民民主为技术支持，是实现人民主体数字治理价值的具体路径。

第二节　研究创新

研究立足马克思主义价值哲学视域，对"数字治理价值异化"这一全球性数字治理问题进行较为全面系统的剖析，主要在以下方面有所创新。

创新一：立足马克思主义价值哲学视角，基于"概念阐释（问题界定）—表征分析（问题表现）—成因揭示（问题原因）—破解之道（问题解决）"的致思逻辑，对数字治理价值异化问题进行有原则高度的系统性批判和反思。

具体而言：首先在马克思主义价值哲学视域中对数字治理价值异化的理论内涵进行

厘定，以明确研究的基本论域。基于"价值"是"客体满足主体需要"这一主客体关系视角，将数字治理价值问题转化为人的价值问题，并从对价值本质的分析中将数字治理价值学科性定义为：数字治理作为价值客体对实现与提升人的主体性所具有的作用与意义；再剖析马克思异化劳动理论的价值批判维度，揭示出马克思对异化劳动的批判是立足于人本价值体系基础上的，其旨趣是阐明在资本主义生产方式下，异化劳动对人的主体性的全面否定。由此，将数字治理价值异化的具体内涵厘定为数字治理对人的主体性的遮蔽。从而将研究的论域厘定在探究"数字利维坦"风险引致的数字治理的主体性危机这一维度上。在上述基础上，学理性阐释数字治理价值异化现状与成因，最后，在价值哲学框架下提出破解之道。

创新二：围绕"人的主体性遮蔽"问题，全景式考察数字治理价值异化现象，尝试性将纷繁复杂的数字治理价值异化现象概括为"四大难题"，并从思想认识、资本逻辑、数字治理结构三个层面深入挖掘其致因，实现对数字治理价值异化从现象到本质的立体性透视。

具体而言，"四大难题"即新安全难题、新自由难题、新公平难题、新民主难题。新安全难题包括：主体隐私暴露风险、数字身份的安全隐患、数字技术的超域运用。新自由难题包括：数字监控的圆形监狱、自主意识的数字操控、治理主体的能动性弱化。新公平难题主要包括：数字治理的算法歧视、公共数字服务的非均衡性、弱势群体离心化为"数字弃民"。新民主难题包括：民意表达的技术规制、屏幕官僚的形式主义、影子官僚的算法宰制。从而为后续的理论研究提供了全面的、结构化的理论材料。形成原因上，思想认识层面，数字治理工具理性的膨胀，导致数据和智能算法对治理过程的僭越，造成价值理性的消弭；资本逻辑层面，技术资本凭借强大数字资源优势，通过技术权力化，在参与数字治理过程中通过信息控制、技术嵌入与决策依赖等方式不断侵蚀公权力，从而为资本增殖服务，使数字治理背离了人本价值；上层建筑层面，当前包括数字治理理念、法律法规和体制机制等在内的数字治理结构的不完善性，是造成数字治理价值异化的重要现实原因。由此，实现了从主观思维到经济基础再到上层建筑，深入挖掘数字治理价值异化的致因。

创新三：探索性提出"破解之理、破解之法、破解之路"三位一体的数字治理价值异化破解之道，系统性论证了人民主体数字治理价值体系何以破解、以何破解、如何破解数字治理价值异化困境。在最根本的破解之理层面，依据马克思关于"人的主体性以共同体为实现逻辑""人民主体是真正共同体的内在要求"的主张，明确实现数字治理中人的主体性复归，关键在于确立人民价值主体地位；据此，研究进一步提出以建构"人民主体数字治理价值体系"为破解之法，具体包括价值主体、价值目标、价值标准三个维度；最后，在上述指引下，从政治保证、制度基础、机制依托、技术支持四方面，系统阐发实现人民主体数字治理价值的具体路径。数字治理价值异化的破解之理、破解之法、破解之路，相互因应，构成了一个完整的价值系统，充分保障了数字治理实践中人的主体性的实现与彰显，组成了数字治理价值异化困境的破解方案。

第三节 研究展望

数字时代，是人类社会发展的新阶段。数字技术的快速发展推动世界百年未有之大变局加速演进，成为数字全球化浪潮的催化剂和中枢神经。随着数据成为促进社会经济发展的基础性战略资源，全球数字治理之争成为大国战略竞争的"新战场"。加快中国特色数字治理体系建设，有效防范"数字利维坦"风险，为数字经济健康发展保驾护航是中国维护社会稳定和推动经济高质量发展，以中国式现代化全面推进中华民族伟大复兴的迫切要求；也是中国担当起"国之大者"的时代责任，推动世界数字治理体系构建的应有之义。因此，研究将继续在数字治理价值领域深耕，以期为推动数字治理从"智治"走向"善治"提供有益借鉴。

今后要拓展研究视域，立足国际国内两个视野。一是面向国内的数字治理价值研究，应进一步探究实现"以人民为中心"数字治理价值的作用机制，使"以人民为中心"的数字治理价值从理念真正落地。如，人民如何参与到以区块链为中心的数字账本中，实现对数字政府的公共服务全过程监督。

二是面向国际的数字治理价值研究，探究如何以"全人类共同价值"为指引，推动构建数字治理共同体，为参与构建全球经济贸易和制定数字治理新规则提供中国智慧。数字经济的全球化发展，使世界日益紧密相连成不可分割的整体，但由于各国数字经济发展的不平衡、全球数字资源配置的不公正、国际数字治理规则的不健全加剧了数字经济的安全隐患，诸如网络安全、数据共享、数字壁垒、数字信用等问题凸显，对数字经济的健康可持续发展造成威胁。对此，我们应该积极思考：如何以"全人类共同价值"为指引，推动建构涵涉发展成果共享、安全责任共担、治理规则共守的"数字治理共同体"，从而为应对数字时代的挑战提供可行的方案，以彰显中国在数字经济全球化发展中积极推进建构安全有序全球治理体系的主动担当与智慧谋略。

《尚书》云："经天纬地曰文，照临四方曰明。"[①]从轰鸣的蒸汽机到滴答的键盘声，数字技术必将创造更加辉煌的人类文明。"物有甘苦，尝之者识；道有夷险，履之者知。"虽然充满危机和挑战，但中国共产党将带领中国人民以全人类共同价值为引领，以开放共享的姿态，和世界人民一起奔赴数字时代的壮丽山河。"其势已成、其时已至、其兴可待。"历史将见证数字化征程上东方大国的奋进步伐。

① 尚书[M].顾迁，译注.上海：中华书局，2016：47.

参 考 文 献

一、经典著作类

[1]中共中央马克思、恩格斯、列宁、斯大林著作编译局.马克思恩格斯文集（第1-10卷）[M].北京：人民出版社，2009.

[2]中共中央马克思、恩格斯、列宁、斯大林著作编译局.马克思恩格斯全集：第二版.（第1，3，11，19，23，31，32，33，35，37，42卷）[M].北京：人民出版社，1995，2002，2001，1998，2004，2013，2019，2016.

[3][德]马克思.1844年经济学哲学手稿[M].中共中央马克思、恩格斯、列宁、斯大林著作编译局，译.北京：人民出版社，2016.

[4]中共中央马克思、恩格斯、列宁、斯大林著作编译局.列宁全集（第3卷）[M].北京：人民出版社，2012.

[5]毛泽东.毛泽东选集（第1-4卷）[M].北京：人民出版社，1991.

[6]毛泽东.毛泽东文集（第6卷）[M].北京：人民出版社，1999.

[7]邓小平.邓小平文选（第1-3卷）[M].北京：人民出版社，1993.

[8]江泽民.江泽民文选（第1-3卷）[M].北京：人民出版社，2006.

[9]胡锦涛.胡锦涛文选（第1-3卷）[M].北京：人民出版社，2016.

[10]习近平.习近平谈治国理政（第1卷）[M].北京：外文出版社，2018.

[11]习近平.习近平谈治国理政（第2卷）[M].北京：外文出版社，2017.

[12]习近平.习近平谈治国理政（第3卷）[M].北京：外文出版社，2020.

[13]习近平.习近平谈治国理政（第4卷）[M].北京：外文出版社，2022.

[14]习近平.高举中国特色社会主义伟大旗帜 为全面建设社会主义现代化国家而团结奋斗：在中国共产党第二十次全国代表大会上的报告[M].北京：人民出版社，2022.

[15]习近平.决胜全面建成小康社会 夺取新时代中国特色社会主义伟大胜利：在中

国共产党第十九次全国代表大会上的报告[M].北京：人民出版社，2017.

[16]中共中央文献研究室.十六大以来重要文献选编（上）[M].北京：中央文献出版社，2011.

[17]中共中央文献研究室.十六大以来重要文献选编（下）[M].北京：中央文献出版社，2011.

[18]中共中央文献研究室.十七大以来重要文献选编（上）[M].北京：中央文献出版社，2009.

[19]中共中央文献研究室.十七大以来重要文献选编（下）[M].北京：中央文献出版社，2013.

[20]中共中央文献研究室.十八大以来重要文献选编（上）[M].北京：中央文献出版社，2014.

[21]中共中央文献研究室.十八大以来重要文献选编（中）[M].北京：中央文献出版社，2016.

[22]中共中央文献研究室.十八大以来重要文献选编（下）[M].北京：中央文献出版社，2018.

[23]中共中央文献研究室.习近平关于社会主义文化建设论述摘编[M].北京：中央文献出版社，2017.

[24]中共中央文献研究室.习近平关于社会主义经济建设论述摘编[M].北京：中央文献出版社，2017.

[25]中共中央党校（国家行政学院）.习近平新时代中国特色社会主义思想基本问题[M].北京：中共中央党校出版社，2020.

[26]习近平.在网络安全和信息化工作座谈会上的讲话[M].北京：人民出版社，2016.

[27]中共中央关于党的百年奋斗重大成就和历史经验的决议[N].人民日报，2021-11-17（1）.

[28]习近平.在庆祝中国共产党成立100周年大会上的讲话[N].人民日报，2021-7-2（2）.

[29]习近平.在高质量发展中促进共同富裕 统筹做好重大金融风险防范化解工作[N].人民日报，2021-8-18（1）.

[30]习近平.敏锐抓住信息化发展历史机遇 自主创新推进网络强国建设[N].人民日报，2018-4-22（01）.

二、学术专著类

[1]李德顺.价值论[M].北京：中国人民大学出版社，2020.

[2]李德顺.价值论：一种主体性的研究[M].北京：中国人民大学出版社，2013.

[3]王玉樑.价值和价值观[M].西安：陕西师范大学出版社，1988.

[4]马俊峰.价值论的视野[M].武汉：武汉大学出版社，2010.

[5]蓝江.一般数据、虚体与数字资本[M].南京：江苏人民出版社，2022.

[6]高清海.马克思主义哲学基础：下册[M].北京：人民出版社，2012.

[7]袁贵仁.马克思的人学思想[M].北京：北京师范大学出版社，1996.

[8]韩庆祥，邹诗鹏.人学：人的问题的当代阐释[M].昆明：云南人民出版社，2001.

[9]郭湛.主体性哲学[M].北京：中国人民大学出版社，2011.

[10]王伟光.利益论[M].北京：中国社会科学出版社，2010.

[11]俞可平.治理与善治[M].北京：社会科学文献出版社，2000.

[12]李长喜.重民本[M].北京：人民出版社，2016.

[13]孙伟平.信息时代的社会历史观[M].南京：江苏人民出版社，2010.

[14]涂子沛.数文明：大数据如何重塑人类文明、商业形态和个人世界[M].北京：中信出版集团，2018.

[15]高奇琦.人工智能：驯服赛维坦[M].上海：上海交通大学出版社，2018.

[16]张红柳.马克思社会共同体理论及其当代价值研究[M].天津：南开大学出版社，2019.

[17]侯衍社.中国特色社会主义发展道路研究[M].北京：人民出版社，2022.

[18]陆树程.价值哲学和共同体研究[M].苏州：苏州大学出版社，2019.

[19]陈健秋，韦绍福.共同价值引论[M].北京：中共中央党校出版社，2017.

[20]韦绍福.共同价值分论[M].北京：中共中央党校出版社，2020.

[21]曲明哲.中国特色社会主义制度的本质及逻辑体系研究[M].北京：人民出版社，2022.

[22]王红印.数字治理与政府治理改革[M].北京：新华出版社，2019.

[23]尚书[M].顾迁，译注.上海：中华书局，2016.

[24]王玉芬.中国古典文学名著《荀子》[M].内蒙古：远方出版社，2006.

[25][德]康德.实践理性批判[M]韩水法，译.北京：商务印书馆，2003.

[26][德]马丁·海德格尔.演讲与论文集[M].孙周兴，译.北京：商务印书馆，2020.

[27][美]尼葛洛庞帝.数字化生存[M].胡泳，范海燕，译.海口：海南出版社，1997.

[28][英]维克托·迈尔·舍恩伯格，肯尼思·库克耶.大数据时代：生活、工作与思维的大变革[M].盛杨燕，周涛，译.杭州：浙江人民出版社，2013.

[29][美]赫伯特·马尔库塞.单向度的人：发达工业社会意识形态研究[M].刘继，译.上海：上海译文出版社，2014.

[30][英]霍布斯.利维坦[M].黎思复，译.北京：商务印书馆，1985.

[31][美]乔治·萨顿.科学史和新人文主义[M].陈恒六，译.北京：华夏出版社，1989.

[32][美]克劳斯·施瓦布.第四次工业革命转型的力量[M].李菁，译.北京：中信出版社，2016.

[33][英]约翰·密尔.论自由[M].许宝骙，译.北京：商务印书馆，2014.

[34][瑞典]福克斯.马克思归来（上）[M].传播驿站工作坊，译.上海：华东师范大学出版社，2016.

[35][德]哈贝马斯.作为"意识形态"的技术与科学[M].李黎，译.上海：学林出版社，1999.

[36][美]拉塞尔·M.林登.无缝隙政府：公共部门再造指南[M].汪大海，吴群芳，译.北京：中国人民大学出版社，2002.

[37][美]亨利·基辛格.世界秩序[M].北京：中信出版社，2015.

[38][美]罗纳德·巴赫曼，吉多·肯珀，托马斯·格尔策.大数据时代下半场：数据治理、驱动与变现[M].刘志则，译.北京：北京联合出版社，2017.

[39][美]马修·辛德曼.数字民主的迷思[M].唐杰，译.北京：中国政法大学出版社，2016.

[40][法]马尔克·杜甘，克里斯托夫·拉贝.赤裸裸的人：大数据、隐私和窥视[M].杜燕，译.上海：上海科学技术出版社，2017.

[41][美]凯斯·桑斯坦.网络共和国[M].黄维明，译.上海：上海人民出版社，2003.

[42][美]格伦·林沃尔德.无处可藏：斯诺登、美国国家安全局与全球监控[M].王勇，译.北京：中信出版社，2014.

[43][美]曼纽尔·卡特里斯.网络社会的崛起[M].夏铸九，译.北京：社会科学文献出版社，2001.

[44][美]马克·穆尔.创造公共价值：政府战略管理[M].伍满桂，译.北京：商务印书馆，2016.

[45][澳]约翰·基恩.生死民主[M].安雯，译.北京：中央编译出版社，2016.

[46][美]李普曼.舆论学[M].林珊，译.北京：华夏出版社，1989.

[47][苏]彼得洛夫，等.伊朗[M].郑敏雅，译.北京：商务印书馆，1963.

[48][美]马斯洛.人类价值新论[M].胡万福，译.石家庄：河北人民出版社，1988.

[49][美]塞缪尔·亨廷顿，劳伦斯·哈里森.文化的重要作用：价值观如何影响人类进步[M].程克雄，译.北京：新华出版社，2010.

[50][美]布莱恩约弗森，麦卡菲.第二次机器革命[M]蒋永军，译.北京：中信出版社，2016.

[51][美]尼尔·波兹曼.娱乐至死[M].章艳，译.北京：中信出版社，2015.

[52][美]托马斯·库恩.科学革命的结构[M].金吾伦，胡新和，译.北京：北京大学出版社，2012.

[53][德]韩炳哲.精神政治学[M].关玉红，译.北京：中信出版社，2019.

三、期刊论文类

[1]韩庆祥，张健.中国式现代化的深层逻辑：兼论创造人类文明新形态的历史必然性[J].当代世界与社会主义，2023（1）：80-85.

[2]骆郁廷，付玉璋.人民至上与资本至上：中西核心价值的本质对立及其经济根源[J].中国高校社会科学，2023（1）：62-71，158-159.

[3]金民卿.中国式现代化的形成发展及其对人类文明新形态的贡献[J].马克思主义理论学科，2022（12）：15-27.

[4]吴晓明.辩证法的本体论基础：黑格尔与马克思[J].哲学研究，2018（10）：3-17

[5]孙正聿.历史唯物主义与哲学基本问题：论马克思主义的世界观[J].哲学研究，2010（5）：3-12，127.

[6]王庆丰.生命政治学与治理技术[J].山东社会科学，2020（10）：46-51，175.

[7]常永强.自由主义是一种普世价值吗？基于罗尔斯正义理论演变的考察[J].陕西师范大学学报（哲学社会科学版），2020，49（4）：64-71.

[8]辛向阳.中国共产党的领导与中国式现代化[J].马克思主义研究，2022（10）：29-35

[9]吴晓明.世界历史与中国式现代化[J].学习与探索，2022（9）：1-8，207.

[10]欧阳康，赵琦.以人民为中心的国家治理现代化[J].江苏社会科学，2020（1）：1-8，253.

[11]欧阳康.国家治理研究的问题域、价值取向和支撑体系[J].华中科技大学学报（社会科学版），2014（3）：2-4.

[12]陈树文，王敏.国家治理现代化以人民为中心的根本立场研究：基于社会主要矛盾转化分析[J].重庆大学学报（社会科学版），2022，28（4）：262-274.

[13]宁洁，韩桥生.以人民为中心：我国国家治理现代化必须坚持的价值导向[J].江西社会科学，2020，40（6）：186-194.

[14]任剑涛.曲突徙薪：技术革命与国家治理大变局[J].江苏社会科学，2020（5）：72-85，238.

[15]辛勇飞.数字技术支撑国家治理现代化的思考[J].人民论坛·学术前沿，2021（Z1）：26-31，83.

[16]尹振涛，徐秀军.数字时代的国家治理现代化：理论逻辑、现实向度与中国方案[J].政治学研究，2021（4）：143-154，160.

[17]鲍静，贾开.数字治理体系和治理能力现代化研究：原则、框架与要素[J].政治学研究，2019（3）：23-32，125-126

[18]郝跃，陈凯华，康瑾，等.数字技术赋能国家治理现代化建设[J].中国科学院院刊，2022，37（12）：1675-1685.

[19]于跃，张雷.国家治理数字化的基本原理和根本原则[J].福建师范大学学报（哲学社会科学版），2022（5）：1-8，168.

[20]邓伯军.数字资本主义的意识形态逻辑批判[J].社会科学，2020（8）：23-31.

[21]蓝江.一般数据、虚体、数字资本：数字资本主义的三重逻辑[J].哲学研究，2018（3）：26-33，128.

[22]陈明明.数字化治理：现代国家的技术、组织与价值[J].浙江社会科学，2023（1）：59-66.

[23]黎智洪.大数据背景下地方政府治理工具创新与选择[J].湖南大学学报（社会科学版），2018（5）：143-149.

[24]胡洪彬.大数据时代国家治理能力建设的双重境遇与破解之道[J].社会主义研究，2014（4）：89-95.

[25]唐皇凤,陶建武.大数据时代的中国国家治理能力建设[J].探索与争鸣,2014(10):54-58.

[26]张锃,程乐.技术治理的风险及其化解[J].自然辩证法研究,2020(10):42-46.

[27]沈费伟,诸靖文.大数据时代的智慧政府治理:优势价值、治理限度与优化路径[J].电子政务,2019(10):46-55.

[28]刘伟."人性秩序"还是"机器秩序":数字治理中的正义修复:基于技术政治性视角的剖析[J].理论月刊,2021(9):78-86.

[29]郑崇明.警惕公共治理中算法影子官僚的风险[J].探索与争鸣,2021(1):103-109,179.

[30]谭九牛,杨建武.智能时代技术治理的价值悖论及其消解[J].电子政务,2020(9):29-38.

[31]徐圣龙."公共的"与"存在于公共空间的":大数据的伦理进路[J].哲学动态,2019(8):86-94.

[32]于文轩.大数据之殇:对人文、伦理和民主的挑战[J].电子政务,2017(11):21-29.

[33]岳瑨.大数据技术的道德意义与伦理挑战[J].马克思主义与现实,2016(5):91-96.

[34]孙伟平.人工智能与人的"新异化"[J].中国社会科学,2020(12):119-137,202-203.

[35]奚冬梅,王民忠.论马克思关于技术对社会伦理二重性影响的思想[J].科学社会主义,2012(2):88-91.

[36]董军,程昊.大数据技术的伦理风险及其控制:基于国内大数据伦理问题研究的分析[J].自然辩证法研究,2017(11):80-85.

[37]钟伟军.公民即用户:政府数字化转型的逻辑、路径与反思[J].中国行政管理,2019(10):51-55.

[38]王勇,朱婉菁."大数据"驱动的"数据化国家治理"研究:"以人民为中心"的视角[J].电子政务,2018(6):32-42.

[39]徐晓林,刘勇.数字治理对城市政府善治的影响研究[J].公共管理学报,2006(1):13-20,107-108.

[40]黄建伟,陈玲玲.国内数字治理研究进展与未来展望[J].理论与改革,2019(1):86-95.

[41]李韬,冯贺霞.数字治理的多维视角、科学内涵与基本要素[J].南京大学学报,2022

（1）：70-79，157-158.

[42]黄再胜.数据的资本化与当代资本主义价值运动新特点[J].马克思主义研究，2020（6）：124-135.

[43]徐伟轩，吴海江.资本主义的新星丛：技术资本主义特性及其理论意义[J].当代世界与社会主义，2019（6）：123-129.

[44]丁葳.科层制政府的数字化转型与科层制危机的纾解[J].南京大学学报（社会科学版），2020（6）：112-120.

四、外文文献类

[1]Theodor Tudoroiu，Anna Kuteleva.China in the Global South[M].Singapore：Springer Singapore，2022.

[2]Roland Boer.Socialism with Chinese Characteristics：A Guide for Foreigners[M].Singapore：Springer Nature Singapore Pte Ltd，2021.

[3]Edward Vickers.Towards national socialism with Chinese characteristics?[M].London：Routledge，2021.

[4]Ali Kadri.China's Path to Development[M].Singapore：Springer Singapore，2021.

[5]Tony Saich.From Rebel to Ruler：One Hundred Years of the Chinese Communist Party[M].Cambridge：Harvard University Press，2021.

[6]Christian Fuchs.Marxism：Karl Marx's Fifteen Key Concepts for Cultural and Communication Studies[M].London：Routledge，2019.

[7]Patrick Francois，Francesco Trebbi，Kairong Xiao.Factions in Nondemocracies：Theory and Evidence from the Chinese Communist Party[M].Cambridge：NBER Working Paper，2016.

[8]Barry Naughton&Kellee Sing Tsai（eds.）.State Capitalism，Institutional Adaptation and the Chinese Miracle[M].Cambridge：Cambridge University Press，2015.

[9]Mackerras Colin.Western Perspectives on the People's Republic of China：Politics，Economy and Society[M].Singapore：World Scientific，2015.

[10]Benfeldt，O.，Persson，J.S.& Madsen，S.Data governance as a collective action problem[J].Information Systems Frontiers，2020，22（2）.

[11]Al-Ruithe，M.，Benkhelifa，E.&Hameed，K.A systematic literature review of data governance and cloud data governance[J].Personal and Ubiquitous Computing，2019，23（5）.

[12]Bram Klievink，Antonio Cordella.Public Value Creationin Digital Government [J].Government Information Quarterly，2019，36（4）.

[13]Twizeyimana，J.D.Andersson.The public value of E-Government—A literature review[J].Government Information Quarterly，2019，36（2）.

[14]Bonina，Eaton.Cultivating open government data platform ecosystems through governance：Lessons from Buenos Aires，Mexico City and Montevideo[J].Government Information Quarterly，2020，37（3）.

[15]Cordella，Paletti.Government as a platform，orchestration，and public value creation：The Italian case[J].Government Information Quarterly，2020，36（6）.

[16]Scupola，Ines Mergel.Co-production in digital transformation of public administration and public value creation：The case of Denmark Ada[J].Government Information Quarterly，2022，39（1）.

[17]Cordella A，Paltti A.Government as a Platform，Orchestration，and Public Value Creation：The Italian Case[J].Government Information Quarterly，2019（4）.

[18]Jabin T.Jacob，Bhim B.Subba，Towards Exceptionalism：The Communist Party of China and its Uses of History[J].China Report，2022，58（1）.

[19]Colin Mackerras.A Splendid and Timely Analysis of Chinese Marxism and Socialism with Chinese Characteristics[J].Fudan Journal of the Humanities and Social Sciences volume，2021，14（3）.

[20]Bebber，R.J.The Unasked Question：Will the Chinese Communist Party Endure?[J].Orbis，2021，65（2）.

[21]Alberto Gabriele.Enterprise Reforms and Innovation as Key Drivers of The Socialism with Chinese Characteristics[J].World Review of Political Economy，2021，12（4）.

[22]Subrat Kumar Ratha.Chinese Model of Development Globalization and the Revival of History[J].International Journal of Recent Advances in Multidisciplinary Topics，2021，2（4）.